U0964339

北京影像：都市的想象与现实

路春艳 等著

光明日报出版社

图书在版编目（CIP）数据

北京影像：都市的想象与现实 / 路春艳等著 .--
北京：光明日报出版社，2020.4
ISBN 978-7-5194-5652-8

Ⅰ.①北… Ⅱ.①路… Ⅲ.①北京 - 地方史 - 录像资
料 Ⅳ.① K291

中国版本图书馆 CIP 数据核字（2020）第 037316 号

北京影像：都市的想象与现实
BEIJING YINGXIANG：DUSHI DE XIANGXIANG YU XIANSHI

著　　者：路春艳　等

责任编辑：宋　悦　　　　责任校对：仲济云
封面设计：杰瑞设计　　　责任印制：曹　诤

出版发行：光明日报出版社
地　　址：北京市西城区永安路 106 号，100050
电　　话：010-63139890（咨询），010-63131930（邮购）
传　　真：010-63131930
网　　址：http：//book.gmw.cn
E - mail：songyue@gmw.cn
法律顾问：北京德恒律师事务所龚柳方律师

印　　刷：三河市冀华印务有限公司
装　　订：三河市冀华印务有限公司
本书如有破损、缺页、装订错误，请与本社联系调换，电话：010-63131930

开　　本：170mm × 240mm　1/16
字　　数：250 千字　　　　印　　张：15
版　　次：2020 年 4 月第 1 版　　印　　次：2020 年 4 月第 1 次印刷
书　　号：ISBN 978-7-5194-5652-8

定　　价：68.00 元

版权所有　　翻印必究

前 言

作为全国的政治、经济与文化中心，北京目前既是全国最大的电影与电视剧生产基地，聚集了大量的影视制作机构与影视创作人才，每年都会产出数量惊人的电影与电视剧作品；同时，北京自身也是国内影视作品所热衷的表现对象，北京的城市风光、北京的世俗人情、北京的文化传统……一直都活跃在电影大银幕与电视剧小荧屏上，在影像中造就了属于北京的流光溢彩。通过影视作品的广泛传播，全国观众都能切身感受到北京的城市魅力，北京不仅是北京人的城，更是中国人的城。传统的积淀、文化的滋养、时代风云的际会，凝聚成这座城市独特的气质与品格。

北京与影视创作的渊源由来已久，中国电影史上的第一部电影就诞生在北京，丰泰照相馆1905年出品了《定军山》，从此，电影这个舶来品开始在中国的城市中生根发芽，以影像的方式记录历史，以光影的幻觉想象生活。新中国成立后建立的北京电影制片厂，则成为中国最重要的电影生产基地之一，产出了一部又一部的优秀作品，为当时的中国人民提供了日常生活所必需的精神食粮，成为凝结在几代人记忆深处的不灭印记。时至今日，北京不仅是全国最大的电影制作中心，同时也是最大的电影消费中心，2012年北京全市电影票房收入超16亿元，高居全国各大城市之首，几乎占据了全国总票房的十分之一。

和电影一样，中国电视史上第一部电视剧作品同样诞生于北京。1958年5月1日，北京电视台（现中央电视台）播出了中国电视剧的开篇之作《一口菜饼子》，从此开启了中国电视剧时代的纪元。此后经过几十年的发展尤其是改革开放以来四十多年的发展，反映北京地域文化风情，具有独特的京味语言风格，展现古代、近代与现当代北京人生活状态与精神世界的“京派”电视剧，也已成为中国电视剧创作中的一支重要流派，涌现出的《四世同堂》《渴望》《编辑部的故事》《大宅门》等作品深受全国观众欢迎。

2000年以来，逐渐向国际化大都市发展目标迈进的北京，越来越成为电影和电视剧创作的中心之城，众多影视作品将目光聚焦北京日新月异的发展变化，用影像传达当代北京传统与现代兼容并蓄的城市魅力，讲述一个又一个发生在北京的故事，反映北京人（无论是北京本地人还是在京的外地人）的生活、工作与内心渴求。从《开往春天的地铁》《失恋33天》《与时尚同居》等都市爱情电影中，我们可以看到工作在北京的白领阶层，看到年轻人在北京的拼搏与成长，以及他们对都市生活、对个人情感的态度与主张，类似的内容在《奋斗》《我的青春谁做主》《北京青年》《北京爱情故事》等电视剧中同样有细致充分的展现。在《卡拉是条狗》《看车人的七月》《贫嘴张大民的幸福生活》《金婚》《空镜子》等反映普通人生活琐事的影视作品中，我们看到了京城平民百姓的生活景观。这些影视作品把镜头对准那些最具有北京意味的平民人物，不仅表现他们在日常生活中的平民状态，同时也表达了对底层平民如何应对城市社会变化的一种思索。同时，在《一封陌生女人的来信》《大宅门》《天下第一楼》《人生几度秋凉》等讲述老北京故事的影视作品中，我们还可以看到老北京的风俗人情，感受几百年文化古都所积淀下来的历史人文魅力。

本书的研究对象即是改革开放以来所涌现的大量表现北京人、北京事与北京情的电影电视剧作品，在电影文化研究、社会学、心理学、城市研究的视野中，探讨北京影视创作与都市文化之间的影响和互动。影视文化不仅包括实实在在的电影、电视剧文本本身，也包括围绕影视的生产（制作）与消费（观赏）所形成的社会文化现象。影视文化是现代都市多元文化的重要组成部分，同时在这个场域内以其自身的魅力与其他文化形式交互碰撞，塑造了人们新的思维习惯，赋予了城市新的文化风貌。本书将以城市视角为基点，分别从不同角度对有关北京的电影电视剧文本进行解读，例如影视作品对北京城市空间（胡同、四合院、现代摩天大楼等）的展示、对北京城市生活与发展变迁的记录、对北京不同社会阶层生存状况与精神状态的表现等。同时本书也聚焦北京纪录片的创作。纪录片从不同角度记录了城市进程中人的变化，更记载了整座城市前进的过程，历史古迹与文化记忆都镌刻在城市发展的进程中。城市化迅猛发展带来的阵痛几乎都成为个体挥之不去的珍贵记忆，而胶片、硬盘上的影像则成为一个时代的见证。无论作为历代的都城还是作为新文化的集散地，都市的特质正一点点包裹着北京、塑造着北京，人们对城市的感知、渴望甚至诉求以及城市大环境对人的渗透都被旁观的摄影机记录了下来。

本书将立足扎实的文本研究，从具体的北京题材影视作品出发，在文化研究的视野中，探讨电影电视剧创作对北京都市文化之间的影响以及两者之间的互动。研究重点是对影视作品中的北京城市影像进行深入细致的个案分析，揭示出作为时空艺术、视听媒介的电影电视剧折射现实的方式以及与现实之间的深层关系，从而探讨北京题材影视作品与北京社会更为广泛的联系与相互影响，从不同时期的城市影像中解读北京社会在经济、政治、文化以及社会心理等方面的状况。从城市影像中解读北京在现代化、都市化进程中所遭遇到的矛盾与问题，既是对影视作品与北京都市文化之间关系的研究，也是对北京现代化发展过程中乡村文化、城市文化、都市文化历时演进与共时存在的探讨，从而揭示出影视作品与社会更为广泛的联系与相互影响。希望我们在影像语言探讨基础上进行都市文化表达的解读，对影视创作者在城市题材创作方面有一定的启发，引发一些思考，同时在更广泛的社会与文化领域，亦具有理论和现实意义；对城市化进程、都市文化等方面的探讨也能为现实的城市发展和文化建设提供一些有益的参考。

目　录

第一部分
都市想象：北京电影创作与都市文化

北京不仅是北京人的城，更是中国人的城。传统的积淀、文化的滋养、时代风云的际会，凝聚成这座城市独特的气质与品格。在中国，没有哪座城市如北京这样有如此丰富的历史遗存和文化记忆。中国电影史上的第一部电影诞生在北京，丰泰照相馆 1905 年出品了《定军山》，从此，电影这个舶来品开始在中国的城市中生根发芽，以影像的方式记录历史，以光影的幻觉想象生活。一部电影往往能折射出一座城市真实的生活细节。北京作为政治中心、文化古都，每个时代都在这座城市留下片面光影，烘托出既新且旧的都市风景，而这些又与银幕上光影构建的北京相互映衬，无论是记忆还是想象，都成为另一种历史，供我们阅读与思考。

自 20 世纪 80 年代以来，城市以具体的、物化的身份，在电影中的地位越来越突出，城之于人，不只是生活归宿，而是一种习惯，甚至是一种思维方式。有人说香港是座中西合璧又略带漂浮的城市；上海是座自古就洋溢西洋韵味的城市；重庆作为后起之秀，张扬着独特的巴蜀气息，又有着内地“小香港”之称。各具特色的现代都市之列，只有北京沉淀着中国几千年的古老文化，坚守着自己独特的风格，同时又兼收外来的文化和思想，杂糅交织成今日多元的风景，用它专有的神态、味道和气质吸引全国乃至全世界的人来到这。正是因为历史的绵延和今日的丰富，北京成为众多目光聚焦的中心，北京人更成了多元思想文化影响下最有代表性的城市群体。

1995 年 1 月 5 日，广电部《关于改革故事影片摄制管理工作的规定》

（广发影字〔1995〕001号）出台，文件中规定：全国拥有故事片出品权的不再仅仅是原来的16家制片厂，一大批一直未获得承认的省级电影制片厂终于赢得了自己的影片出品权；此外任何社会法人组织只要在一部影片中的投资额达到70%以上便可与制片厂署名“联合摄制”。这一改革举措，对于发展电影生产力，鼓励社会投资者支持民族电影业发展，吸引行业外资金进入，都起到了积极的促进作用。两年后，1997年12月24日广电部又颁发了《关于试行“故事电影单片摄制许可证”的通知》，通知规定：在中国大陆的国有省级以上和具备相应条件的地市级电影单位、电视台、电视剧制作单位均可以国家倡导的、思想性艺术性较佳的电影文学剧本向广电部电影局申请故事电影单片摄制许可证。这是中国制片体制上的一次重大变革，为吸引更多的优秀人才参与电影制作提供了舞台和机会。就这样，在时机和政策的双环抱下，“以城说事儿”成为艺术片中能与商业片抗衡的类型，甚至还为艺术与商业的结合提供了切入点。

北京不仅在变，而且变得很迅速，但是无论你是相隔多年又重游北京的过客，还是土生土长的北京人，都会隐隐察觉到一丝“最北京”的东西持久地存在着，它可能是老北京一番话语里的“京腔京味”，也可能是小北京骨子里透着的玩世与仗义。1997年年底由北京电影制片厂和北京紫禁城影业有限责任公司联合制作的电影《甲方乙方》问世，由此也开创了中国内地自己的“贺岁片之路”。从《甲方乙方》开始，冯小刚连续五部作品都和北京有着紧密的联系（1998年《不见不散》、1999年《没完没了》、2000年《一声叹息》、2001年《大腕》），延续着一种“顽主”式的情绪。即便《不见不散》取景于大洋彼岸，甚至全片都没有一处表现国内的场景，但片中却隐含着一条从北京出发又返回北京的缘分线索。当刘元为了给剧组找别墅，第一次敲开李清家的门的时候，李清一眼就认出这是两年前在北京，他们共同的朋友刘小淀请客时那个喝醉了还要送她回家的人。而之后的几年里，两人相遇、分别、又相遇，终于因为刘元母亲的缘故，他们决定回到中国、回到北京发展。兜兜转转，不管经历多少磨难，还是一定要回到最初的地方。刘元标准的京腔和一些典型的北京人的处世态度，使他即便生活在国外也能让人感觉到显著的声明——我来自北京。在刘元和李清回国前10年，也就是80年代末90年代初的时候，是中国大陆出国潮最旺盛的时期，人们纷纷选择走出国门去闯荡天下，就北京的开放程度而言，这里的人们更乐意充当尝试一切新鲜事物的先驱者，而他俩就是这群人的代表。1997 年至 2001 年，伴随着香港回归、澳门回归、亚洲金融风暴等众多历史事件的发生，很多曾经走出去的人也选择了回归，回到自己熟悉的地方。即便没有刘元母亲生病这一铺垫，现实中那些"刘元和李清们"的下一步发展也会顺其自然地转入国内。世纪之交的热闹时刻，冯小刚把镜头对准了那些心地善良、有点小聪明又喜欢调侃生活的城市青年以及他们自由自在的生活。城市发展就像踩在加速器上一样，越来越快，这速度使城市本该存有的思考时间都被占用了，人们只能从《没完没了》《一声叹息》《大腕》等这样的电影中去寻找关于生活的思考——可能是琐碎的、无奈的甚至疯狂的，但总是能够让人体会到城市生活里的小摩擦所带来的温馨与感动。

进入新世纪，人们的思想更多元、追求更多样、个性也更鲜明，这与城市的发展和变化密不可分。城市变得丰富，人就会觉得不安；城市变得冷漠，人就会觉得无助；而当城市变得疯狂的时候，人就会变得荒唐起来……新世纪的电影跟随着城市变化的状态不断上演天马行空的故事，有《大腕》这种肆意妄为的想象，也有《剃头匠》（2006 年）这种蕴含人文思想的讲述，更有《苹果》（2007 年）这种挑战常理的疯狂。千禧年的晚上，杨颖（《北京乐与路》，2001 年）一个人在安徽的农村度过，周围一个亲人、朋友都没有，自己更不知道一个世纪已经结束了，在大哭一场之后，20 岁的她决定到北京闯荡生活。她喜欢刺激，所以她加入摇滚乐队，找玩摇滚的做男朋友，跟随着歌舞团四处走穴。平路也是一个极具个性的年轻人，18 岁那年，他坐着父亲开的火车在北京站跳车，目的只是为了坚持自己喜爱的摇滚乐。看似极有主张的一个人，内心却是那么脆弱又缺乏安全感，所以他最喜欢也最相信听他话的"黑旋风李逵"（他的爱犬）。Michael，这个在香港出生、在美国长大的"创作型歌手"（杨颖称他为香港农民），他不愿意替父亲在北京打理建筑生意，却在北京找到了有共同爱好的知己，为走穴的乐队和艳阳歌舞团写歌。有着不同背景的人怎么都不约而同选择了北京？又偏巧在北京相识、相交呢？因为他们总会对北京抱有寄托，他们认为北京够宽容——能够容下多种生活方式，能够接受任何新生事物，偌大的北京城，总会给这类新生又另类的事物提供便利条件。事实上，90 年代初当摇滚乐在中国还不流行的时候，北京就已经给它提供了适宜生存的空间。

形形色色的生活方式增添了北京城市的色彩，也催生了人们内心的焦躁与不安，人们害怕不能融进这种崭新又丰富的城市生活，害怕掉队。1993年11月20日下午6点（《开往春天的地铁》，2002年），刚刚大学毕业的建斌和小慧一起来到北京，他们要开创自己的生活。然而7年过去了，建斌和小慧却不能互相袒露心扉，反而彼此猜测对方的心思——建斌丢了工作3个月，却不知道怎么告诉小慧，只能每天晃荡于地铁之中，省钱又自由；小慧怀疑建斌不爱自己了，她不知道如何告诉建斌关于老虎的事儿，她想替建斌分担些什么却又觉得自己有些多余，只能时常想起在他们刚到北京的那天，建斌对她说过的话："小慧，我会让你幸福的。"地铁里充满了现代化技术的冰冷和速度，人们脚步匆匆、神色凝重，无暇顾及其他，对每个赶路的人来说，时间好像掰成多少瓣都不够用，更别说去感受别人的处境了。也许只有像建斌这样在地铁里"兼职"的过客，才有时间也有心思去倾听别人的故事（比如王要和丽川的约会）。当天爱隔着车门看到大明比画的手语时，那正在关闭的金属车门就这么毫不留情地切断了浪漫，把天爱拉回现实。城市是理智的，它静静地观察着发生在人们身上的一切却从不发表评论。有时候，这种理智又近乎冷漠，让人感到巨大且无形的压力，且没有办法躲避。人们试图在理智中寻找能够互相理解、互相安慰的精神支柱，不仅徒劳，反而增加失落。

当城市全身心地投入建设中的时候，就会散发出一种混乱的感觉，而城里的人就会处于一种漂浮状态，极度自由，甚至为所欲为，因为建筑废墟让人觉得无序又杂乱，即使这种无序和杂乱出现在废墟以外，人们也会误以为是废墟的扩张而不会在意。比如影片《苹果》的安坤、林东、王梅、刘苹果，抱负和欺骗之下衍生出的所谓协议，只不过是各取所需的一种寄托和安慰。人际关系、金钱关系都是混乱的，不停的摇镜、倾斜颠簸的画面，使得这出闹剧强烈地刺激着观众的视听神经。谁对谁错要怎么评价？说不清的时候，就应该像刘苹果一样，选择安静地离开，这也是当下城市人常用的办法。

城市有时是自私的，它为了自身现代化的华丽，不断拆除旧建筑、建设新建筑，当你身处城中，仿佛被各种钢铁机械包围着，当你抬头望向天空，又好像被交织的“塔吊”笼罩着。有人说城市在进步，除旧建新；也有人说城市疯狂了，一味地追求现代化，一点有积淀的东西都没了。笔者更倾向于后一种说法，城市在疯狂建设的过程中，难免伤了记忆，丢了习惯。车辆行驶在高架桥上，穿梭在高楼大厦之间，人们无法辨认这到底是哪里，毕竟每一座城市都有那些奇特的建筑构形和华丽的玻璃幕墙。如果只有当镜头展现出天安门广场时才能最直接、最明确地告诉观众这里是北京的话，恐怕我们都该替这座城市感到悲哀了。

第一章　电影与都市文化研究

现代城市是工业革命的产物，为人类社会带来了迥异于农业社会的生活方式和生存体验。从某种意义看，城市更多的是一个空间的概念，而乡村更多具备时间层面的意义。乡村生活的核心是人们在时间中积聚而成的传统、风俗，人们之间的认同感高。现代城市因工业生产、贸易发展而形成，联结人们的纽带不再是乡土社会的地缘、亲缘，更多是生产、消费链条上的相互依靠。城市中细致的分工体现在空间的分割与占有。高楼大厦是城市特有的景观，也是分隔城市空间的栅栏。它们遮挡住了人们的视线，使城市有了迷宫的特征，也带来了人与人之间关系的改变。相对乡村而言，城市中人们的生活空间也许更靠近了，但在社会空间上却与他人距离甚远。过去那个完整的世界已不再有连贯性和整体感。当社会与实质的世界不再有同一界限时，便产生了一种新的虚拟或幽灵性存在，这即是陌生人的特征之一。于是，陌生人的暧昧代表了现代人的暧昧本质，时间和空间都不再安定和稳固。以波特莱尔的话来说，现代性的经验即是“暂时的、闪逝的、偶然的”，这便是现代性导致时空分裂后所产生的效应①。现代都市便是陌生人所体验的世界，这个世界充满了陌生人，形成一股强大的疏远感。电影的虚拟存在便是在这

① ［英］大卫·克拉克编．电影城市［M］．林心如等译．台北：桂冠图书股份有限公司，2004年，第5页．

样的世界里立足。

第一节 电影与都市文化研究的角度

作为工业，电影是都市文化工业的组成部分；作为一种流行文化形式，它引领都市时尚、传递主流意识形态认可的价值观念、凝聚人们的身份认同。更为重要的是，作为一种大众传播媒介，电影见证、记录了城市的成长，而城市独有的多变、斑斓的空间恰好也符合电影作为时空艺术的本质需求。电影对城市的记录与想象又促成人们对生活于其间的城市的重新认识。在一定意义上，城市是经电影塑造而成的环境。因此可以说，作为艺术、工业、媒介的电影是都市文化重要的组成部分并在某种程度上影响着都市文化的风貌与进程，也是人们认识、理解居住的城市以及形成文化和身份认同的众多语言之一。提出电影是什么这个问题，便形同在问我们的文化是什么、我们是谁、我们在此地做什么这些问题。与文学等语言方式一样，电影中的城市想象和文化记忆可以帮助我们进入彼时彼刻的城市，倾听城与人的传奇和故事。

电影与都市的研究可以从两个方面入手。一是都市空间，包括建筑及建筑分割而成的空间，如高楼大厦、车站、街道、角落等，也包括地铁、博物馆、游乐场、夜总会等具有流动性质的公共场所。这两类空间所指虽然宽泛，但在影片中都决不仅仅是背景而已。它们成为参与叙事的力量，渲染一种情绪或营造一种氛围。这是因为它们不仅构成了城市，同时也是城市记忆的重要载体。城市的历史镌刻在建筑上，迷散在街头巷尾里。时间在城市中就是这样以空间的方式来呈现。因此，电影中的都市空间研究探求的不仅是电影作为时空艺术在美学上的选择，还包括在特定阶段人们对城市的理解、认知以及想象的方式。研究方法以文本分析为主，在解读影像空间的基础上，进行社会文化的思考。

电影与都市研究的第二个方面侧重的是由影片本身延伸出去的整个电影文化领域在都市文化空间的位置及两者之间的关系。“电影文化领域”是个很松散的界定，通常指的是以影片为中心，包括电影院、以电影为内容的各种媒体（如电影杂志、电影电视节目等）、与电影有关的各种文化活动及娱乐休闲场所等。从世界范围看，在电影发展的黄金时代，电影都无一例外地成为都市文化重要的组成部分，影响着都市文化的整体面貌。在大众传播媒介迅猛发展的今天，电影作为传播媒介的影响力已今非昔比。但若将电影作为大媒体概念来理解，就会发现它在当今都市文化的建构中仍举足轻重。电影工业引领视听制作领域的最新潮流，其视听语言制作日益精致，是其他视听媒体无法比拟的。新型的电影院伴随着大型商业购物中心而形成，更大规模的电影主题乐园也在城市出现。电影与其他媒介的共生关系更为突出。它日益成为众多媒介的内容源泉，衍生出的相关产品辐射范围广泛，涉及如音像、游戏、玩具等许多行业。如当今的好莱坞影片不再只是电影文本，而是被稀释到一连串复杂的文化商品及呈现管道之中，包括电视、DVD、网络、音乐、广告、衍生商品和流行文化。今天的电影正以更为隐性的方式参与都市文化的建构，影响着人们对全球化时代城市的感知。这里影片文本分析变得效力有限，而从都市文化空间的角度进行探讨也许更为合适。

以上关于电影与都市的研究角度，一个从文本出发，以空间为焦点，解读特定历史时刻影像中蕴含的城市表达；一个从都市文化大环境出发，以电影文化领域为焦点，揭示在一定的社会文化语境中电影文化领域的特征并探讨其与都市文化的关系。这两种研究都落实于空间，只不过前者为物质空间后者为文化空间。不能忽视的一点就是这两种空间的研究都要纳入电影史的研究视野。不仅要将电影与城市的研究放在社会进程尤其是城市化进程的语境中，还要将之放入电影自身发展的历史中进行考量。电影史这个议题可以是关于时间的，它可以是按照时间顺序对已成陈迹的影像及相关产品的记录，但它也是关于空间的，在这里，电影被视为社会文化空间中影响、塑造环境的一支力量。影像中的都市正是这种空间线索发展的生动例证。

第二节　都市电影的空间表达与文化记忆

以空间的概念来定义都市，就是将其视为社会关系和社会流动汇集的场所。它们汇聚在一起凝成了都市的气质与精神特征。电影试图捕捉的正是都市的这种内在气质。如小津安二郎平静的长镜头之中的东京、伍迪艾伦犀利敏锐的目光中的纽约、斯科西斯童年记忆中永远清晰惨烈的穷街陋巷、安东尼奥尼理性质询下的现代都市。电影呈现的往往是某一时间点上的城市空间，这个时间点赋予了城市空间此刻才有的意义。电影不仅记录也同时影响现代都市所代表的社会与文化空间的转变。我们可以从影片的都市空间表达中窥见一个时代关于都市的想象。如前所述，都市电影的空间选择有很多，这里以地铁这个空间在都市电影中的呈现为例，探讨都市电影如何通过空间表达来完成对都市的想象。

地铁是现代城市的符号。以它为中心、扩散开来的地下空间的开阔与繁华比地上世界更能说明一个城市现代化的程度。它将人们从地上引入地下、从已知走向未知。地上的城市方位是明确的，人们清楚地知道自己所奔的方向，知道到达目的地的路径。地铁的路径却是可以不必了解的，入口和出口就已经决定了一切。置身于那个地下世界中，你会发现自己好像在触摸城市的心脏，呼啸着驶向黑暗的列车不变的速度与节奏仿佛就是它的律动。它宿命般地载着人群穿梭于光明与黑暗之间，牵着城市的肌体使它运转起来。地铁是我们走进城市、触摸城市、倾听城与人的故事的一条通道。流动的人群、循环的目的地、扑面而来的速度感、熟悉而又陌生的面孔，斑驳、杂陈而又线条明朗的地铁空间就这样与生俱来地带着电影感。因此它成为电影讲述城与人的故事时所青睐的叙事空间。也许因为流动，在地铁的叙事空间中我们难能一见人物全部的性格特征，看到的只是此情此景中的性格逻辑；因为空间的相对封闭，我们难以把握事件的全貌，只能窥见其中的若干环节，于是在这样的电影中我们常常不问这人从哪来、为何至此，我们也不去追究他们缘何都跑到地下世界来叙旧寻情，就像吕克·贝松的《地铁》（1985年）、就像威廉·佛得里金的《法国贩毒网》（1971年）。音乐、金钱、阴谋、爱情都在《地铁》的世界里聚集。迷乱的巴黎地铁空间使无力的秩序维持者警察们更加无奈，却为在地上世界找不到位置的城市边缘者提供了生存空间。生活于现代都市的人们的迷惘发泄在地铁的世界中，青春的愤懑融进地铁的节奏中，穿越黑暗，走向另一个出口。地铁同影片中的人物一样，就是生活的一个过程。《法国贩毒网》中地铁不是主角，最经典的一段却属于它。从老奸巨滑的毒贩进入犹如地狱般的黑暗的地铁入口，那个资深警察的挫败就开始了。他在地上世界的贫民区中如鱼得水、得心应手，在富人区却感觉全无，即使到了地下，几进几出，依然不能得手，毒贩却在地铁的空间里出入自如。警察茫然若失之时猛一回头，毒贩潇洒地向他招着手，随着列车消失在黑暗中。城市在《法国贩毒网》中是天使也是野兽，前者如贩毒者的故里——马赛，后者如毒品泛滥的城市——纽约。马赛的场景是宁静的海滨、神圣的教堂，是世外桃源般的美丽，纽约则是肮脏的贫民区、嘈杂的夜总会，更是那令人眩晕、使人失去方向感的地铁。在这里，警察无能为力，罪犯却能逍遥逃脱。在这部讲述缉毒故事的影片里，城市与地铁以无言的影像参与了叙事，却如此令人震撼。

也许是因为有地铁的城市并不多的缘故，2000 年前后，中国内地电影中以地铁为主要叙事空间的电影很少。城市电影中最为常见的交通工具是火车、公共汽车等。即使这些能成为叙事空间的也是少数，在大多数城市电影中它们只是交通工具、叙事的背景而已。1990 年张暖忻导演的《北京，你早》是个例外。影片的主人公就是公共汽车上的司乘人员，他们每天与这辆车穿行在北京街头，触摸着北京城的变化，也在感受变迁的社会带来的冲击。爱情、友情在对好日子的憧憬中悄悄地发生着变化。不变的是那辆公共汽车，影片结尾三个人重新相逢于车上，日子就这样一天天过去。影片不动声色地打量着这城与人的变化，不夸张、不变形，所有的角度贴着生活而来，不作评判，有的只是对城与人温厚、诚恳的注视。岁月的流逝遮不住它的光彩，近三十年后再来看此片，更加敬重创作者以影像记录社会进程的勇气与捕捉庸常生活中涌动的潜流的敏锐。2002 年张一白导演的《开往春天的地铁》是为数不多的以地铁为叙事空间的影片。影片的风格一如它的片名，MTV 式的镜头语言充满诗意。男主人公建斌游荡在空旷的地铁中，他失业了，却没有勇气告诉已结婚 7 年的妻子。因为 7 年前来到北京走出地铁时，他曾向她许诺给她幸福的生活。而现在，他连自己的那份房租都交不起了，又怎能面对她一如既往的爱情？而妻子也在丈夫一天天的萎靡与冷漠中遇见了倾心于自己的男子。面对镜头的独白使我们看到他们心中并未泯灭的爱情之火，而近在咫尺的他们却已读不懂彼此。地铁中飘荡的还有厨师与女友相约的故事、与推销员相恋的故事，有聋哑男孩情窦初开、却难以启齿的故事。与厨师约会的女孩在餐厅的事故中眼睛受伤，厨师只是远远张望，却没有勇气站在她身旁。建斌被她的故事吸引，以厨师之名来到医院照顾她。两颗孤寂的心似乎越来越近。由地铁引发出的一段段情感故事如晃动的车厢飘摇着却又目标明确地前行。情感的归属在这里已经不重要，这里要传达的是在忙碌、动荡的城市生活中对美好情感的追求，也许它如地铁一样，进站出站，停停走走，但只要有目标，它就一直在与你同行。影片影像清新、音乐动听、人物形象纯情，情绪渲染比较到位。有评论将之称为“新城市电影”“偶像电影”，在影片中似乎都找得到根据。在这种对城市的想象中，城市内化为与人物生活密不可分的空间角色，它不突显、不张扬，它只是让观众知道这是关于城市生活的故事。

有些城市仿佛天生就具备电影影像特质和潜质，如美国的纽约、意大利的罗马、中国的上海，而它们也确实成为各自国家电影传统的发祥地。电影中无数次的映现与凝视聚集成城市的某种气质与魂魄，积淀成人们对这些城市的共同的文化记忆。正如在《美国》（*America*）一片的结尾，布希亚回望欧洲城市时写的：“当你走出一家意大利或荷兰画廊，进入仿如书中映像的城市实境时，你会觉得仿佛是这个城市走出画面，而非相反。”接着他更明确表示，“美国城市就像是从电影中走出来的。”[①] 这里，电影从镜框中溢出，流进了都市的空间，塑造了都市人的情感结构。都市形象中增添了电影影像赋予它的神秘与魅力：喧嚣的洛杉矶永远藏着数不尽的秘密、繁华且肮脏的纽约街头永远上演着结局不同的故事，而黑色电影中潮湿黑暗的都市永远危机四伏。

第二章　城市化进程中的北京影像（1978—2008）

改革开放以来，电影创作越来越倾向于自由和开放，在多角度的电影创作中，留下了更多关于北京的想象与记录。在新时期的步伐下，北京作为中国的心脏城市所具有的特殊的政治、经济、文化地位，使得这座城市重新而全面地参与到城市电影的进程中来。北京悠久的历史积淀、对中国传统文化

① ［英］大卫·克拉克编．电影城市［M］．林心如等译．台北：桂冠图书股份有限公司，2004年，第1页．

的良好保存、京味文化的延续和传播等具有浓郁京味儿的城市特质都为城市电影的发展提供了丰富的场域和多彩的视角。

20世纪80年代初，凌子风导演将老舍先生的小说《骆驼祥子》搬上了银幕。为了能重现老舍先生笔下的北京，在北影搭了“西四一条街”。影片的主要角色全都是社会最底层的人物，为了能达到原汁原味的效果，连影片中抬轿子和抬棺材的杠夫、拉洋片的艺人都是请的老行家。浓郁的京味文化弥漫其中。城镇是连接乡村与城市的过渡地带，20世纪初，人们称北京为“北京城”，然而这“城”后面是“镇”还是“市”，多少还有点模糊。京城，既有乡村的无边性，又有城市的现代性，它是一个向着现代化努力的地方。《骆驼祥子》（1982年）里出现的“铛铛车”（有轨电车），在那个年代是北京乃至全国都少有的现代化交通工具之一，它的精致似乎不亚于祥子拥有的第二辆“洋车”（祥子和虎妞结婚后，祥子重新开始拉车时买的新车），然而当它慢悠悠地行驶在街市上、经过一排排低矮的民房、穿过古老的牌楼、不时发出“铛铛”的铃声提示路旁的行人及车辆躲避的时候，仿佛充满了旧时皇宫贵族们出行时的贵气。靠电和靠脚力运行如此鲜明的对比，与社会现实中的反差不言而喻。现在，这个曾经悠闲地徜徉于大街上的“铛铛车”早已不再履行它的运输任务，而是成为前门商业街上的一道风景，开始为旅游业贡献力量了。“洋车”作为一个时代的记忆，成为博物馆里的陈列品。在后来的影片《春桃》（1988年）里，凌子风导演拍摄了更多的北京的景物：神武门的宫墙、北海的白塔、故宫的角楼、什刹海的水。他还在影片中用上了各种各样非常具有北京特色的道具——洋画、冰盏、红腰带等。影片处处可以看见导演对老北京市井生活的熟悉。同一时期由吴贻弓导演的《城南旧事》（1983年）是回望历史深处的北京往事的一部佳作。主人公小英子不是北京人，北京是她的童年记忆。那记忆里有她不解的世道人心、有她难以忘怀的真情诉说，更有每天流连其中的市井风情。小偷、疯女人、家中的保姆，一个个生动的人物，一段段难以释怀的故事，就在老北京的街头巷尾徐徐展开，影片节奏舒缓、意境深邃，常被称为是一部散文风格的影片，而它对北京的描述更是难得的精准又富于诗意。

20世纪80年代初、中期的银幕上还出现了一批清宫电影，《垂帘听政》（1983年）、《火烧圆明园》（1983年）、《两宫皇太后》（1987年）等，影片中的北京是一个充满阴谋和权力斗争的宫殿。无论是内地电影人执导还是香港电影人参与创作（李翰祥执导《火烧圆明园》），这些影片在呈现历史风云中北京所经历的残酷和血腥上殊途同归。故宫、天安门、长城、天坛、圆明园、卢沟桥等标志性的建筑，在这些影片中再次被强化成为北京的影像符号，成为近代中国历史的象征。当历史的尘埃落定、风云散尽，谁会想到静寂的故宫会成为帕瓦罗蒂、多明戈、卡雷拉斯“三高演唱会”的现场；新世纪后的导演更是直接在太庙举行《大腕》的葬礼。此类种种，景致依旧，况味却不同了。

除了历史题材的影片有了与众不同的视角，银幕上还涌现出一批人们更为喜欢的以现实生活为题材的电影。北京悠久的历史、丰富的文化和改革开放后的迅速变化为编剧导演们提供了大量可供选择的创作素材。观众能够直接看到自己周围环境的变化，甚至能够看到自己的生活展现在大银幕上，更能以旁观者的视角来思考当下的生活状态，电影和观众的距离不断拉近。1979 年北京电影制片厂摄制的《瞧这一家子》、1983 年北京电影制片厂摄制的《夕照街》、1986 年北京电影制片厂摄制的《珍珍的发屋》等，这些影片突破了传统政治题材的限制，充满了浓厚的生活气息，以普通人嬉笑怒骂的生活为蓝本，将镜头伸入迂回曲折的胡同里，对准那些生活在四合院中的百姓人家，将老老小小们各式各样的脾气习惯、每家每户琐碎细小的生活经历串成了故事。对于看多了教条、严肃的政治影片的观众来讲，这无疑是新鲜的视听感受。这些影片的取材范围都很小，比如《瞧这一家子》，围绕一家人的工作生活而展开故事，有矛盾也有快乐；《夕照街》直接以一条街命名影片，展现那些四合院里各色人物的日常生活。新时期的电影开始有意碰触最真实、最本质的城市生活。在改革开放初期的十几年里，在新的经济政策的影响下，人们的生活发生了最明显的变化，而隐藏在这些有形变化后面的则是人们思想观念的转变：人们互帮互助、共同进步，而且勇于尝试创新（《瞧这一家子》）；紧跟时代的步伐，人们从四合院搬进新楼房，每个人都通过努力实现了自己的梦想（《夕照街》）……点点滴滴都是以小见大。在这些影片中，胡同、四合院、地铁、电梯、家用电器等不仅串连起影片的故事情节，有的还辅助刻画了人物的性格特征，展现着时代浪潮席卷下北京人的精神面貌。

北京是全中国最早拥有地铁的城市，早在1969年10月1日，这个象征现代化的交通工具就在北京投入使用了。除了自行车、公交车外，地铁成了人们出行的平常选择，影片《瞧这一家子》中，嘉奇和大阮同张岚见面的地方就是在地铁站里，后来，父亲老胡巧遇正在谈恋爱的嘉奇和小红时，愣是从地铁出口追了回去，可还是眼看着地铁呼啸而去。现代化技术不仅应用于人们的日常生活，而且人们对这些新技术的探索热情也极为高涨：郁林（《瞧这一家子》）等人到浴池“取经学技术”，淋浴出水系统采用的是光电管对人体的感应；石头（《夕照街》）在王老师的指导下自己研究收音机、电视机的组装和改造；推土机手吴海波（《夕照街》）更是在家里不断尝试新的爆破方法。在《瞧这一家子》中，新华书店要举行文艺活动，张岚请嘉奇来编舞蹈，结果嘉奇给大家编了一个节奏快、动作幅度和频率都极大的舞蹈，累得大伙都跑到地下室去吃冷饮。镜头切换中不断出现彩灯广告牌上的广告：有“色泽鲜艳的白猫花布”（一只猫头图像不断眨着眼睛）、“海燕牌收音机”（几只海燕造型的灯先后亮起，好像一只海燕飞过一样）、“标注英文Lucky Cola的幸福可乐”（旁边可乐瓶状的灯不断闪烁）、“美加净牙膏”（一个正在刷牙的小孩口中不断冒出泡泡），等等，伴随着背景音乐的节奏不断加快，彩灯上的“地室饮料厅”“冰淇淋、冰霜”“冷饮”“咖啡酒、薄荷酒”的广告和人们呼喊汽水、大口吃西瓜、急速吮吸饮料吸管、不断挖着冰糕碗的画面快速剪辑拼接到一起，一种新时代里人们被新生事物不断冲击的强烈感觉扑面而来。也许北京的胡同依然窄小，四合院的生活也还像乡村一样热闹且具有“透明性”，但是城市里新技术的应用、新事物的出现俨然成为划分城市与乡村的界线。

20世纪80年代中后期以及90年代初期出现的描写北京的城市影片，不断丰富城市人群的生活状态，人物形象更加多元。有延续了80年代初期轻喜剧系列的影片，如《二子开店》（1987年）、《傻冒经理》（1988年）、《爷儿俩开歌厅》（1991年）等；有北京韵味浓厚、根据王朔小说改编的特立独行的影片，如《一半是火焰，一半是海水》（1989年）、《顽主》（1989年）等；也有《我的九月》（1990年）、《北京，你早》《找乐》（1992年）这类与社会事件、当下北京人状态紧密相连的影片。这些影片已经不是单纯地表现人们对新事物的追求了，镜头在延伸，延伸至观众看不到却能时刻感受到的强烈的城市氛围中，人们对自我的认识、对自身价值的追求浮出水面。这与革命题材影片中所表现的为了建设祖国、为了社会主义贡献自己的力量是不同的，尽管这些影片也是对自身价值的肯定，也是实现生命意义的一种方式，但毕竟时代变了，在稳定的社会进程中，普通人能做些什么，又应该做些什么，成为人们普遍关注的问题。电影不仅是人们的娱乐方式，更是对城市的记录和书写，因为真正的城市书写，不是历史，不是理论，不是规划，而是每个人真实的城市体验与生活。[①]

二子（《二子开店》）通过自己的努力带着一帮哥们儿开起了客店，并且不断“钻研业务”，提升客店的经营效益。在这个过程中，他改掉了很多以前的坏毛病，使自己由一个待业青年转变为一个能够自食其力的人；于观、杨重、马青（《顽主》）等人办的“三T公司”，虽然看似荒唐可笑，但最终当公司决定解散的时候，还是有很多人等候在门外，需要他们提供帮助；安建军（《我的九月》），一个自卑怯懦的小学生，在班主任的鼓励下，不断战胜自己，终于实现了参加亚运会团体操表演的心愿；艾红（《北京，你早》），一个天真又虚荣的年轻女售票员，不满足于每天在公交车上卖票的单调生活，最终还是离开了这个稳定的集体，选择做了一个时下流行的个体户；老韩头（《找乐》）虽然退了休，但还是闲不住，主动组织一群爱好京剧的老年人办起了活动室，尽管这其中波波折折总有些矛盾，但最终还是愿意和大家在一起，图个乐呵。不管是初出茅庐的小孩还是风华正茂的青年，或者是风烛残年的老人，大家都想尽办法寻找适合自己的归宿，因为每个人都不甘于被时代这个急速翻滚的车轮撞倒。这就是生活在都市里的人，这些人不喜欢没有组织、没有纪律的绝对自由，反而希望自己能够属于一个集体，能够跟上时代的脚步。

20世纪80年代末，出现了一部与上述影片在精神气质上很不相同的电影——《本命年》(1989年)。影片根据刘恒的小说《黑的雪》改编。影片透过男主角李慧泉出狱后的生活揭示出时代大潮下社会的复杂和多变。泉子出狱后打算重新做人，稳稳当当做点事情，加上热心邻居罗大妈和民警小刘的帮助，生活本有可能一片光明，可最终他却没能逃过命运的捉弄，死在了

---

① 蒋昕捷．谁的城市？［N］．中国青年报，2009.02.25.

本命年的最后一天。影片开始时，李慧泉从地下通道里走出来，光线由暗及亮，而当他走进胡同，推开大院门的时候却一共转了5次弯才进了自家门。这一段除了自然声音（衣服的摩擦声、脚步声、火车经过的声音、翻东西的声音等）没有一句独白，直到罗大妈出现，人物才开始对话，仿佛也暗示着一种悲伤的结局：提前出狱对于李慧泉来说是新生的开始，但是他却没能和久别的社会重新融合，几番曲折的经历最终使他失掉了性命。是城市变化太快，没有给他适应的机会吗？其实不是，邻居罗大妈、方大妈、民警小刘、歌手赵雅秋、倒爷崔永利其实都是变化着的社会的代表，他们有的接受泉子、有的排斥泉子、有的帮助泉子、有的陷害泉子，在多个方向的拉扯下，泉子始终困在自己设定的围栏中，没能在短时间内找到自己真正的方向，走向了不幸的结局。这部影片在众多昂扬向上的影片中无疑是个另类，即便在今天看来，它也丝毫不显得过时，这正是影片的魅力所在，就像导演谢飞曾说过的，艺术片不是要给出答案，而是要提出问题。整个时代正热血沸腾地前进着，但是在这种情况下，一些小人物是最容易被忽略也最容易受到伤害的。一切出现得太突然，又行进得太迅速，他们来不及反应就被撞倒，更来不及重新站起来就被抛在了后面，所以有人懵懵懂懂、跌跌撞撞地过完一辈子，也有人就此作罢，不再追赶时代的脚步。

随着改革开放在城市的进一步深入，城市面貌日新月异，都市化建设如火如荼，与之相伴的是人们的思想观念、生活状态也都发生了很大的改变。城市和电影的关系更加密切，城市在电影中所扮演的角色也发生了转变，从作为单纯的叙事背景的空间展示到融进了叙述的主体，参与到影响人物行为和心态中来，正如影片《顽主》片头的摇滚曲所唱：“我曾经梦想现代化的都市生活，可现在的感觉我不知道该怎么说。这里的高楼一天比一天多，这样的日子并不好过。”三十多年后再来看这部影片，我们会为当年的出发而感动，为这一路走来的时光而慨叹，更感谢电影用影像的方式记录了那个在城市化道路上蹒跚前行的北京的纯真时代。今天，当我们重新观看20世纪70年代末至21世纪第一个十年关于北京的影像时，我们会发现电影记录着，也折射着北京的历史和现在。2008年北京奥运会的成功举办，加速了北京的城市化进程，城市面貌、文化环境等都发生了很多改变，因此它不仅是一个时间的节点，更是北京都市文化发展的一个重要节点。本章选取1978

年至2008年三十年间具有代表性的影片进行分析，从城市居民社会心理及心态的变化，城市空间、社区的变化及其影响，城市边缘人群的生存状态等方面，在影像的记忆与想象中透视城市化进程中北京的变迁，梳理变革转型中城市人的心路历程。

第一节 苏醒的城市

《顽主》是20世纪80年代城市电影发展的一部标志性作品，今天来看它不得不惊叹原著作者在人物语言表达上的精妙，对那个时代及城市的发展、人的心态、精神状态的细腻的描述。那是一个躁动的时代，改革、开放、城市化进程这些主题词悄悄地改变着城市生活的面貌，也在改变着人们的思想观念；那是一个众声喧哗的时代，各种思潮，不论是西方的还是东方的，轮番登场，虽然更多时候意义含混不清，没人计较，但人们需要的只是不一样的话语方式、不同以往的表达。当然，那更是一个纯真年代，当小说转换成视听语言，这种纯真因为直观而更令人难忘。片头片尾都是都市的喧嚣：毛主席纪念堂参观注意事项、电影明星的新闻、费翔深情的歌声、风靡全国的流行歌曲《黄土高坡》，还有当时还很质朴的摇滚。影片中那场跨越时空、符号庞杂的带有荒诞色彩的时装表演生动地演绎了转型期中国社会各种思想观念、意识形态的碰撞与杂糅。众声喧哗之中我们看到了转型中的北京，看到了北京人的生活，看到了三个北京“顽主”荒诞但充满真诚的创业。在固执的父辈眼中，他们不务正业；在道貌岸然的德育教授看来，他们需要教育、拯救；在建立秩序维护稳定的街道领导的视野里，他们必须被关注监督，而在市民那里，他们是可以交流、可以倾诉、可以寻求帮助的对象，虽然市民的要求光怪陆离（那又何尝不是都市化进程中各种焦虑的显影），他们用自己的生存智慧和真诚提供帮助、化解矛盾。天安门广场、川流不息的街道、尚还簇新带着现代化气息的地铁、永远都拥挤不堪的三个门的长公交，还有京腔京韵的调侃与贫嘴，都是讲述这个荒诞不经的故事最真实的手段，它们也成为20世纪80年代末北京城的独特记录。几位主要演员（葛优、张国立、梁天、马晓晴）准确到位的表演为影片荒诞故事的生发找到了现实的根基，同时，也成就了他们日后在中国电影界的明星地位。葛优式的小人物冷幽默就是从杨重这个人物逐步确立起来的，而张国立真诚、洒脱的形象气质竟使他成为20世纪90年代关于北京记忆的影片的主角:《我的九月》中尊重学生个性发展的青年教师,《混在北京》(1995年)中绝不为生存而失去尊严的知识分子。马晓晴同张国立一样，从此起步，成为以后一个时代中城市电影的主角。她的表演自然、生动，不加雕琢，无论是该片中对一切充满好奇又懵懂不知的售货员刘美萍，还是《北京，你早》中不甘于现状，设法改变自己的生活、主动寻找爱情的售票员艾红，都浑然天成，迷糊得可爱，天真中还有几分精明算计。"顽主们"只是敢想敢做的一代青年，只是他们的想法与众不同，只是他们不愿用那么多绚烂的词汇伪装自己，只是他们在周围人还不敢或不愿大声说出自己的愿望时真诚表白。他们不叛逆，不放弃，待业在家，就自己创业，有尊严地追求自己的梦想。于观的女友劝他考夜大，接受正规教育，他不为所动，坚持走自己的路，在游乐场的喧嚣里高声告诉她"总有一天你会为我骄傲"。也许影片在告诉观众游戏中所言也许就是戏言，但穿越时空，站在今天我们发现于观们中的大多数真的成了这个社会的中产。那真是一个值得怀念的时代，虽然也有那么多的质疑，来自父辈的，来自社区邻里的，来自知识阶层的，但那只是质疑而已。他们是待业青年，但他们没有被边缘化、没有被遗忘，在社会关注的目光里他们还有挥洒青春的创业空间。川流不息的众生相，在精妙的配乐中显得滑稽却又那样亲切、平常，他们是来京务工人员、北京的市民、新潮打扮的小青年，还有穿着印有"我是老外，我没有外汇券"的文化衫的外国女孩。行色匆匆，拥挤中尚有秩序、碰撞中还有一丝温暖。北京在变，随着影片中那徐徐升起的红日，脚手架耸入云端，谁会知道它将这座古城带入何种高度。顽主们的公司无法维持了，他们没有失去信心，准备另起炉灶，推门迎接新的一天，门外却是排着长队的人们。精妙的音乐再次响起，在片头的众声喧哗中又一天开始了。《顽主》为20世纪80年代末的北京留下了一个喧嚣但真诚的背影。

《北京，你早》中与顽主同龄的三位青年面对着城市的变化有着不同的选择。他们是公交车的司乘人员，手捧着铁饭碗，每个人却都有自己的打算。枯燥的售票员工作，无法安抚艾红年轻、躁动的心，纵然有司机邹勇强的爱情相伴，仍无法满足她对外面世界的好奇和对丰裕物质生活的向往。王朗一直跃跃欲试摆摊赚钱，却屡试屡败，最后发现自己最喜欢最擅长的还是卖票。勇强有机会辞职下海，但由于自己的工作是接爸爸的班，公司出的钱让他学的车，父辈的交情、队长的信任，当然还有这份工作的稳定，使他决定留下。三个门的公交车行驶在拥挤的马路上，既定的线路中，三个年轻人的心灵却跌宕起伏。导演以舒缓、纪实的镜头捕捉到了20世纪80年代末躁动的都市中一颗颗不安分的心的律动。艾红再次出现在公交车上时已是一位时髦的买卖人，泼辣、干练。而那位欺骗了她的所谓的留学生成了她的丈夫，夫妻二人大包小包地运货，显然在商海中沉浮已久了。公交车的路线依旧，车上人的人生轨迹已经分道扬镳了。影片把寻常生活中的点点滴滴捕捉入镜头中，更悉数插入影片的叙事中，一瞥而已，沉静自然，没有评判，没有褒贬。唏嘘慨叹都留给了观众——那时的与如今的。因为我们知道，他们当年的选择决定了他们在现在社会分层中的位置。他们也许是《无穷动》（2002年）中的中产阶级，也许是《卡拉是条狗》（2003年）中的下岗工人。电影的魅力正在于它永远给我们以想象的空间。晨曦中北京新的一天又开始了，一个古老的北京、年轻的北京，在历史车轮的驱动中继续前行。

第二节　成长的记忆

20世纪90年代电影中的北京还有一些独属于这个城市的景致和生活环境，比如四合院和胡同。大多数北京人生于斯、长于斯，那里铭刻着他们的童年记忆，他们的人生也从那里开始。那里的人情世故、邻里短长，塑造了人们的气质，也积聚了特别的性情。四合院里住的不仅是几户人家，更是一个小型的社团，看似锅碗瓢盆、家长里短，却都是人生的要义，彼此交杂，相互影响，逐渐形成一个城市的精神底蕴。就像《美国大城市的生与死》的作者所说："传统社区的生活就像街边的芭蕾，充满生趣。它成为联系人们情感、形成认同的纽带。"[①] 在《我的九月》《北京，你早》《找乐》《民警故事》（1995年）等影片中，我们能看到北京特色的胡同、大杂院、街坊邻里的热络……那些都是独属于这个城市的成长记忆。

---

① ［AU］Deborah Stevenson.Cities and Urban Cultures［M］.Peking: Peking University Press, 2007, P81.

新中国成立后电影中的儿童是“祖国的花朵”，他们在国家和人民的关怀中茁壮成长。电影中的儿童形象符合人们的期望、代表着人们的心声，成长的烦恼常常被远大的理想遮蔽。银幕上的儿童及他们的生活大多是成人们的想象与希望。《我的九月》是成人世界弓下腰来，降到孩子的高度来看孩子世界的影片。这是一次成人世界与孩子世界的平等对话，孩子真正成为主人公，自己为自己的世界说话。四年级小学生安建军瘦弱、老实、不太爱说话，同学们欺负他，他也不会反抗，同学们叫他“安大傻子”，他只是笑笑，从不反驳。建军父母是重组的家庭，妈妈还带过来一个小妹。家里生活虽然很拮据，但很融洽。建军和妹妹相处得很好。建军参加了亚运会开幕式武术操表演排练，家里倾力支持他，可是他由于动作不标准还是被刷了下来。班长刘庆来是建军的邻居，谎称皮肤过敏不参加训练，是为了去见从台湾来的姥爷。新班主任高老师是刚从乡下调来的老师，按刘庆来的话说“有点儿二百五”，因为他和同学们一起玩打屁股游戏，也不会训人。炎热的九月就围绕着能否参加亚运会开幕式表演，在建军与刘庆来一系列的冲突中开始了。高老师是中国银幕上闪耀着人性光芒的教师形象，他平凡、普通，在学生面前没有权威，但是他宽容、真诚，平等地面对每一个学生，他坚信孩子世界的纯真与美好，绝不为成人世界的成见与偏执伤害每一个孩子单纯的心灵。刘庆来由于父母的怂恿而说谎，令老师们不齿，他义正词严地表示“不要背后说学生的坏话”。他相信所有的孩子都是无辜的，要允许孩子犯错，要给他们改正的机会，而不是一个简单的结论就粗暴地否定了一个孩子。他对建军的鼓励与帮助更是全片中最为闪亮之处。片中有三场高老师与建军单独交流的戏。第一次是雨夜高老师家访带来建军被刷下来的消息。建军送高老师的路上，两人聊天，建军告诉老师，“他不像个老师，像个好朋友，同学们叫他高二傻子”。高老师不但没生气，笑着说：“谁说老师不能成为朋友？你是安大傻子，我是高二傻子，咱们就是朋友。”还有比这更动人的台词吗？在建军开心的笑中我们看到孩子信心的恢复。在课堂上一向不敢发言的他，在同学们的嘲笑声中讲了自己作文的思路。第二场戏是在高老师办公室里，高老师已得知建军被冤枉的真相，叫建军自己来说明情况。他送给建军一本书《强人成功之道》，鼓励他勇敢地面对生活，成为一个强者。他们约定以后有事就给对方发求救信号。景深镜头中窗外同学们在练操，建军茫然地问老师“我是不是特傻啊？”高老师笑着回答“我和你差不多，我是高二傻子”。以后的建军变得更加自信，同学再次叫他安大傻子，他不再接受，大声否认自己是傻子，并默默地按自己的计划努力着。第三场戏是刘庆来因要去见姥爷坚决不参加开幕式，表演队缺一人，建军非常想参加，因为退出表演队后自己也一直偷偷练着，可是自己没有勇气去找体育老师，他向高老师求救。高老师鼓励他自己去说，“铆足劲儿，奔着成功去，我在旁边助威”。伟大的老师成就的是一个自信、勇敢的心灵。在老师充满信赖与肯定的目光中，建军出发了，在高速摄影的一招一式中，建军成长起来了，他超越了自己，看到了自己的力量。

《我的九月》巧妙地将一个孩子的成长故事放置在北京亚运会这一全民关注的盛事背景中。于是，北京、亚运会、大杂院、街坊四邻成为影片必不可少的环境元素。亚运会是中国也是北京第一次举办的体育盛事，它为改革开放中的国人带来信心和希望。北京更要以崭新的面貌迎接各国友人。影片中街道大妈来大院安排执勤任务，叮嘱出租车司机停好车，不要影响交通，即是全民动员全民参与办好亚运会的北京策略。影片在某种程度上还原了亚运会前北京的社区生活状况。影片生活气息浓郁，运用长镜头将大杂院八户人家的庸常生活在以孩子们为主线的故事中不着痕迹地一一呈现，没有集中的戏剧冲突，只是邻里之间的寒暄与短长，而这些正是那个时代北京人的喜怒哀乐。片头长镜头中大院中的主要人物悉数出场，尽管连人物的名字都未一一介绍，人物的个性却生动地呈现。准确的场面调度和生活化的表演呈现在观众面前的就是一幅生动的北京大杂院的生活场景：以自来水龙头为核心的公共区域，尽在眼底的各家状况，老北京的客套与寒暄，背后的嘀咕，遇到困难时真诚的帮助，鸡毛蒜皮的小吵小闹，等等。大院的群戏共有六场，片头片尾是全景展现，中间四场集中在孩子们的故事冲突上。九月的北京因不寻常的国家大事而躁动，可是生活还在继续。影片在孩子成长过程的描述中，给出了大院生活的线索：达子的鸽子派上了用场，参加开幕式去了；片头去医院生孩子的产妇抱着个大胖小子回来了；刘庆来的爸爸告诉赵爷爷去看孩子姥爷的飞机票退了，老人家要来北京看开幕式，还要尝尝地道的北京小吃……大人们忙乎着送孩子们去参加开幕式，朴实的祝福与鼓励，却都那么温馨。刘庆来将一瓶冰冻的饮料送来，建军的脸上露出了笑容。在温暖的社区环境中成长，孩子的世界也绝不会冰冷。有些破旧的大杂院、狭窄的胡同弥漫着人与人之间淡淡的脉脉的情谊，这种社区结成的地缘、人缘在都市化进程中尤为重要，它是人们疲惫的心灵的归属之地。遗憾的是，在北京迈向国际化大都市的过程中，这种社区渐渐消失了。《我的九月》记录下了它的童年，而后的《北京，你早》讲述了它的青春，《找乐》找到了它的老年，《夏日暖洋洋》（2000）则目睹了它的消逝。

《民警故事》片头民警杨国力带新来的徒弟熟悉管区，骑到拆迁的街区，不禁感慨"我赞同拆迁，都搬进高楼里了，还有什么民事纠纷呀"！民警的预言在某种程度上变成了现实，随着大片的胡同消失，与之相伴相生的街坊邻里的关系也一并消失了，高楼大厦阻隔了人们的交往，吵吵闹闹的小事是少了，可是冷漠与间离的关系导致的伤害却增多了。大型的推土机轰隆隆地开进狭窄的胡同，民警侧身为之让路，历史的潮流谁也无法阻挡。镜头摇起，注视着成片的胡同街区，远处则是高楼大厦形成的天际线。传统与现代就这样被并置在一个画面中，只不过前景中的胡同已被包围，注定无法逃脱被吞噬的命运。老城边上崛起了新城市，那记忆中的乡土由此产生陌生感。没有谁仅仅为了捕捉城市的影像而拍，倒是将这些影像放在一起时电影会以自己的方式为变迁也为未来做证。电影可以不只是感性地捕捉某个时刻、历史时期，而是去解释城市怎样构成，城市功能是怎么来的。从这个意义上说，电影可能比城市规划师更能保护城市。正如《民警故事》的导演宁瀛所说："我觉得人的记忆和城市的建筑、一砖一瓦是联系在一起的，砖瓦消失，记忆也不在了，城市像是从家园变成一个陌生的地方。从一开始我就有意识地想要用电影为城市留下些影像，不只是建筑，也是我们的生活，某个社会历史时刻。"①

在20世纪90年代关于北京的影像中，宁瀛的"北京三部曲"（《找乐》《民警故事》《夏日暖洋洋》）尤为突出。宁瀛在新现实主义的故乡意大利学习、实践电影的经历以及她是土生土长的北京人的事实使得她的北京想象与众不同。《找乐》是用老人步行的速度来看北京的旧式社区，只一片社区已经足够体现北京，体现在中国已持续了上千年的生活方式。影片是宁瀛对

① 李弘宇．电影塑造城市：文德斯、宁瀛、迪米·杰安三人谈［N］．南方周末，2007.02.27.

“纪实”电影的一次重要实践，“找乐”最主要的意思是重新给自己找一个生存的空间和环境，表现出的是对现实本身的热爱之情，它以一种豁达和包容化解失意和苦涩。1995 年的《民警故事》反映一群民警的日常工作和生活。民警的故事充满趣味，且逐渐由离奇转为荒诞。所有看似荒诞的情节都带着某种严肃的合理性，没有任何指涉的表面下混沌好似一团忽明忽暗的火，它没有任何温情地烧着，却让你觉得很暖和，影像粗糙凌乱又丰富饱满，充满质感。民警是骑自行车巡逻的，穿过街巷，可以看到成片拆迁的空地。这是比老人步行更快的速度。2000 年的《夏日暖洋洋》的影像空间环境基本上已经看不见胡同了。我们随着出租车穿梭在大工地一般的北京城里，和司机这个“城市漫游者”一起遭遇激情、无奈、失落，被骗、被欺、被短暂地爱过，直至最后被安排再次走进婚姻（婚纱摄影）。城市的各色人等与夜色里一片一片被灯光照得炫目的庞大工地一样，神秘并且带着迷失的色彩。家园在逐渐成为记忆，眼前的北京如此陌生。这似乎是宁瀛下一部影片《无穷动》的空间取景动机。“我的上一部电影几乎全是在一个旧式四合院里拍的，这种院子已经成了上层生活的代表。几乎没有街景，因为我个人似乎已经跟现在的城市不再有感情上的关联，感情是很重要的。当城市完全改变，我们或许得用新的眼光来看它，别太怀旧。”①

第三节 彷徨的追寻

1986 年，在北京举行的纪念国际和平年百名歌星演唱会上，崔健穿了一件颇像清代长褂的衣服，身背一把破吉他，两个裤脚一高一低地蹦上北京工人体育馆的舞台，台下观众还不明白发生了什么事情。当音乐响起，当他唱出“我曾经问个不休 / 你何时跟我走……”时，台下顿时变得静悄悄的。歌曲结束，在热烈的欢呼和掌声中，中国第一位摇滚歌星诞生了。从此，以北京为中心，摇滚乐的影响力扩散开来，相当一批青年人开始尝试着用摇滚特有的鼓点与节奏阐述自己的爱情与理想。从 1988 年那部与摇滚实际上没有关系的歌舞片《摇滚青年》开始，中国电影一直在注视着摇滚，注视着

① 李弘宇 . 电影塑造城市：文德斯、宁瀛、迪米 · 杰安三人谈［N］. 南方周末，2007.02.27.

那群在北京这座成就了摇滚的城市里追逐理想的摇滚青年，讲述着他们的漂泊、坚守、迷惘和无奈。摇滚乐的呐喊与嘶吼久久地回荡在北京这座古老城市的空间里。

《北京杂种》(1993 年）在摇滚乐的呼喊与自语中讲述了关于“寻找”的故事：摇滚乐队寻找场地，男人寻找恋人，被骗的商人寻找骗子，而更多人则在寻找自己的理想和根据地。崔建、窦唯、臧天朔等当时的摇滚巨星都在里面做了本色演出，他们的音乐作品也穿插在故事之中。用剧中人自己的话说，这部影片展现了一群“由着性子活的那种人”。他们是摇滚乐手、画家、艺术院校的学生、混在北京的浪子。在他们身上流露出被社会排斥和混乱的人际关系带来的强烈孤独感。“杂种”这个具有强烈贬义和侮辱性的称呼，本身就是具有强烈反讽的片名。影片本身也因为线索众多，显得较为杂乱。北京在他们眼里是一个被边缘化的城市，他们的生活也是一种不被理解的边缘化生活。面对“杂种”们杂乱的生活，影片中的北京依然显得格外沉静：天安门广场、东西长安街上的细雨、夜晚的霓虹灯、地铁的阶梯、胡同的儿童游戏、婴儿诞生的手术台……而“杂种们”碎片般的个人体验与生活在影片中成为一种冲动、愤懑、抑郁情绪的直观表达，正如男主角空洞的眼神，空虚乏力。即使是那些似乎代表了他们灵魂呐喊的摇滚乐也掩饰不住内心的空虚。影片也在这个意义上成了空洞的能指而已。

《头发乱了》的故事是以从广州来北京念大学的女孩叶彤的视角展开的。在北京的小胡同里，她度过了童年时代，长大后服从父母的安排，放弃喜爱的音乐而考入了医学院，但她心底还是隐隐希望在北京会发现另外一种生活。乐队歌手那种刻意的反叛形象，恣肆张扬的生活让她着迷，她以令这些摇滚青年惊讶的热情投入乐队，很快成为他们的一分子，也开始了和摇滚乐手的恋爱。摇滚唤醒了她体内潜伏的叛逆精灵，她明白自己要的是一种有生命的激情人生，纵然这种爱情注定是没有结果的。当了警察的伙伴卫东不理解她的人生，但尊重和呵护她，在邻里对乐队不满时，他利用自己的身份给他们解围，温柔地劝叶彤珍惜机会好好用功，为她从起火的仓库里抢回吉他。但是叶彤已经无法接受这份正常而温馨的爱情，她的人生不会停留于此。几天后，她申请退学，只身离开了这个城市。与来时一样，孑然一身，背着吉他，手提行囊，仍然没有找到她想要寻找的东西，但她起码知道了自已不想要什么。在儿时伙伴的口哨声中回眸的一瞬，长发在风中纷纷扬扬，头发乱了，迷茫的眼神中或许还有几分坚定。叶彤在故乡迷失了，也在故乡完成了成人礼，两段没有结果的爱情带给她人生不同的体验与况味，青春的激情与迷茫常常就那样纠结在一起，无奈却又令人感动。《头发乱了》在银幕上留下了20世纪90年代青年的心灵灰尘（影片英文片名为“*Dirt*”），呈现了大时代中的青春冲动和迷茫。当然，用摇滚和胡同的对比来完成主题简单而符号化的阐释，用老外的身影、纪录片中的“文革”来承载社会和历史信息，使影片成了意念的简单叠加，想要表达的太多，反而都听不清楚，在某种程度上削弱了影片的感染力。

2001年香港导演张婉婷的影片《北京乐与路》中出现了一个香港人眼中的北京：灰色天空下的鸽子、楼群，多元混杂的人流车流、三轮车、糖葫芦、华灯和霓虹、路边的剃头摊、风筝老头、秧歌老太、集贸市场、大小胡同……出租车里的香港青年麦克·吴手持DV记录下了这个令他迷失的北京：一个陌生的国际化大都市，一个处于急剧变化中的古都。陌生的文化环境和语汇，传统与现代的交织、碰撞，使他当然还有影片背后的导演同样不知所措。于是，影片中几乎所有关于新北京的镜头，都在飘忽、运动中，而且很大一部分是从他的DV中摇出来的。而一旦言及感情生活，则稳定地呈现那些传统的符号化的北京记忆：长城、故宫、城墙，镜头近乎舒缓。影片对新北京是迟疑和略带困惑的，因此它没能穿过古老与现代，将一种北京质感精确呈现。影片选择了摇滚，《不用数的日子》《活着》《光的深处》《你也来了》还有点题的《晚安、北京》等摇滚歌曲出现在影片中，试图通过这个似乎代表着现代北京的符号来实现与这个古都的对话，来审视浪迹北京的青年的乐与路，没有《北京杂种》的冷峻与庞杂、没有《头发乱了》的青春冲动与迷惘，《北京乐与路》的故事以摇滚为名，却是底层小人物在北京的艰难生存，与前两部影片浓浓的情绪表达和任意挥洒的影像相比，它是一个更完整的故事，一个混在北京的故事，一段摇滚乐手的人生之路，一个多义、温馨的爱情故事。从这个意义上说，它所延续的是20世纪90年代《混在北京》的故事，同《十七岁的单车》（2000年）、《开往春天的地铁》一样，讲述的都是怀揣梦想的青年在全球化时代，在北京这个国际化大都市追逐梦想的故事。无论是知识分子、来自乡村的打工仔，还是白领青年，北京是他们的梦想之城，与摇滚青年一样，他们渴望在这里获得成功、认可。

“人们有的活在并消融于城、与城同体作为城的有机构件，也有的居住的同时思考着城，也思考估量着自己与城的关系，这城才是人的城。前一种人使城有人间性格，后一种人则使城得以认识自身，从而这城既不只属于它的居民，而作为文化性格被更多的人所接纳。”① 北京正是这样一座城，它以独特的气质吸引着来自各地的人们，而他们与北京的居民如于观（《顽主》）、艾红（《北京，你早》）们一起，共同书写着这座城市的变迁。

第三章　2010 年以来电影中的北京与北京电影文化

2010 年，对于中国电影经济而言，是关键的一年。这一年，全国城市影院总票房达到了 101.72 亿元，比之于 2009 年的 62.06 亿元，涨幅近 64%。由这一年开始，我们也许可以说，中国的电影产业进入了一个新的阶段。这种产业经济的迅猛发展势必会对整个电影内容制作的生态产生深刻的影响，国产商业片市场的繁荣便是其中最为显著的表现之一。而北京作为中国政治、经济与文化的中心，作为全国影视作品制作与输出的中心，其在电影创作上的新趋向无疑具有广泛意义的代表性。

本章拟从产业和文化的维度，研究自 2010 年以来的北京电影创作出现了哪些新的变化，并探讨这些变化是怎样和北京的都市文化相互联系的。因此，本章分为两个部分：其一，从总体上考察 2010 年以来电影作为一种广义上的文化形态，在北京的城市文化建设中发挥了什么作用；其二，选取近十年来具有代表性的影片加以研究，探求在这些影片中，人们关于这座城市的记忆发生了怎样的变化，特别是在不断深化的转型与变革中，北京居民的心理状态在银幕上有着怎样的呈现，从而尝试着勾勒出 2010 年以来北京电影与都市文化不断互动与影响的图景。

---

① 赵园．北京：城与人［M］．北京：北京大学出版社，2002 年，第 12 页．

第一节　北京电影文化与都市文化的互动

电影作为一项发展迅速、自身体系日趋完善的文化产业，与北京都市文化的关系体现为动态的相互影响：一方面，首都经济发达，资本流通速度快，与其他城市相比，北京居住者的人均收入和文化水平都相对更高，工作之余的文娱生活更为丰富，其潜在的观影需求拉动了电影业，尤其是促进了院线的发展。此外，2010 年以来，中国电影市场的整体繁荣带动了电影产业链的全面发展，服务于影片制作、宣传、发行等环节的影视传媒公司如雨后春笋般冒出，活跃在城市的各个角落，它们作为北京文化产业链上不可忽视的组成部分，成为推动城市文化多元发展的重要力量。另一方面，北京电影产业的发展已经辐射至生产之外的其他领域，在周边产品的衍生、电影节的举办等方面取得了显著成果，这些领域的繁荣又反过来潜移默化地影响了市民对电影业的认知，大大提高了他们对电影业的热情和参与程度。由此可以看到，电影作为北京城市文化的一部分，持续地发挥着建设性的作用。

下面将从电影院线、电影活动、电影产业三个角度进行较为详细的分析。

一、电影院线

作为电影的最终环节——消费过程，电影院功不可没。从最早放映电影的茶园、影戏院到今天设施齐备、装潢考究的现代电影院，北京在实现电影价值的环节上始终走在国内城市的前列。

2010 年以来，北京市大力推动影院建设，累计投入多厅影院建设专项补贴资金 1.17 亿元，扶持 50 余家数字影院 346 个厅的建设。数据显示，截至 2014 年年底，北京有电影院线 23 家，共有影院 169 家、银幕 963 块，座位数达到 16.2 万余个。其中，3D 影厅 744 个、IMAX 影厅 11 个。2014 年新增影院 23 家、新增银幕 155 块，分别比上年增长 15.3%、18.9%。这一年，北京已达到平均 2.2 万人拥有一块银幕的规模，人均银幕数居全国一线城市之首。2014 年度北京市观影人次为 5129 万，实现票房 22.53 亿元，分别比上年增长 23.3% 和 24.5%。[①] 经过几年的长足发展，据统计，到 2018 年年底，北京市广播电视节目制作经营许可证持证机构共 9895 家，持有信息网络传播视听节目许可证机构 125 家。电影剧本（梗概）备案公示 1132 部，生产国产影片 410 部，电影院线 27 条、电影院 238 家、银幕 1675 块、座位 22.99 万个，电影票房收入 35.004 亿元，网络电影备案 3073 部。[②] 数据显示，北京市影视机构总量和产业规模均位列全国第一，随着文化产业的蓬勃发展，北京市作为全国影视创意策划、制作生产、宣推发行、国际传播中心的地位更加凸显。

据 EBOT 艺恩日票房智库数据 [③] 显示，2014 年北京地区影院放映场次 159.18 万，同比上升 15.6%；观影人次 5197.8 万人，同比上升 22.3%；总票房收入 228603.9 万元，同比上升 23%，占全国城市电影票房的 7.77%，并且连续 8 年蝉联全国城市票房冠军。北京新影联和中影星美是目前北京电影市场中实力最强的两大院线，特别是前者在北京地区占据主要优势，开业的影院多达 59 家，银幕数 308 块，座位数 53085 个，占北京电影市场的 35.98%。新影联院线的影院主要集中在朝阳、东城和西城这三大核心区，三个区域在 2014 年取得的票房总收入占北京电影市场总票房的 50%。除了上述两大院线，在北京市其他区域还分布着其他二十余家院线，不同程度地满足着北京市各个区域的观影需求。依托于相对发达的经济条件和庞大的受众资源，北京市商业院线的发展在全国居于领先地位。2018 年，北京市新增影院 29 家，同比增长 11.54%；新增银幕 245 块，同比增长 20.85%；新增座位数 2.47 万个，同比增长 21.05%; 全市平均单体影院贡献票房 1470.59 万元（全国平均 582.8 万元），单银幕贡献票房 208.96 万元（全国平均 99.8 万元），按照常住人口人均贡献票房 161.24 元（全国平均 43.87 元）。[④]

正处于全面拓展阶段的北京市商业影院，在 2010 年年底已经形成多家

---

① 周南焱 . 全市电影院总数已达 169 家［N］，北京日报，2015-12-3（15）.

② 参见北京市广播电视局网站 http：//gdj.beijing.gov.cn/zwxx/zcjd/zcjd_769/201902/t20190219_5513.html，2019-03-12.

③ 参见艺恩网 http：//www.entgroup.cn/Views/23860.shtml，2019-03-12.

④ 李霆钧 . 北京市委宣传部副部长、北京市电影局局长陈名杰：坚持深化改革 优化政策体系 推动北京成为具有国际影响力的影视之都［N］. 中国电影报，2019-3-27（003）.

品牌院线抢占市场的竞争格局。比之于商业影院在数量上的繁荣，北京的艺术影院虽略显薄弱，但近年来已经有了较大发展。2016年以前，运作机制成熟、具有规模放映实力的艺术影院在北京市仅有三家，分别是中国电影资料馆、百老汇电影中心和尤伦斯当代艺术中心。影响力较大的中国电影资料馆作为国家级的文化事业机构，并非严格意义上的艺术影院。而百老汇电影中心则并不是纯粹的艺术影院。若从放映影片的数量和时间分配上考量，这家影院商业片的放映占到90%。与一般的商业院线不同的是，百老汇电影中心会在工作日的晚上、周末和节假日等黄金时间段放映艺术电影，尽可能地创造条件吸引更多的观众来观影。与中国电影资料馆和尤伦斯当代艺术中心这两家独立运营的影院相比，创建于香港的百老汇更具规模，拥有自己的商业院线分布。尤伦斯当代艺术中心每年会举办大量的展览、沙龙，艺术影院仅仅是组成部分之一，在三家艺术影院中规模最小。除此之外，个别文化机构，如法国文化中心也会不定时举办电影展，但基本是为了配合国家层面的文化交流活动，与影院相比，其展映内容相对单一，展映模式也不固定。限制北京艺术院线发展的因素主要有两个方面：其一，艺术片的片源匮乏。尤伦斯当代艺术中心每月有两次的“独立电影会”，百老汇电影中心则会上映当季的部分艺术片和青年导演获奖作品，但是相比于中国电影资料馆的巨大藏片量，前两者在电影数量和播放频次上都无法与资料馆相比。其二，不盈利或盈利困难。中国电影资料馆是国家机构，百老汇依靠商业影院的平衡，尤伦斯是私人赞助，三者无一能依靠艺术院线运营本身获利，这一现状也因此增加了投资者对建立艺术院线的顾虑。

随着电影市场的日渐成熟，观众的观影需求日益旺盛，观影水平也有了显著提高，多元题材、不同类型的电影均培养了数目可观的目标受众。在这种语境下，建立并运作一条成熟的艺术电影院线的需求更为迫切。在电影局支持下，由位于北京市的中国电影资料馆作为牵头单位，联合国内主要电影院线、电影创作领军人物、网上售票平台等多方面力量，共同发起的长期放映艺术电影的社团组织——全国艺术电影放映联盟应运而生。2016年，全国艺术电影放映联盟在全国各省、市、自治区的影院中挑选100家影院作为首批艺术影院，主要放映具有独特艺术价值的中外影片。其中国产影片主要为有较高艺术价值的国产新片、口碑较好的二轮影片、电影史上的经典影片。

外国影片主要为进口批片、影展片，包含世界电影史上的经典之作和近年来获得世界主要电影节奖项的佳作，以及好莱坞商业大片之外来自世界各国的优秀的有独特艺术价值的现当代影片。截至目前，北京市已有百余家影院加入全国艺术电影放映联盟，它们分布在北京市各区，满足了全市人民观看艺术佳作的需求，为北京电影产业和观影文化的发展做出了不可忽视的贡献。

二、电影活动

北京作为全国最庞大的影视行业资源聚集地，拥有非常丰富的电影活动，既包括商业放映，又不乏公益活动。历年来在北京举办的电影产业论坛、学术研讨会等国内、国际文化活动非常频繁，进一步增加了北京对电影业的影响力。这其中又以数个电影节（展）为核心，一定程度上弥补了艺术院线对艺术电影宣传的力有不逮。

北京国际电影节自 2011 年创办以来，一直以“共享资源、共赢未来”为活动主旨，定位于国际性、专业性、创新性和高端化、市场化，是促进中国电影事业、产业发展，增进中外电影交流、交易、合作，世界文化交流的重要平台。

自创办以来，北京国际电影节累计吸引万余名嘉宾、百万人次群众参与其中。北京展映活动放映影片近 800 部，放映场次达 1600 场；共举办十余场主题论坛，邀请到马克·穆勒、詹姆斯·卡梅隆、吕克·贝松、吴宇森、陈可辛、基努·里维斯、韩三平、保罗·哈尼曼等众多知名电影人作为主讲嘉宾，分享经验；电影市场累计吸引了千余家电影公司和机构的业内人士，总计超过百亿元的市场签约额创下中国电影节（展）交易额纪录，已成为亚洲最大的国际电影交易市场，超过了亚洲仅有的三个国际 A 类电影节（东京、印度和上海），交易额紧追世界上最大的法国戛纳电影节电影交易市场。每年有近 300 家国内外媒体的 2000 余名记者对北京国际电影节进行深度报道。

为了让更多的观众走进影院，北京国际电影节不断更新完善放映设施。近年来，电影节不仅设置了数十个展映单元，还从来自百余个国家的千余部参展影片中遴选上百部中外优秀影片，在北京市多家商业影院、学术机构及高校进行千余场的展映，囊括了奥斯卡入围、获奖影片，戛纳金棕榈大奖、评委会大奖和评审团奖影片，柏林影展最高奖影片，威尼斯电影节评委会大奖影片等艺术佳作，以及近几年国内外热门商业电影；此外，为了突显中华文化元素，活动期间电影节还举办诸如“民族电影展”“经典京剧电影单元”等承载中国文化精粹的主题影展以及电影音乐会。

北京大学生电影节创建于 1993 年，迄今已成功举办 26 届。霍建起、张扬、金琛、施润玖等导演曾在这里首次获奖，赢得最佳处女作或艺术创新奖等奖项。在数量众多的电影节中，北京大学生电影节因其公益性质而更加独特，其权威性受到电影界人士的普遍认同。北京大学生电影节以“大学生办，大学生看，大学生评”为风格，以“青春激情、学术品位、文化意识”为宗旨，树立了不同于其他所有电影节的全新形象，在教育、文化和影视三界产生广泛影响。北京大学生电影节以北京为中心，辐射全国，学生评委来自全国各大高校，参与人数居国内电影节之最；主办高校多所，联办高校百余所；每年观影人次逾 20 万，参赛、参展影片几乎囊括所有最新优秀国产影片。除了主竞赛单元，北京大学生电影节还举办专题影展、专题讨论、专题讲座、导演研究和社会调查等学术活动，集中学界、业界学者和专家，共同探讨最新热门影视话题。此外老、中、青导演与演员还会通过点映的形式，在新片首映式、影片剧组见面会、著名导演专题研讨会等活动中与大学生互动交流。

北京国际体育电影周创办于 2005 年，最初直接服务于北京筹办和举办 2008 年奥运会期间的国际体育影视交流展示活动，它延续至今，已成为一项重要的奥运文化遗产。北京国际体育电影周始终保持着旺盛的活力，历届活动都推陈出新，不断深化与其他文化机构的合作程度：2012 年，第八届北京国际体育电影周与国际体育电影电视联合会（FICTS）深入合作，引入第 30 届米兰国际体育电影电视节全球总决赛活动；2013 年，第九届北京国际体育电影周进一步开创体育短片拍摄、在米兰组织入围全球总决赛作品参评参展的“北京日”等活动；2014 年，第十届北京国际体育电影周再次扩大展映规模，并开展丰富多彩的展览、沙龙等文化活动，取得了良好的社会反响。

2019 年 8 月 8 日，第十五届北京国际体育电影周隆重开幕。本届电影周以“冬奥梦·体育情——喜迎祖国70华诞”为主题，继续秉承“传承奥运，促进发展”的宗旨，邀请奥运人再相聚，通过开展一系列影片展映、分享会等主题活动，让更多的人感受到体育电影的魅力，传递健康向上、坚持拼搏的体育精神，为即将到来的2020年东京奥运会和2022年北京冬奥会助力。本届体育电影周除了体育影视作品展映、开展体育文化活动外，还举办了第37届米兰国际体育电影电视节全球总决赛北京站作品征集评选，以“路跑”“足球”“户外极限运动”3个热门题材作品为主，聚焦类型多元的体育电影电视作品。

北京独立电影展发源于2006年10月6日至16日在宋庄美术馆举行的开馆展“人之道影之道”独立电影论坛，2009年起正式更名为“北京独立电影展”。该电影展由栗宪庭电影基金举办，栗宪庭先生创立并担任艺术总监。北京独立电影展一年举办一届，集合了国内最新的优秀独立电影作品，是国内最重要的独立电影节平台之一。

可以看到，一年一度的各大电影节（展）已然成为北京的一大文化盛事。电影节期间明星云集、媒体关注度高，对北京电影文化氛围的营造有着直接而持续的影响力：一方面引起了北京市民乃至全国的关注和热议，特别是针对某些群体更具吸引力，如北京大学生电影节每年都会迎来全国高校学生的热切参与；另一方面，扩大了电影与其他城市文化的互动，如北京国际体育电影周加强了城市间的文化沟通和对话，是人们了解国际体育文化的一扇窗户。

电影节对艺术影片的推广作用是巨大的，这是其意义最为重大之处。在追求经济效益的电影市场中，诸多品质上乘的电影虽然取得了放映许可，其排片率却难以与商业大片相提并论。北京国际电影节、北京大学生电影节均会在北京各地（不仅包括院线，还包括校园内）举办入围、获奖电影展，一定程度上缓解了艺术院线排片不足的问题。此外，入围电影节乃至获得奖项，无疑是对艺术电影创作者劳动成果的尊重和艺术品质的认可。

三、电影产业

从电影产业的宏观视角看，北京在全国的电影产业格局中无疑有着龙头老大的地位。目前中国的十大影视集团中有一半在北京创办，在北京集聚了影响力，继而拓展至全国。中国电影集团、华夏电影集团、华谊兄弟、博纳影业、光线传媒等大型的影视制作公司的发展均依托于北京，与此相对应，它们的发展也带动了北京电影产业链的完善和发达。

数据显示，2012年全国制作的893部电影中，有243部产自北京，而全国每5部电视剧中就约有1部产自北京。数据显示，2016年全国生产电影944部，其中北京市制作的影片有314部，占全国比重的33.3%。到了2017年，全国生产电影增长至970部，北京市制作的影片多达350部，占比攀升至36.1%。① 全国年度票房最高的5家影院中，北京占据4家。根据数据统计，2019年己亥春节档期间，全国整体数据与去年基本持平，而北京春节档电影总票房达2.188亿，同比增长19.50%；电影放映场次7.33万场，同比增长26.90%；观影人次415万，同比增长7.70%。由此可见，北京对全国春节档票房增长做出了积极贡献。更值得一提的是，2019年春节档8部影片中，《疯狂的外星人》《新喜剧之王》《神探蒲松龄》《小猪佩奇过大年》等均为北京制作出品，特别是票房遥遥领先、获得广泛赞誉的《流浪地球》，更是由北京文化和北京登峰国际文化传播公司参与主投。据统计，春节期间北京出品影片累计贡献票房42.23亿元，占新上映影片总票房的72.4%。② 统计数据直观地展示出，北京电影业之于中国电影产业，占据着非常重要的地位，做出了不可忽视的重大贡献。

在互联网产业迅猛发展的现实语境中，北京市互联网企业的发展更是蒸蒸日上，特别是依托于迅捷便利的网络技术，诸如爱奇艺、优酷等流媒体平台均成为北京市文化产业体系中的重要组成部分。事实证明，北京已经成为全国网络视听文化中心以及重要的数字产业集聚区。仅2018年，北京市上线备案各类网络原创视听节目2300余部（档），辐射全国8亿多网民。截至2019年，北京市影视制作机构已经接近一万家，占全国三分之一。到目前为止，北京市的信息网络传播视听节目持证机构125家，占全国五分之一，

① 数据参见北京市统计局官方网站 http://tjj.beijing.gov.cn/nj/main/2018-tjnj/zk/indexch.html，2019-03-19.

② 李霆钧．北京市委宣传部副部长、北京市电影局局长陈名杰：坚持深化改革 优化政策体系 推动北京成为具有国际影响力的影视之都［N］．中国电影报，2019-3-27（003）．

还有近百家影响力广泛的短视频、直播、社交、资讯聚合平台。[1]从影视人才的培养和集聚、剧本的原创，到一流的电影创作生产企业、数字电影制作基地、电影发行企业，全国数量最多的电影院线，全国十分之一的票房……北京日益扩大的国际影响力、日趋完善成熟的全产业链条，不断吸引大批影人北上、影视企业总部落户，使得其自身不仅成为全国最重要的影视产业中心，也成为华语地区新兴的影视生产中心。北京不仅拥有数量可观的网络电影制作公司，还积极推进网络电影展映等大型活动。2011 年到 2016 年，北京市连续举办六届“北京国际微电影节”，通过六年的坚持与努力，不仅见证了微电影行业的成长，也见证了微电影产业的生长，以及“微电影 +”的新形态，即网络大电影的诞生。自 2017 年起，“北京国际微电影节”正式升级为“北京国际网络电影节”，其以“展示、推广年度优秀影视作品，发掘中国影视潜力新人”为宗旨，特设多个竞赛单元，助力文化产业的蓬勃发展。甫一完成升级，“北京国际网络电影节”便获得学界和业界的诸多关注与支持。在 2017 年年初的颁奖典礼现场，来自北京市新闻出版广电局、北京市文化创意创业促进中心、团中央宣传部、中国电影文学学会、八一电影制片厂、北京电影学院、中国传媒大学、中国青年报、中国电影报等多家重要单位的相关负责人到场，共同见证网络电影取得的成就，并对网络电影未来的发展之路建言献策、寄予希望。

而微观上讲，得益于北京电影业的发达，电影的影响力逐渐扩散至以休闲娱乐为主的其他领域，如主题咖啡馆、餐厅、书店，等等。其中最为有名的当数位于当代 MOMA 百老汇电影中心的库布里克书店。第一家库布里克书店于 2001 年在香港开业，原为满足一旁电影院观众的需要，提供相应的文化食品如书籍、影碟、唱片等。2009 年年底，库布里克书店来到了充满文化气息的北京，同样是书本和咖啡的内容，同是依附艺术影院而生，经营者希望它能更融合当地文化，成为北京的一分子。但是库布里克书店并不局限于提供基本的服务，而是尝试把有形的空间场所更好地利用到无形的文化交流当中，因此书店不仅出版、出售图书，还举办多场不同类型和主题的活

① 数据来源：马瑾倩 . 北京文化产业增加值占 GDP 比重居全国首位［N/OL］. 新京报官方网站 .http：//www.bjnews.com.cn/news/2019/09/27/630339.html ，2019-10-05.

动，希望通过书籍、电影、音乐等交流活动，引发读者（观众、听众）更多的艺术灵感，使得各种创作的可能性发挥到最大。

需要指出的是，不能孤立地看待这些形式多样的电影周边产业的出现，无论是从宏观还是微观层面讲，北京电影文化产业的发展与市民的观影需求是一个互为依托的关系。观影次数、票房的提高，当然会极大促进电影产业的蓬勃兴旺，反过来，当电影作为文化的具体表现形式参与到城市的建设当中时，也会提高民众对于电影的认知与需求。

总体来看，电影作为文化产业在北京有着迅猛的发展势头，但作为城市文化建设的一部分还存在一些亟须解决的问题：其一，影院分布不均。无论是商业还是艺术院线，都更多集中在繁华的朝阳区和东城区，这会在一定程度上扩大市民观影次数上的差距，尤其是不利于其他区县的市民对于艺术电影的观影习惯的养成；其二，在电影文化产业内部，各组成部分之间的互动不够充分，急需广开思路，促成产业内部的资源共享与互补。针对艺术院线片源储备相对不足的问题，艺术院线可以加强与电影活动的合作，不仅是举办获奖作品展，还可以利用电影节征片期较长的优势，将参赛的影片引入各艺术影院放映，甚至将审片环节迁至艺术影院，这样普通市民也有机会深入参与其中；针对电影周边商店影迷聚集但缺少与电影主创接触机会的现状，可以由北京的各类电影节、院线和电影相关机构牵线，多多组织电影见面、交流会等，以此与高校内部相对封闭的学术论坛形成互补，进一步拓宽电影文化的交流渠道。

第二节　北京城的时代记忆与历史想象

电影不仅记录城市的成长与变迁，也复刻着我们的集体文化记忆。更值得强调的是，电影是关于“人”对城市的鲜活记忆，而不是单纯被动的机械扫描或重复摹写。

从 20 世纪 80 年代改革开放以来，北京这座城市就持续地经历着经济与文化的双重变迁。随着城市发展进入新的阶段，面对这片土地，人们又生长出不同于改革开放之初的问题意识。本节聚焦 2010 年以来反映北京城市记忆与想象的代表性影片，通过分析它们的叙事策略，从时代变迁、历史反思、消费生活等角度分析电影如何以光影声色的艺术形式反映现代化进程中复杂多变的社会心理，在对影像文本加以细读的基础上剖析其中所暗含的价值观与矛盾。

虽然电影中的城市相对独立地存在于影像时空中，但城市形象的建构必定受到电影内部的人（城市的居住者）与电影外部的人（创作者和观众）的双重影响。因此在探讨电影城市空间时，将对应人们的社会心理作为不可或缺的重要参照而纳入具体的文本分析中，就显得尤为必要。如果说创作于21世纪头十年的诸多影片展现的主题是城市化道路上的困惑与抉择，那么2010年以来的影片所呈现的城市空间则可以用两个关键词来概括："多元"与"消费"。"多元"包含两个层面的含义，一个是历时性上跨度非常大，另一个是共时性上多种社会形态并存；"消费"则是当今市场经济时代最为突出的属性之一，充分反映了受众需求的重要性，电影的商品性较艺术性更为强势。

一、历史想象与政治视角

城市空间在历时性上的大跨度，直接体现为对于远离当下的北京的历史想象。对于现代北京人来说，这些已然远去的时空虽然未曾亲身经历过，但得益于丰厚的图文史料和代代相传的民间故事，他们对曾经的历史定然有各自的理解和想象。当这种"想象"在银幕上以视听的形式呈现出来时，历史就不再是干巴巴的叙述，而是转化为"最真实"的时代记忆。正如米歇尔·福柯所言，"重要的是讲述神话的年代，而不是神话所讲述的年代"，当我们考察这些影片所选取的特定时间节点时（如下文将要论述的影片中所呈现的清朝、新中国成立前后），不免要立足生产影片的当下语境，对这种创作现象进行社会心理层面的分析，以便对当代人的心理和精神特质有更深入的把握和更贴切的理解。

1. 消费景观下的紫禁城

2011年由杨幂、冯绍峰等主演的古装电视剧《宫锁心玉》在湖南卫视热播，掀起了一股"清装穿越戏"的制作热潮。古装题材的影视剧中，金碧辉煌、等级森严的皇宫无疑是最重要的叙事空间之一。可以说，银幕上的紫禁城，是勾连现代观众与古代故事最重要的文化载体之一，尤其是在清装穿越戏的创作热潮中，“紫禁城”几近于“北京城”的代名词。《宫锁沉香》（2013年）和《新步步惊心》（2015年）两部古装影片分别以电视剧《宫锁心玉》和《步步惊心》电影版的形式出现于银幕之上，直观地说明古装穿越剧的影响已经扩展至电影行业。在诸多穿越题材电影中，紫禁城的庄严、肃穆与神秘感被体现得淋漓尽致。如果说2000年前后的《雍正王朝》（1999年）、《孝庄秘史》（2003年）等历史正剧满足的是观众对清代皇权的带有严肃性的历史想象，云谲波诡的权谋斗争令人对历史唏嘘不已，那么当下的清装题材电影则构建了一个具有泛娱乐化色彩的“紫禁城”。在《宫锁沉香》《新步步惊心》等影片中，“皇权至上”的紫禁城不再强调意识形态上的宣扬功能，不再追求“历史的还原或逼真再现”，其摇身一变，成为一个不断上演浪漫爱情故事的文化场域。毫无疑问，这些影片难以称其为“历史题材”电影，仅仅是借助古装的形式，借助“紫禁城”这一极具历史意义的文化空间所能唤起的历史感，充分迎合观众对古代深宫故事的好奇心，以高度戏剧化的手法殊途同归地编织出大同小异的梦幻爱情童话。它的迷人之处就在于，在承认既定史实无可更改和时代更迭无法逆转的同时，不断地挖掘、填充史料所不曾载录的细枝末节，在此过程中不断地凸显、营造出充满戏剧色彩的历史轨迹。在银幕上，当剧情发展每每即将与基本史实相悖时，这些影片总能拐弯抹角将结局导入合乎史册记录的正途，凸显对历史不可更改性的强调。但细究之下，清装戏不过是借历史的名义编织的“爱情神话”，在这些影片中，历史的厚重感和严肃性被商业诉求冲淡、消解而成为一种娱乐消遣，紫禁城所折射出的历史想象也完全服务于市场利益。从某种程度上讲，消费景观下的紫禁城，固然将史册典籍中的帝都北京再现于银幕之上，其对城市空间的描摹与刻写却不尽如人意。《宫锁沉香》等影片中，多次出现了紫禁城的空景镜头，无论是亭台楼阁的近景、特写，还是鸟瞰全景镜头下的深宫大院，无论是缓缓开合的朱红宫门、高不可攀的厚重宫墙，还是富丽堂皇的朝堂大殿，都致力于勾勒帝王贵胄超乎常人的华丽生活空间。在高饱和度、高亮度的镜头中，紫禁城不再是北京城的地标性建筑，而是抽离了时代背景与历史语境，被修饰、被渲染、被反复建构为一种流于想象的文化景观。

在当代社会，根据消费者多变的需求和喜好，“穿越”性质的作品不断更换新的外衣，塑造新的人物，被媒介重新包装和宣传，进入新一轮的循环。从文化产品的角度来看，这些作品集中反映出，在消费社会中，“文化再也不是为了延续而被生产出来”，而是“可以根据媒介自身、根据一些参照规则被制造出来”[①]。作为“文化再循环”的一个产物，银幕上循环的是不断被重复的话题，消费语境下的“紫禁城”相比于以往的创作，其突出特征在于，这座皇家宫廷依旧是权术斗争和博弈的场所，但与此同时也成为女性构筑爱情幻想的天堂，而这恰恰是早先关于皇宫“冰冷、权谋、毫无人情”的记忆所无法给予的。清装片大多改编于网络上流行一时的清宫小说，在时间设置上偏好康熙年间，此时“九龙夺嫡”正酣，性格迥异的阿哥们从坐拥三妻四妾的皇族贵胄转变为对女主角一片痴情的俊美少年，女主角则在明争暗斗的阿哥们之中自在周旋，不无讽刺地刻画了一幅男性“后宫”图景。值得一提的是，虽然这些影片将女性作为叙事中心，其“后宫”式的占有快感却凸显了男权社会的话语结构，女性的欲望“被表达”，而自身的话语权“被隐藏”。《宫锁沉香》讲述一名十三岁入宫当宫女的兆佳沉香在深宫内院与十三阿哥胤祥情定终身;《新步步惊心》中，白领张小文因跌入水中而穿越回清朝，成了一名格格，并和四阿哥胤禛以及十四阿哥胤禵展开了一段三角恋情；即使是如《大变局之梦回甲午》(2015 年) 这样聚焦具体历史事件的影片，其核心剧情依然围绕蒙古格格云娜与贝勒爱新觉罗 · 浦元之间的爱情故事而展开。在这里，皇宫本身的历史厚重感被消解了，仅仅充当一处承载“现代爱情”与实现商业价值的平面景观，正如历史学家克罗齐所言，“一切历史都是当代史”，它并不注意历史的发展，而是营造出让欲望不受限制、自由释放的场所，反映出当代都市人追逐消费与快感的诉求。从这种意义上说，它能够被视为北京作为现代大都市的遥远投射。

2. 银幕上的古都记忆

在国人的记忆中，北京城从来不单单是祖国的首都，它不仅承担着鲜明的政治职能，还是一座积淀着深厚历史底蕴的文化名城。1982 年，北京被定位为“历史文化名城”，市政府编制的总体规划明确提出保护“古都风貌”

---

① ［法］让 · 鲍德里亚 . 消费社会［M］. 刘成富 全志钢 译 . 南京：南京大学出版社，2001 年，第 26 页 .

的要求[1]。自此，北京市加大对文物古迹的保护与修复力度，整个城市的文化气息与历史感愈加浓厚。那些遍及城市大小角落的院落、庙宇、胡同、街衢，经历了时间的洗礼与冲刷，见证了时代动荡与岁月变迁，成为代表“古都风貌”的典型建筑。这些古建筑，“在一个几近完美的秩序空间中各安其位……构成了这座城市的内在肌理，为居住其中的人们提供了现实的活动空间。更重要的是，古代北京城的各类建筑和景物提供给人们的现实生活经验，本身就充满了历史感”[2]。比之于清宫戏中浓墨重彩、远离世俗烟火的紫禁城，《无问西东》(2018年)、《邪不压正》(2018年)等影片中的古都记忆更为鲜活生动，这些讲述民国往事的影片，斑驳的光影深处总是流露出对历史的复杂情感。

1900年“庚子事变”之后，告别帝制的北京城迎来了新旧交替的变革与动荡。在大量遗留下来的古迹与现代建筑错综构成的复杂空间中，北京城散发出一种别样的风情。姜文的“民国三部曲”有着内在主旨以及叙事背景上的一脉相承，相对于《让子弹飞》(2010年)中发生在“南国某地”的寓言故事，《一步之遥》(2014年)里的上海，到第三部《邪不压正》时，姜文终于将故事地点放置到了民国时期的北京。故事本身有着内在的类型嵌套，小类型是复仇的侠义故事，大背景则是抗日救亡，小类型嵌套于大类型当中，这部影片在讲李天然的复仇故事时，同时不忘对故事背景的着力营造，影片中最为瞩目的一段影像莫过于李天然赤裸着健美的身躯在北平的屋顶上飞速跃动。据媒体报道，《邪不压正》剧组严格按照民国地图及各种数据，几乎是以假乱真地搭建了四万平方米的民国北平青瓦屋顶。[3]《邪不压正》不仅再现了大雪覆盖的北平城，复现了早已消失的城门城楼，更是填充了大量的细枝末节来展示旧时北平的民风民俗，努力构建一方令人眼前一亮的历史空间。尽管影片在叙事上不尽如人意，但其对古都风貌的摹写依然值得肯定。影片中，纵深的胡同回荡着手艺人走街串巷的叫卖与吆喝，开阔的

① 董光器.古都北京五十年演变录[M].南京：东南大学出版社，2006年，第42-44页.

② 季剑青.重写旧京：民国北京书写中的历史与记忆[M].北京：生活·读书·新知 三联书店，2017年，第3页.

③ 暴风眼中的《邪不压正》：那些你“看不到”的特效和数字王国[N/OL] http://www.sohu.com/a/242883610_656170，2019-03-11.

城墙上不仅可以行人，还有往来车辆。最惹人注目的是青砖灰瓦连成一片的屋顶上的世界。追随着李天然在北平屋瓦房舍间跃动穿梭的身影，影片也将民国时期的北京的风景韵味刻画了出来，胡同的深邃幽长、四合院的方正遗韵，由此民国北京的建筑实际与李天然一道成为影片的主角。然而，必须指出的是，姜文导演虽然极尽笔墨还原原著中的老北京城，但"影片在独出心裁地营造出奇异的北平屋顶意象世界及其自由飞翔奇观时，终究没能为它匹配上确信无疑的个体信仰观。即便全力复原故都北平的地面意象世界与屋顶意象世界之美，但假如没能奉献出渗透于其间的清晰的信仰价值系统定位，这样的故都之美无疑是空幻的"[①]，看似天马行空的故事讲述因没有确立明确的价值坐标和文化定位，无论是对历史的思考、对现实的判断都因暧昧模糊而留下许多遗憾。

即使在现代题材的电影中也不乏古都记忆：《失恋 33 天》中，失恋的黄小仙来到一家颇有名气的法餐厅，透过餐厅一尘不染的落地窗，将故宫东华门的景色尽收眼底。在伤感的回忆里，故宫角楼前曾经留下她与前男友的许多美好回忆，这座古老的宫城由此而与现代个体的私人记忆产生了密切的交集。《非诚勿扰 2》中，人到中年的秦奋在慕田峪长城向空姐笑笑求婚，两人身后是蜿蜒的长城，在层峦叠翠的群山峻岭间，在夕阳无限好的黄昏光晕中，"古长城"成为现代爱情的见证者，以静默的自然之美涤荡现代人疲惫和麻木的心灵，影片的情绪由此而走上一个小高潮。《北京爱情故事》中，宋歌与刘星阳相约到位于故宫正北方向的景山上看日出，两人登上山顶，俯瞰整个皇城，开阔的视野遍览古都美景……在这些节奏轻松的都市情感题材电影中，北京城的地标性建筑，从位于市区中轴线上的故宫到远在郊区的长城，均殊途同归地成为滋养爱情的浪漫空间，在瞬息万变、求新求快、追求刺激与新鲜的现代时空，营造出岁月静美的曼妙氛围，成为吸引现代人驻足观赏、流连忘返的宁谧安逸之地。

3. 政治视角下的北京

2009 年上映的《建国大业》收获 4 亿多票房，成为一部"现象级"影

---

① 王一川 . 改革开放 40 年电影中的城市记忆——以北京城市影像模式变迁为例［J］. 电影艺术，2018（5），第 26 页 .

片，这似乎为红色历史电影提供了一个可供参考的新模式：主旋律＋明星效应。与“紫禁城”这一悬置了历史语境的空泛想象全然不同，政治视角下的北京（北平）虽然也受到了商业元素的渗透，如电影《湘江北去》（2011年，陈力导演）启用了保剑锋和周冬雨等明星阵容，目标受众直指已然成为观影主体的80后和90后，但其自始至终紧紧围绕特殊的时代背景，不断挖掘历史故事，在尊重史实的基础上弘扬爱国主义。同样由陈力导演，影片《谁主沉浮》（2009年）所展现的几乎都是政治空间：以毛泽东为首的中共高层作为一个团队，共同制订作战计划，他们的活动场所是政治空间。蒋介石的出场虽然是在私人寓所的客厅中，但他所谈都是国家大事，因此也被看作政治空间。而在《湘江北去》中，则出现了政治空间向个人生活空间的转化。影片中的北大图书馆不仅是毛泽东接触马克思主义的学习场所，还多次围绕它勾勒了一系列生活细节：毛泽东去北京拜访自己的恩师杨昌济先生，给老师带的东西在路上吃完了，后来赚了钱就给老师送去黄酒保养身体；当时的陈独秀脾气暴躁，一愤怒就拍桌子摔茶杯，图书馆里整天都能听到叮叮咣咣的声音，毛泽东每次听到声音就跑过去叫好，几次之后就进入了陈独秀所在的文化圈子；每当毛泽东要不守规矩随便插嘴时他都被杂役老大爷拖回去教训：“他们都是些天上下凡的文曲星，文曲星们开会说话，你就别插嘴。”后来毛泽东初露头角，老大爷拿着印有毛泽东文章的报纸，喃喃自语：“难道二十八号生也是个文曲星？”《湘江北去》中，杨开慧等待毛泽东的空间场景同样具有个人生活化的特征：大雪天站在北平的家门口执着地等待、在新家里边读毛泽东的信边摇动摇篮……在这些细节中不难发现，影片中以毛泽东为代表的政治人物，其“政治性”在故事的叙述中被弱化了，相反的，其作为“学生”“朋友”“丈夫”等多重身份的普通民众形象得到了加强，这就影响到人物活动的空间背景，使之呈现为一系列个人生活的图景。值得注意的是，这种对个人“家庭”和“生活”属性的强调并非是对北京作为政治空间的反驳和消解，相反是一种策略性的强化。正如上文提及的，无是“紫禁城”还是新中国成立前后的北京，对于当代人来说都是不曾经历时空，因此在空间的建构上需要创造者通过商业化和个人生活化等手应观众的想象模式。现代“青春爱情”的银幕化书写符合年轻化的也成为影片重要的叙事策略。

自2010年以来，国内电影市场的繁荣与受众的喜好对国产电影的创作思路产生了重要影响。宏大叙事逐步被日常化的、生活化的微观叙事所取代，成为一股较为显著的创作潮流。不同于以往的主旋律电影将北京作为政治中心（在宣传话语下展现出一幅权威性图景），近年来作为政治中心的北京，其叙事空间也发生了从政治到个人生活化的转变，这种明显的变化在2019年“国庆档”上映的两部影片《决胜时刻》与《我和我的祖国》中都有突出的呈现。《决胜时刻》聚焦1949年党中央领导人进驻北京香山，在国共和谈破裂的艰难时刻全力筹划建立新中国这一历史事件。相比于《开国大典》（1989年）、《建国大业》等影片，《决胜时刻》回顾历史的视角不仅是微观的，更是平民化的。电影开篇便是北平和平解放的热闹场景，解放军进入北京时受到了老百姓的夹道欢迎，整个城市洋溢着欢乐，人们对未来充满了希望。人头攒动的街头巷尾很快切换到一趟缓缓驶入京城的专列上，毛泽东、周恩来等党和国家领导人即将入驻香山，为一个崭新的中国的建立殚精竭虑、呕心沥血。在相对碎片化的叙述中，跟随着党中央领导人工作与生活的日常轨迹，一个既紧张戒备又沉稳有序的政治空间出现在银幕之上。无论是破获潜入香山的特务，还是挫败轰炸天安门的阴谋，叙事空间的转换始终离不开对北京地标性的风景与建筑的观照。同《湘江北去》等影片较为平实的叙事风格相似，《决胜时刻》也放大了日常生活的细节，在私人化的叙事中拉近了领袖与普通人之间的距离，而北京作为全国政治中心的显著职能也在日常叙事中得到了突显。

同样具有献礼和纪念意味的《我和我的祖国》是一部由七个小故事组成的电影。影片聚焦新中国成立70年以来值得铭记的若干重要时刻，每一个小故事中皆有“北京”的出现：《夺冠》的故事主线发生在上海静安区的一个弄堂，但影片最后切回了位于北京的演播室，在上海生活的左邻右舍来到北京，再次共同见证女排夺冠的激动场面；《回归》聚焦1997年即将回归祖国怀抱的香港，但中方负责人缓缓走出国务院办公楼，以“不辱使命”的信念赴港谈判的慢镜头，以及天安门广场上万众庆贺香港回归的场面，均是对首都所行使的政治职能的强调；《白昼流星》在一望无垠的荒漠上播种爱与希望，神舟飞船返航之际，播报员说出了“我是北京”的旁白，以远程联线和实时转播的方式完成了“在场”，无疑代表着国家对航天事业的支持与关注;《护航》再现2015年9月3日的阅兵场景时，镜头追随空军演习的飞行轨迹，驶过北京城的上空，鸟瞰整装待阅的天安门广场，缓缓扫过人民大会堂等建筑，无声地强化了国家的威严，令人感受到祖国的强大。上述四个小故事，在不同的时空节点上铭记祖国取得的伟大成就，不同程度地提及“北京”，足以说明北京作为全国政治中心的重要性。而在另外三个小故事中，北京人、北京城成为故事的主角，三个故事从不同的角度切入，讲述了生活在这座城市的人们始终与国家同欢乐，以满腔的热情为新中国的诞生，为祖国的发展加油助力。

《我和我的祖国》开篇的第一个小故事《前夜》带领观众回到1949年9月30日，也就是开国大典的前一晚。为了保证次日的电动升旗仪式万无一失，杜绝任何纰漏，整个团队争分夺秒、排除万难进行了反复试验。影片的叙事空间集中于天安门广场及周边地区，无论是粉刷一新的城楼城墙、宽阔整洁的路面，还是紧张有序的准备场面、分工合作的大小团队，都令人对即将诞生的新中国充满期待。万众瞩目的天安门广场以及那猎猎飘扬的五星红旗令人热泪盈眶，而为了新中国第一面国旗的升起付出心血的工程师团队同样值得尊敬。跟随着负责电动升旗装置的林治远的活动轨迹，开国大典之前整个北京城的精神面貌逐渐呈现于银幕之上。影片中有两场戏均以远近景交替结合的形式再现了北京城的屋顶，那些静默的、连成一片的屋顶不仅生成了形式上的美感，再现了这座城市简朴雅致的古都风貌，更与市民们淳朴热情的精神气质相互呼应。从红旗面料紧缺到亟须特殊金属，林治远的助手在房顶上发出呼吁之后，总是能收到四面八方而来的市民们的大力支持。络绎不绝赶来捐赠物品的普通百姓排起了长队，整个胡同都洋溢着巨大的政治热情，让人感受到人民对新中国的期望与支持。当林治远攀上位于天安门广场的旗杆，开始焊接新的装置时，以林治远为圆心的环摇镜头在高空中俯瞰整个北京城，还未散尽的夜色笼罩着整个城市，星星点点的灯光中，古城的轮廓影影绰绰，宁谧的夜色深处藏着人们对新生活的渴望，生活于此的人们经历了半个多世纪以来接踵而至的动荡与战火，终于等来了和平与安定的生活。第二个故事《相遇》中，远赴西北地区进行核试验，在危难关头以己之力关停实验设备的科研工作者高远因病重回到北京治疗。拖着羸弱的病体，高远迫切地渴望能亲耳听到试验成功的消息。他漫无目的地走过大街小巷，又坐上了公交车。10月的北京城已进入秋季，但车窗外闪过的景色却令人看到一个郁郁葱葱、充满希望的北京城。当原子弹爆破试验成功的消息传来时，狂欢的人群、舞动的红旗，特别是年轻人热情洋溢的脸庞与欢呼让整个城市焕发出生气勃勃的旺盛生命力，与故事开篇的《青春之歌》形成了内在的呼应，由此北京的青年成为全国年轻人的典型代表，北京城的兴奋与自豪成为整个国家、整个民族情感结构的生动折射。微观视角下的北京，不再与普通人保持一定距离，其政治意味的突显既体现在《前夜》中万众一心为开国大典的筹备踊跃捐献物品的参与热情，也体现在《相遇》中年轻人面对祖国取得的成就时，那种油然而生的巨大自豪感。这种为国骄傲的情感在《我和我的祖国》的《北京你好》中体现得淋漓尽致。这段影像聚焦2008年喜迎奥运的时刻。影片在欢快的节奏中，借一张奥运开幕式门票，以轻喜剧的形式塑造了一位看似吊儿郎当但心地善良、乐于奉献的北京人。巧的是，出租车司机的名字便叫“张北京”。作为一位家庭生活不太如意的父亲，离异之后，面对儿子始终不冷不热的态度，张北京一直想找机会改善父子关系。当他非常幸运地获得一张奥运会门票时，内心的欢喜溢于言表，在多方炫耀之后，这张票被一个四川来的小孩子强行“买”走。由此，2008年牵动人心的汶川地震与万众瞩目的奥运产生了交集。在短暂的心理挣扎后，张北京决定将这张来之不易的门票赠送给在地震灾难中失去父亲的小男孩，满足小男孩不远千里想要摸一摸鸟巢体育馆中观众席栏杆的愿望。一位失意的父亲以这样的善举温暖了他人，也传递出北京人乐善好施的待客之道。影片最后，在大银幕上，小男孩的公开感谢与鸟巢上空腾空燃起的焰火将故事推向高潮，灯火通明的鸟巢、高楼林立的CBD，将热情、和谐、开放的现代首都形象展现于银幕之上。

二、北京作为现代大都会

在现代化进程中，北京这座城市正在经历着快速而复杂的社会变迁，这种变迁包括经济、政治、文化等多方面内容，而电影作为城市文化的一个有机组成部分，与城市中的人们也发生着持续的互动与对话：一方面，生活在北京的人们在个人和社会双重心理的介入下，建构着电影中的城与人；另一方面，通过对电影的解读与分析，我们又能够看到当代人的认知和心态是怎样变化和发展着的。

在社会刚刚进入转型期时，人们面对纷繁复杂的世界和多样的人生选择，内心不免产生许多困惑、犹豫和焦躁，这种心理状态在张暖昕的《北京，你早》中有着充分的描绘：在影片最后，当艾红再次踏上这辆曾经工作许久的公交车时，不禁让人心生唏嘘，“公交车的路线依旧，车上人的人生轨迹已经分道扬镳了”。然而对于他们三人，或者推及更大的范围，对于整个城市的人群而言，对或错、保守或冲动、出人头地或自甘堕落，这些选择在当时都是无从判断的。

当“市场化”“现代化”作为官方话语掀起了不可逆的发展浪潮，并渐渐进入稳定的阶段时，纵观近十年的影片，不难发现“现代大都会的北京”已经潜移默化地被灌注进都市居民的集体记忆中，对于其形象的书写与理解也以一种近似理所当然的口吻得以表达。没有人会去质疑当下北京的现代化路线，即使存在一些问题，身处城市的人们也坚信理想是终会实现的，问题是一定会被解决的。说到底，所有的话题都指向人们应该如何融入北京这座繁华都市。

1. 繁华热闹的现代都市

电影学家伊芙特·皮洛曾对城市电影的叙事策略做出如下论述：“大城市犹如伸向四面八方的‘触角’，它清晨醒来，忙碌一天，筋疲力尽，直至入夜就寝。街道、车辆、相逢和离别犹如更大的生活之网中的搏动环节；一系列影像仿佛在一场游戏中探路，在这场游戏中，无数琐细的表象和一个无形的整体似乎彼此推测对方的存在。面孔、身姿、手势和地点的显隐是为最终汇入更宽的潮流中，汇入日常生活的客观流程中。”[①] 忙碌繁华、流光溢彩、车水马龙的北京是许多人的梦想之地，每天早晨，千万人醒来，坐上公交、地铁、汽车，眼中充满了出人头地的渴望，这里集合了最优质的政治和经济资源，天桥、办公室、时尚、投行、CBD 等都是它的代名词。影片中所呈现的现代北京，是属于年轻人的北京，每个人都呐喊“我一定要成功”“一定要找到完美的爱情”。工作和生活上的种种挫折都没能让他们撤离北京，他

① [匈牙利] 伊芙特·皮洛. 世俗神话——电影的野性思维 [N]. 北京：中国电影出版社，1991 年，第 102 页 .

们依然选择坚持，哪怕是奋斗于微不足道的岗位。因为，留在大都市意味着机会，意味着更光明的将来，意味着自由、时尚、快捷、便利的生活方式。

2010 年以来，聚焦都市青年生活状况的影片层出不穷，这类影片所塑造的人物并不是游离于主流生活之外的边缘群体，而是朝九晚五忙于生计，已然成为快节奏的城市生活的一部分的年轻人。这些影片中，主人公的职业大多为时尚、体面的公司白领，而其主题则落脚于人物在工作、生活压力之下的内心成长过程。如影片《财神到》（2010 年）中的北京篇和《你是哪里人》（2011 年），无论是徐杰还是王昕蕾，作为生活在北京的年轻人，都在寻找认同感和归属感的过程中遭遇了不同的困境，或是难以融入当地文化，或是没有合适的机缘，影片传达的主题无外乎是“道路是坎坷的，前途是光明的”。这种价值观的传达在一定程度上具有成功学式的激励作用，然而一方面，在这些影片中，主人公所遭遇的更多的是精神层面的、文化向度的困扰与迷惑，真正的生存困境被叙事所规避了；另一方面，影片中充斥着大量对现代消费行为和场景的描写，如购物、名牌、商场等，无疑是为了迎合如今年轻人的心理需求，满足他们关于城市高端生活的想象与渴望，“在具体的叙事进程中以近乎炫耀的姿态尽情展示高端、优越的都市物质生活，毫不掩饰对消费物欲的肯定，这无疑会导致影片出现价值观撕裂的状况，影响对情感主题的传达”。① 正是持着这种对待市场的暧昧态度，商业诉求与价值诉求之间的天平，正慢慢向着前者倾斜。

电影《财神到》北京篇的故事开始于财神总管某天亲临北京，遇上了危坐天台边沿万念俱灰的徐杰。徐杰是个踏实上进的办公室女郎，但不管多努力，升迁的机会还是被富家女嘉路莲夺去，而自己深深倾慕的集团太子爷张少君，徐杰更是连走近的机会也没有。在财神总管的帮助下，徐杰重新包装自己，在办公室里无往而不利，把嘉路莲比了下去，工作上更是得到了张少君的赏识，顺利地收获了爱情。影片《你是哪里人》的主人公王昕蕾是一个从美国留学归来的漂亮海归，顺利地进入了一家时尚杂志社，成为一本畅销时尚杂志的主编。王昕蕾的工作方式很直接，快人快语，而且经常夹裹一些

① 路春艳，王占利 . 物欲时代的心灵抚慰——近年来国产青春电影叙事策略与价值观研究［J］. 上海大学学报（社会科学版），2015（3），第 73 页 .

英文进去，经常不顾及别人的面子，因此招致了同事的不满和私下的抱怨。在与大学生丁陈曦的相处中，她被指责不应该说话夹杂英语装洋鬼子，在向闺密诉苦时，又没有得到理解，并被质问是哪里人，还是不是中国人。在后来的工作和生活中，王昕蕾逐渐意识到说普通话的必要性，而且发觉其实无论你是哪里人，归根结底都是中国人。

不难发现，无论是《财神到》还是《你是哪里人》，不仅都暗含着“成功学”口吻的叙述方式，建构了一个带有乌托邦色彩的现代都市，而且，两部片子在这一逻辑上仿佛存在着某种因果关系，前者中的人物所面临的生活困境并没有被现实地解决，而是被超自然的力量所规避掉了；后者的主人公直接跳过了这一层面的问题，在事业有成之后开始考虑如何深度融入当地文化。而问题的答案也是可以预料的——这是个人的问题，北京这个现代都市有强大的包容性，似乎只要人们愿意，它就会始终呈现出充满希望的那一面。

2. 物质与欲望笼罩的北京夜色

当现代都市进入不断高速发展的阶段，其弊病——欲望的膨胀——也随之被不断放大。纵览近些年创作的相关影片的片名，这种赤裸裸的物欲追逐并不鲜见：《夜店北京》（2013 年）、《欲望保姆》（2014 年）、《非常女秘书》（2010 年），等等。这些影片完全为商业利益所驱动，所追求的是极致的抓人眼球。当夜色降临、霓虹灯闪烁，一个关于都市形象的循环就开始显现：一方面，金钱与肉欲变成现代北京形象的另一面而无法避免；另一方面，当电影利用这些概念来达成放纵的欲望满足时，又反过来进一步强化了人们关于北京在这一问题上的集体记忆。这类影片在电影工艺层面粗糙，价值诉求本身被充满欲望的视听呈现完全遮蔽甚至吞噬了。诚然，这些影片中的许多场景是都市现状的反馈和映照，然而，影片创作者无意对当下诸多令人忧心的现象进行反思，而是深陷于市场的旋涡而迷失了自身。随着商品经济的发展进入一个新的阶段，这些影片所蕴含的价值诉求也产生了一系列的矛盾和问题，这主要表现在两个方面：第一是电影视听呈现与价值诉求之间的冲突；第二则是价值诉求本身的撕裂与畸变。

《夜店北京 2》（2014 年）讲述男主角李文俊，流连于灯红酒绿的夜店之中，对夜店女神利娅一见钟情。挡在李文俊面前的，不仅仅只有他和利娅之间身份和地位的差异，还有夜店里的各种潜规则，然而，李文俊并没有灰心丧气，而是从利娅身边的好姐妹们处下手，取得了她们的信任和支持，并且最终成了夜店里的情歌王子。李文俊总算得到了接近利娅的机会，没想到却屡屡遭到田少和小俊哥等人的阻挠，与此同时，利娅将要离开北京前往广州。李文俊和同学张小宁一起尾随其后，开始了最后的强烈攻势并抱得美人归。如果说以《你是哪里人》《财神到》为代表的影片中，对于商业性的追逐是隐形的、是被叙事所缝合起来的话，以《欲望保姆》《夜店北京》系列为代表的影片则将这种倾斜放大，将意图明确地展示出来。影片《欲望保姆》讲述了主人公张娜怀揣着对城市生活的憧憬，从一个三线城市只身来到北京闯荡，找不到好的工作，就从最底层的保姆干起，然而在房东一次次催缴房租的电话中，张娜感到了前所未有的绝望。望着自己这个不足二十平米的地下室，她流下了眼泪，从此踏上堕落的道路。单从文本看，故事似乎聚焦于北京城市的边缘人群，试图反映其困境，具有一定的社会批判意识，但是从片名到海报再到视听语言，都含有大量的性暗示。

这些影片的剧情设置并无新意，主旨表达亦缺乏深度，但是本身却充满了诸多带着强烈导向性的象征符号：地点如夜店、按摩店，职业如妓女、秘书等，影片中有许多性暗示的镜头，且女性成了集中的被展示的对象。学者张真在其《银幕艳史》中论及电影与女性的一种关系："……影片呈现了一段中国女性同电影工业之间的矛盾史——电影科技既给她们带来解放和改变社会地位的希望，也因对女性身体新的商品化过程而带来诱惑和危险……"[①]这一论述同样适用于对《夜店北京》等影片的批评和反思。如果说在银幕上，女性成了欲望的象征和宣泄对象，那么在银幕之外的指涉则更令人忧心。劳拉·莫尔维在1975年发表的《视觉快感与叙事电影》中以"凝视"概念为核心，构筑了男性/女性、看/被看、叙事/景观的二元结构，从这个角度来看，当那些从片名到内容都堆叠着物欲符号的影片被放置到城市形象建构的文化语境中时，北京似乎被塑造为一个消费的、女性的身体形象，笼罩于朦胧夜色中的北京，处于一种物质的、充满性意味的"凝视"之下，

① 张真. 银幕艳史：都市文化与上海电影 1896—1937［M］. 沙丹 赵晓兰 高丹 译. 上海：上海书店出版社，2012年，第3页.

承载着都市里日益膨胀的男性的欲望，成为无法表达自身的沉默所在。

三、社会变迁中的北京

作为一个历史悠久的文化地标，北京当然不是只存在于人们的想象和理想当中，它更是包含千万人真实生活的有血有肉的场所，因而在另外一些影片中建构的北京与现实中的都市紧密贴合，将地表的坑洼直接地暴露出来 —— 烙印在集体记忆中的北京城并不是静止的完美的横截面，而是围绕着整个中国的转型处于不断变动之中。这整个过程并非是理想主义式的圆润过渡，而是间歇地产生了许多裂缝，里面有北京人的喜怒哀乐，也有北京对于自身的社会性的自省，这样看来，关于北京的建构就超出了局限的地理范畴，而有了更广阔意义上的代表性。

1. 变动中的杂院与角落

随着繁华都市不可逆转的现代化进程，北京存在着的那些不太为人知的杂院和角落，在庞大建筑的笼罩之下，逐渐被城市人所遗忘而变成了值得缅怀的对象，城市生活的中心也已经从这里悄然移开。面对这样的情况，“老北京”该何去何从？

同样是描绘北京的南城，1983 年的《夕照街》和 2013 年的《刺眼的阳光》形成了鲜明的对比。《夕照街》用现实主义“典型”手法，建构了一条普通而生动的胡同。大概每条街道上都会有那么几个知识分子，一群待业青年，一两个公认的漂亮姑娘和光棍，当然还有“热心肠”和“万人嫌”，他们对生活的要求普通得很：夏夜大伙儿聚集在老于院里赏花，女人们闲闲议论，怕热的人摇着蒲扇，作家架起了双反相机，而“万人嫌”穿梭其中，四处说着不讨喜的话，像只满场飞的绿头苍蝇。镜头虽跟随着他，却仍为我们展现出了一幅邻里和谐其乐融融的画面。虽然最后夕照街因拆迁在地理意义上不复存在，但它成为居民的美好集体记忆。而在《刺眼的阳光》中，同样生活在南城，生活却变得破败不堪：摩的司机老李一家住在一个破旧的大杂院里。老李每天早出晚归，供着儿子小凯上学，爷爷平日里捡拾些废品，在地下通道卖些杂货，来贴补家用。老李在开摩的拉活的同时，还给城中村的妓女介绍一些老年嫖客来增加收入，街道办事处的主任得知老李开黑车拉活，撤销了他们家的低保，老李无奈地奔波于街道办事处和居委会之间，试图征得属于自己的权利。小凯被同学二东诬陷偷手机，老师不由分说狠狠地斥责小凯，打了他两个耳光。小凯一时冲动，用板砖打了老师，被学校开除，老李为了能让小凯把职高毕业证混下来，卑躬屈膝地在校长面前承认着错误，最后用金钱让校长改变主意。故事的结尾，爷爷安详地去世了，老李被妓女出卖，让警察抓走，小凯孤独地站在破旧的屋顶上，迎面而来的是刺眼的阳光。值得一提的是，两部电影在片名上也遥相呼应，同样投射在北京的南城，夕阳的光虽然微弱但温暖而充满人情味，而白日的阳光既会照耀在都市的梦想青年身上，也会照在如小凯一样挣扎徘徊在主流之外的边缘青年身上。

作为一个土生土长的北京人，管虎在其作品《老炮儿》(2015年)中更是直接揭示了一幅“老北京”和“新北京”的交杂景象，而这种传统与现代的冲突融合集中于两个方面：其一，胡同与酒吧的融合体验。胡同是北京城最为显著的标志，它不仅是普通百姓生活的场所，更蕴含了老北京悠久的历史文化。然而在城市化发展的进程中，胡同和四合院这些老北京空间的标志逐渐淡出，取而代之的是现代化繁华都市的新代表——酒吧、咖啡馆、摩天大楼。《老炮儿》中，晓波最终实现了他曾经与六爷说过的愿望——在胡同里开一家酒吧，他按照六爷的话将酒吧取名为“聚义厅”。胡同与酒吧、新与旧、父与子、传统与现代的碰撞、老一辈对下一代的传承，勾勒出北京城当下复杂的城市景象。其二，交通工具的变迁。过去那个“自行车王国”已经逐渐远去，更加现代化的交通工具兴起。六爷为寻找晓波，踏上了十号线地铁，地铁的摇晃、动荡不安，无不昭示着六爷从已知走向未知的迷惘与焦虑。交通工具的变迁是社会和时代的缩影，这不仅仅是技术的发展，更是文化和价值观上的变迁。从胡同到酒吧，空间的变迁是北京城市化的成果和证明，但一个商业的北京在发展，一个文化的北京却在断裂。高楼大厦代替了红砖绿瓦，灯红酒绿代替了曲径幽深，古老的北京记忆正在被人遗忘。影片《老炮儿》的价值正在于从新的视角展现了“老北京”与“新北京”复杂融合的景象，北京城市形象的建构处于不断的变动之中。

2. 光芒背后的现实写照

现代视野下的北京所面临的问题是多方面的，在具体的影像中，这座城市不仅正在忍耐地理和文化变迁过程中的伤筋动骨之痛，更因作为耀眼的光芒背后的社会问题的承担者而显得疲惫不堪。不同于主流商业影片的大众视角，一些影片在这方面的叙述或者呈现中包含了更多的精英话语。

20世纪八十年代以来的关于北京的电影里，历史大多是“隐性”的。一方面，改革开放以来，以北京为代表的城市步入了飞速的现代化进程，新的词汇、新的商品、新的行业竞相登场。对于城市人来说，琳琅满目的新鲜事物还来不及消化，充满无限可能性的未来就在眼前，关于历史，尤其是关于文革十年的历史，不容他们分出时间和精力去反省。即使有所涉及（如在管虎1994年的《头发乱了》中掺杂了部分关于文革的影像），也大多因影片的表达过剩而淹没在空泛的能指中。另一方面，对于经历过的人来说，那些刻骨铭心的伤痕刚刚止血，它们仍是避之不及的痛苦，暂时潜伏在内心的深处。直到社会进入了一个新的时代，人们才开始意识到一种应尽的责任，才开始有时间驻足脚步，去回顾和反思过去以及过去与当下的关系。

相较于历史，当代人面对的众多社会问题是首要和“显性”的。王小帅导演的影片《闯入者》（2014年）中，“闯入”就是对不同社会问题的一种统领性的概括：老邓是两个儿子独立生活的“闯入者”，小红帽是整个城市的“闯入者”。外在的闯入暗示了老年和青壮年、城市与农村文化的冲突。故事里的老邓是个退休工人，丧偶多年，她不愿与孩子生活在一起，独自生活在老宅里。平日的生活单调无聊，除了照顾在养老院的母亲，她几乎整天无所事事。大城市中邻里之间的陌生感，让她几乎连个说话的人都没有，只能对着老伴的遗像自言自语。为了证明自己还是有用的，捍卫自己在这个大家庭中一家之主的地位，她对两个儿子的生活进行了“闯入”。老邓喜欢事业有成还孝顺的大儿子张军，却与性格强势的儿媳妇王璐向来不和。大儿子家算得上小康家庭，有车有房。她看不惯儿媳妇铺张的行为，为了省钱，她擅自做主接孙子坐公交车，加剧了婆媳之间的矛盾。对于小儿子张兵，她事先不打招呼，强行闯入小儿子家中，要为他做狮子头，这让小儿子与正在暧昧的男友十分尴尬。而老邓并没有把儿子当作一个已成年的大人，而是摆出一个至高无上的统治者的模样。对于儿子性取向的问题，老邓毫不给儿子留面子，直接骂他“生活不正常”“阴阳怪气”。她明明知道儿子们对于自己的行为很反感，却依旧强硬地闯入他们的生活。正如王小帅本人阐释的，“她在外面对权力有一种依赖，到了家里就反过来，让别人去依赖她的权力，把这个权力要拿回来。”[①] 随着剧情的推进，前置的悬疑被层层揭开，原来老邓是当年支援三线建设的一员，他们举家来到贵阳，但她并不想留在贵阳，一心想再回到北京。为了得到调回北京的机会，她“检举”了同事老赵。最终，她成功地带着全家人回到了北京，老赵却从此一病不起，家人也失去了返回故乡的机会。

《闯入者》以老邓为主角，在对其日常生活的描绘中勾连出当下的诸多社会现实问题，如盗窃杀人、养老、同性恋、婆媳关系等。老邓需要通过行为的强势，来捍卫自己一家之主的地位，事实证明这是无用的，在某种程度上也映照了《老炮儿》中六爷同样面对的困境。《闯入者》的文化价值和社会意义在于，它不仅仅反映了空巢老人、外来人口等当代社会问题，还将历史与现实相交织，建构了一个动态的时空，将社会变迁的大浪潮中小人物所面临的道德焦虑、精神压力等复杂的心理状态具像化地刻写在银幕之上，在情与理胶着对抗的缝隙中，开辟出反思历史、观照当下的探讨空间。

同样涉及对于历史的反思，不同于王小帅社会学家式的痛定思痛，崔健执导的《蓝色骨头》（2013 年）一如既往地带有创作者本人的叛逆色彩，以平行叙事的方式讲述了两代人的摇滚梦，在光影与情感的交织中带领观众穿梭于当下与“文革时期”这两个社会风貌全然不同的历史阶段。在不同的历史语境中，人们有着相似的痛楚：父辈的音乐梦被政治环境所压抑，子辈的音乐梦受困于当下扭曲的商业环境。他们都有自己本能的兴趣与愿望但又总是生活在别处。相较《闯入者》对于社会问题的反映缝合在叙事中，《蓝色骨头》的叙事手法显得生涩许多。崔健懂得写歌词、通过文字语言传达自己的价值观，但并不擅于电影化的表达手法，因而需要借助多种艺术形式的互动（如关于母亲的故事中叙事、音乐与舞蹈的结合）。值得注意的是，这个缺憾在影片最后的演唱会上被奇妙地升华了，几乎让人产生一种“互文”和“通感”的错觉。钟华一拨吉他、一开口唱《蓝色骨头》，我们听到的却是崔健的声音，在这里，钟华瞬间进入了无自我的状态，演唱会变成了一场召唤的仪式，呼唤崔健打破了电影的封闭结构，直接降临在了角色的躯壳之上。

---

① 王小帅 赛人 .《闯入者》——无从救赎的后文革记忆：王小帅访谈［J］. 电影艺术，2015（3），第 101 页 .

影片充斥了大量创作者本人对社会问题的看法，既有对特权阶级的影射（林立果选妃），也有对同性情感的同情，甚至还铺排大量台词来表达对黑客、网络病毒以及记者收红包现象的无奈。导演试图通过钟华之口来表达音乐被商业利益所腐蚀所带来的锥心之痛，其主题表达方式尽显摇滚青年惯常的直白本色，正如同名主题曲所唱的，“就像眼前这个社会的大酱缸，多年的政治运动使人们厌倦了红色，周围黄色的肉体已经把灵魂埋没，只有扭曲一下我自己，抬头看看上面，原来是少有的一片蓝蓝的天空”。遗憾的是，影片亦没能摆脱诸多处女作的通病，钟华的质问常常游离于电影的叙事之外，沉浸于自我表达的境地而忘却了与外界的对话，指涉太多却漫无目的、流于肤浅，终究因游离于生活之外而缺乏引发共鸣的艺术质感。

当人们面对当下的种种社会问题束手无策，发出无奈的叹息时，历史悄无声息地、以不容置疑的语气靠近和降临。《闯入者》和《蓝色骨头》均让历史的隐痛正面撞击现实生活中的观众：老邓从噩梦中惊醒后，对两个儿子反复念叨“我撞上鬼了”“那个男孩，就是老赵的灵魂来讨债了”，在现实和梦境中纠缠老邓的小红帽到底是真人还是幻像？谁也无从得知，但是这顶“红帽”重新撕开了早已结痂留疤的伤口，血液和记忆一起往外涌出；而钟华，虽然不是父母那段历史的直接经历者和伤痛的承受者，但是作为下一代，作为父母的继承者，父亲认为他有“义务”去了解和知道，因此将过去两人的物件和故事都寄给了儿子，钟华无法拒绝。然而，两部影片在接纳历史的时候，却又形成了另一种错位：历史的“灵魂”降临了，当下的“灵魂”却被驱逐了。钟华认为“不知道我是属于哪个时空的人，反正眼前的这个时空并不接受我”、评价自己的母亲“她是不属于那个时空的人”，他对于两代人各自所处的时代，秉持着一种全然否定的态度；而在《闯入者》里，历史遗留问题得到了正视，而先前反映的社会问题则落于幕后。老邓在贵州的朋友希望她“把我们这里的情况跟中央说一说”，但很快被人否定，“没用的，老邓能说得上话吗？”人们仿佛失去了谈论当下的话语权，等她回到北京，也还依然要面对赡养、婆媳等各种问题。此外，历史的“灵魂”和当下的“身体”是否就完美贴合了？或者说，这种和解真的是一步到位的吗？《蓝色骨头》给的答案是颇为理想主义的，父亲丢下手枪，将残缺的身体暴露在大自然中，而母亲则时隔十几年后用歌声与儿子完成了一次超越空间的对视与交流。比较而言，《闯入者》是持悲观论调的，过去的记忆闯入了老邓的生活，而老邓也闯入了过去记忆的当下存在（老赵一家），“小红帽”从楼上坠落而亡，提醒她过去的创伤是无法弥补的。大儿子教训二儿子：“你没有资格说你妈”，于是，直面历史之后的问题是，谁有资格、又该如何对其做出评价？片尾最后的空窗给出的答案是：没有答案。

进入21世纪，在历史观上我们依旧困境重重。在这一现实语境中，银幕上的主人公，无论是钟华还是老邓，他们都变成了连接过去和当下的媒介，其空洞无神的身躯，正焦灼地等待着历史的回归。在长达二十多年的光阴中，历史始终被忽视和隐藏而无法归位，经历其中的人也因往事纠葛而惶惶不可终日。意大利新现实主义代表柴伐梯尼认为：“在我们周围发生的一切，即使是在近处或远处发生的最重大事件之外的那种我们常常在街上看到的最平凡的小事件都有一种意义，一种人性的、社会的、戏剧的意义，并且向我们提出了一些重大问题。……电影只有在它能提供它那个时代的事件和集体性悲剧的意义时，它才能成为一种艺术的表现手段，一种人类和社会的通用语言。”[①]《闯入者》在叙事层面和价值观表达上，做出的值得肯定的努力便是其关注日常生活中最普通的、最平淡无奇的小事，尝试着触碰被刻意遗忘的时代悲剧。影片中，老邓不断接到骚扰电话，并且电话的来源是不确定的，“一会儿东城区、一会儿朝阳区”。甚至，人和历史似乎存在着无法调和的矛盾，这体现为游魂的敌意：老邓大儿子家门口被扔垃圾、自己家的窗户在晚上被砖头砸碎，罪魁祸首无法被找到却能被感知到，“总好像有一团阴影缠着你”。纵然这个“附体”的仪式被暂时搁置，但最终还是无法避免的，游荡的“灵魂”需要回归到“身体”，因为历史和当下永远不可能完全割裂开来。《蓝色骨头》中，钟华的母亲在歌曲《迷失的季节》里写道：“你是春天的花朵 / 长在秋天里”，而钟华创作的《蓝色骨头》却如是表达，“我是春天的花朵 / 正好长在春天里”，对于他来说，成熟的身体需要对过去做出某种回应才能确立自我在时空中的定位。《闯入者》多次运用意识流手法，老邓关于贵州厂房的视觉记忆不断穿插于当下的生活中，等她真正抵达贵州，

① 转引自［法］亨利·阿杰尔.《对现实主义的各种解释》. 见 杨远婴 主编 . 电影理论读本［M］. 世界图书出版公司，2012 年，第 183 页 .

破旧厂房真实地呈现在眼前，红色歌曲的人声又梦幻般地回荡在房子的内部，这都让她确证自己回来了，梦境和眼前的事物合二为一。老邓对着死去的老伴的遗像哭泣道，“可你不想那么多，岁数大了，管不住自己了”，对于老邓来说，衰老的身体开始提醒自己需要清算过去的债务和问题。《蓝色骨头》则反复使用平行蒙太奇，将父母的历史与儿子的当下纠缠在一起。钟华通过文字和照片，在蛛丝马迹中寻找到一种想象的模式：他坐在时间的戏院里，看着父母鲜活的形象在舞台上说话、行动；他坐在剪辑室里操作时间的碎片，父亲坐在屏幕前，其背后播放着过去的影像记忆。可以说，无论是戏剧还是电影，钟华通过一种造梦机制，无意间触碰到了历史的叙事性本质。

值得一提的是，面对历史的降临，电影的创作者和银幕上的角色在态度上存在着一组矛盾：正如《闯入者》的英文名 *Red Amnesia*（红色健忘症）、《蓝色骨头》的母亲用手枪自残导致创伤性失忆症，电影中的人物反映的是人本能地会选择埋藏苦痛的过去。父亲只有在得了绝症之后、老邓只有被“小红帽”闯入之后才选择说出过去的历史，而作为子辈的钟华或者二儿子小兵则在被告知前对此一无所知，也没有主动去探究的意志。而作为导演的王小帅和崔健，则选择了以电影的形式去触碰这段历史，这主动与被动之间的对立与裂缝，或许正是导演们所要批判和揭露的，也许两部影片的重要性正在于此。而在影片中的人物身上，同样体现了从被动接受到主动探索的转变过程：当老邓操着地道熟练的贵州话和水果摊贩自然地交流时，历史的灵魂和当下的身体终于融为一体。

通过上文对部分影片的文本分析，可以发现影像所构建的北京城市空间处于多元形态并存的态势，如想象的历史空间、现代大都市、社会变迁的窥视镜等，但是在这一构建过程中，一些局限性也暴露出来，其中最明显的一点是“消费”属性的日益突出。我们当然不能全盘否定鲍德里亚口中的“消费社会”这一趋势，但是，对于市场和观众一味地附和与妥协，对于城市文化建设并非益事。当下的创作存在着一种需要警惕的危险：“想象”的部分超过了“记忆”的部分，甚至“想象”代替了“生活”，从而导致影像中的北京与现实的北京城市空间之间产生裂缝而无法契合。因此从这个层面来说，需要电影创作者将目光和镜头更多对准北京的现实生活，关注这座城市正在发生着怎样的变化，使得记忆中的北京更加“接地气”。

3. 改革开放进程中的北京气象

改革开放以来，中国社会发生了巨大的变化。北京作为中国的首都，不仅在基础建设、社会保障、经济发展等方面处于全国领先地位，也是最先彰显出改革精神、最早迈出开放步伐的现代城市之一。四十余年的发展中，北京见证了许多白手起家的创业历程。陈可辛导演的《中国合伙人》(2013年)讲述了一个洋溢着20世纪末改革精神的故事，并且这个故事是基于真实事件改编的(耳熟能详的俞敏洪和新东方)。这样的方式似乎使得这个城市显得不那么浮躁，并因此而具有了一层现实意义。影片采用了剪辑和闪回等多种叙述手段，大体上分为三个主要叙述段落：第一是三人在大学期间向往美国的时段，第二是三人随后合办赴美留学英语培训学校的时段，第三是三人合伙推进新梦想公司在美国上市的时段。在这三段中，每一段的核心或焦点无一例外的都是美国：志在留学美国、留学美国预备、赴美国上市。[①] 三位主人公的人生轨迹与其说是“中国梦”的实现，不如说是对“美国梦”的追逐，他们的生活、事业都落脚于北京，但其合法性却来自于美国(知识、学历、上市)。从这个角度看，繁华热闹的北京，作为现代都市和成功的象征符号，直接指涉了“攻陷美国”式的胜利，因而不可避免地掺杂了民族性的因素(如影片中涉及1999年南斯拉夫中国大使馆被轰炸后形成的“爱国”热潮)。刘亚当导演的《中国合伙人2》(2018年)延续了之前的电影IP，但改换了演员及剧情。影片选取了程序员楚振辉、秦磊和投资人徐顺之作为主角展开他们的故事。影片从楚振辉在老牌互联网公司红缨旗下开发国产操作系统“红中”开始，因面临上市楚振辉及其开发的“红中”操作系统被作为筹码遭到阉割，之后他和秦磊以及徐顺之创业“非凡网”。影片描述了他们从历经初创、腾飞到供应链问题再到2008年金融危机的过程，故事地点发生在北京中关村，以他们三人为代表讲述了一代互联网人从20世纪90年代末到当下的二十年间创业的故事，展现了社会变迁中的北京城市。

---

① 王一川. 时代精神的抽离与变形——从《中国合伙人》看改革时代的文化价值建构[J]. 当代电影，2013(7)，第39页.

20世纪八九十年代，在市场经济改革的浪潮中跌跌撞撞一路摸索，一些人成就了一番事业，跻身于中产阶级行列。“中产阶级在其原生意义上，指的就是介于上层阶级与下层阶级之间的中间阶层。这一阶层是在市场的资源配置与社会纵向流动过程中自然形成的。运用这一具有很强涵盖性的概念来表述近二十年来的中国社会结构的变迁与社会分化，具有相当重要的意义。属于当代中国市场经济发展过程中出现的中产阶级人群，主要有高级专业技术人员，如建筑师、律师、私人企业中的技师、商业营销人员、经理、与市场运作密切相关的影视工作者，收入较高的教授、医生、股票经纪人与自由职业者，等等。这些人的共同特点是，他们所受的教育、专业技能与知识智能，成为在市场经济条件下换取各种稀缺资源（财富、地位、名望与权力）的‘资本’。这种‘软资本’使他们在市场经济竞争中与广大蓝领阶层相比处于优势地位。这样，随着市场经济的不断发展，他们与普通工薪阶层的生活水平的差距就逐渐拉大，这种社会分化中的向上流动过程发展到一定阶段，社会中间层就应运而生。他们比普通收入的蓝领阶层更富有，但与暴发致富的、有权有势的保守的既得利益者相比，在生存态度上与价值观上则更具进取心。”[①] 在一定程度上，这群充分享受到改革开放红利的中产者，最能代表北京在多年改革与开放进程中所获得的成果。《非诚勿扰》（2008年）、《非诚勿扰2》（2010年）、《杜拉拉升职记》（2010年）、《将爱情进行到底》（2011年）、《搜索》（2012年）等影片中，那些物质条件优渥、社会地位较高、在职场上如鱼得水甚至春风得意，却总是在不经意间流露出对过去的向往、难以抚平内心失落的中年人，“一方面，要奋斗，要‘添砖加瓦’的压力依然故我；另一方面，向上的欲望愈加贫乏，而成功的形象也早就腐朽不堪”[②]，可以说，中产阶级的生活状态与精神面貌，其所思所想，成为观察当下北京乃至整个中国发展气象的一扇窗口。

充满小资情调的《杜拉拉升职记》似乎为万千初入社会的职场青年指明了一条晋升“人生赢家”的途径。翻看杜拉拉值得称道的工作履历，从一个

① 萧功秦．当今中国的中产阶级与知识分子．见 陶东风 主编．知识分子与社会转型［M］．开封：河南大学出版社，2004年，第255–256页．

② ［美］C.莱特·米尔斯．白领：美国的中产阶级［M］．周晓虹 译．南京：南京大学出版社，2006年，第225页．

毫无背景的普通员工一路打拼到企业中层，成为一名有房有车的新中产，这则励志的都市神话似乎大大缓解了当下年轻女性的生存焦虑。“治愈系”的外衣却掩藏不住当代人对消费主义的极致推崇。影片中的北京是一个高度发达的现代大都市。影片伊始，一个全景广角镜头为观众展现了一个现代感十足的城市空间，布局密集的写字楼群与川流不息的柏油马路作为典型的后工业社会的建筑，为影片奠定了一种机械化的灰冷色调，而工作与生活于此的人们，早已习惯了用数字来衡量一切。杜拉拉 27 岁时进入外企工作，月薪仅有 3000 元；两年后，她升职加薪，成为月薪 6000 元的销售总监秘书；30 岁时，杜拉拉成为 HR 总监，月薪翻倍，顺利跨入月入万元的“小资一族”；又过了三年，她荣升 HR 经理，月薪达到 18787 元。影片中，杜拉拉的年龄、职位、月薪均在定格镜头中得到强调，数字的增长不失为一种资本的积累，一个人的成长经历由此而被量化。这部“从一开始就被当成一个商品或品牌来打造”[①] 的电影在中国电影市场上揽获过亿票房。它备受女性观众喜爱的重要原因之一便在于打造了流光溢彩的都市生活，充分彰显了一种令人歆羡的成功女性的消费升级之路。影片中眼花缭乱的品牌植入与杜拉拉飞速提升的生活品质息息相关，令人无时无刻不感受到“我们生活在物的时代……我们根据它们的节奏和不断替代的现实而活着”[②]。确如研究者所言，“纵观影片杜拉拉升职的整个过程，其实就是一个收入不断增加和与此相对应的‘消费意义系统’不断升级的过程。更高的收入、等级和消费方式构成了杜拉拉的升职动力，也构成了银幕前我们每个人的奋斗目标，在羡慕杜拉拉升职的同时，我们也渴望享受跟她一样的消费方式、符号系统和生活景观，这就是我们的消费社会。”[③] 影片《杜拉拉升职记》以跳跃式增长的数字量化了杜拉拉的职场经历，与此同时还设置了一条情感线索。职场女强人杜拉拉的感情经历并不算顺利，每每经历情感的挫折，这位经济独立的女性便会流连于商

---

① 张一白 吴冠平．作为商业项目的《杜拉拉升职记》——张一白访谈［J］，电影艺术，2010（3），第 90 页．

② ［法］让·鲍德里亚．消费社会［M］．刘成富 全志钢 译．南京：南京大学出版社，2008 年，第 2 页．

③ 徐培卿．从媒介文本看当代消费社会——兼评《杜拉拉升职记》中的植入式广告［J］．北京电影学院学报，2011（6），第 33 页．

场，以疯狂购物来排解心中的郁结。杜拉拉频频光顾各大奢侈品柜台，在一个个陈列着高端商品的物欲空间中，消费的快感成为填充其内心孤寂的一种绝佳方式，而这部电影也恰如其分地诠释了“艺术是白日梦和满足愿望的一种形式，可以替代解决那些在现实中无法满足的强烈冲动和欲望”[①]，为在都市生活中日渐疲惫的年轻观众带来一丝抚慰。

尽管两部《非诚勿扰》因商业植入而饱受诟病，其叙事空间也从未固定于北京这座城市，但从电影主创到主演阵容，从台词到画风，均与北京人、北京城发生着千丝万缕的关系。如果说《杜拉拉升职记》点燃了观众对新中产生活的向往，其对物质生活的追求洋溢着热情，乐此不疲地游走于消费的海洋，那么《非诚勿扰》两部曲则以一种调笑和揶揄的姿态对坐拥可观财富的老中产进行了一番嘲弄，这种包含了自嘲的讥讽来自于其对日益物化的、行将固化的人生的厌倦与失望。《非诚勿扰》中，身家不菲的范先生豪掷200万英镑买下做工粗糙、原始简单的“分歧终端机”，对明眼人一眼便能识破的“骗局”全然不知，淋漓尽致地体现了一位“暴发户”的无知。如此荒诞不经的桥段令人发笑的同时更满足了2000年以来社会上暗流涌动的某种情绪，“这种对富人形象的丑化，完全迎合了中国社会的仇富情绪，同时秦奋那200万英镑的得手，也让观众和秦奋一起完成了一次对富人的洗劫。《非诚勿扰》似乎告诉我们，富人虽然富有，但是是愚蠢的、丑陋的，我们可以洗劫他们。就这样，观众跟随着秦奋在黑暗的电影院里，一起完成了对富人的丑化和洗劫。一方面，秦奋可以过悠闲的生活从而展开故事，同时他的财富来源没有原罪，因为是从富人那里骗来的。观众可以接受这种财富来源方式。”[②]《非诚勿扰》吊诡地迎合了社会情绪，与此同时也轻松转移了焦灼的现实矛盾，让人们沉浸在一种想象性的胜利中，暂时忘却了现实的烦恼与痛楚。

当然，《非诚勿扰》揶揄和讽刺的绝不仅仅是以范先生为代表的暴富人群。主角秦奋作为中产阶层，在异国他乡经历了一段难以忘却的情感挫

---

① ［美］路易斯·詹内蒂．认识电影［M］．崔君衍 译．北京：中国电影出版社，2007年，第378页。

② 刘亮．中国的都市神话：从《非诚勿扰》说起［J］．南方文坛，2011（2），第129–130页．

折，正是这段创伤令他无法原谅自己，也直接导致他对婚姻充满了强烈的渴望，试图通过结婚来摆脱生活中的不确定，弥补内心的空虚。面对真实的生活、真实的矛盾，人到中年忽然迫切地想要安定下来的秦奋有着某种茫然无措，这种复杂的、纠结的情绪令他无意识地走向了自我放逐。他与相亲对象笑笑同游北海道，即将与笑笑确立关系之际，秦奋突然对宗教产生了难以言明的兴趣。路过寺庙时，他执意进去参拜，却不巧撞上了日本黑帮的葬礼，只能逢场作戏地陪哭；路过教堂，他又临时起意去忏悔，但是牧师却无法忍受他冗长而散漫的絮絮叨叨，只能表示教堂太小，已经装不下他的罪恶。秦奋试图抓住什么，却又不敢轻易相信什么的生活态度令他养成了信口胡言的习惯，笑笑的质问“说瞎话什么都不为，你是不是说瞎话有快感啊”一语中的，揭开了秦奋嬉笑背后的空虚。在日新月异的社会变动中，许多中产阶层衣食无忧却情感无依，他们惧怕生活的不确定，却又对此无能为力，只能以一种调侃的态度面对生活中的不如意，以此来保护自己。因此，“面对躲都躲不掉的新富人生活，《非诚勿扰》下意识地采取了反讽 / 自我反讽的含混逻辑”[①]，这种不痛不痒的戏谑在《非诚勿扰 2》中表现得尤为明显，使得整部电影对现实的观照更多地体现为某些含糊其词的指涉，大部分剧情都漫不经心甚至潦草敷衍，只能称之为一部并不出彩的商业片。

对年轻观众而言，《非诚勿扰》两部曲中都以大量的空镜头让人领略到赏心悦目的风景，在美丽如画的旅途中提供一段不失趣味的爱情小品，尽管艺术性不高，当作消遣也可一看。然而，从电影创作的时代语境和电影创作者的创作经历来看，或许能看到时代变迁对一代电影人的影响。正如一位学者所言，“冯小刚和王朔似乎是以这部电影伤悼自己的过去。这里让我们有深刻印象的是李香山的故事里的独特的意蕴……那个让人感伤的告别，我们觉得既是李香山的告别，也是一代人回首自己的过去，清理自己的人生轨迹。这里李香山和秦奋等人都是在中国进入改革开放时代的第一代人。他们在当年叱咤风云，纵横天下，有一股无所不能的豪情，也有许多负债和歉疚。当年既充满勇气和力量，又有粗暴简单；既赢得过热爱，也有过伤害。

① 聂伟 . 中产幻象、叙事黑洞与意识混茫——《非诚勿扰 2》的症候学批评［J］. 当代电影，2011（6），第 157–158 页 .

这些都在渐渐变老时候再度彰显，形成了李香山告别仪式上的那种感伤的氛围。这种内心的复杂的感受其实是这部电影的魂，是这部电影最为让人感动的部分。”① 从《甲方乙方》到《非诚勿扰2》乃至《私人订制》，我们看到，银幕上的故事和现实中的生活始终保持着微妙的联系。冯小刚于20世纪90年代拍摄的一系列小市民电影中，轻喜剧的形式深处仍然葆有对社会进程的关注，恰如学者尹鸿所言，“1990年代后半期的中国现实或者中国人的心态，也许在冯小刚的这些所谓的商业电影中我们还能感受到某种真实性，而在当时大量的那些或者高度升华或者高度低俗的影片中，真实的中国现实往往被那些更加虚假的影像所隐匿和遮蔽了”②。亲历了改革开放，在社会转型期一路跌跌撞撞走来的那一代年轻人如今已经人到中年甚至步入老年，他们对于社会的感知从最初的敏锐、充满期待渐渐转变为戏谑、无奈与旁观，在与资本越来越不可分的角力中，这些表现中产阶层生活的电影变得越来越千篇一律，现实中难以解决的矛盾在银幕上通过讽刺和嘲笑得到了消解。

2010年以来，国产电影的创作数量和上映数量一路呈现井喷之势，国内电影市场不断见证票房奇迹，但真诚讲述中国故事的影片却并不多。银幕上的大都市，无论是北京、上海还是广州、深圳，拔地而起的建筑越来越相似，而相当程度上浓缩了中国改革开放成果的中产阶层的故事也越来越雷同，越来越索然无味。取材于现实生活的都市电影，如何才能在深切的讲述中观照中国四十余年的改革成果，引领观众反思在现代化进程中我们得到了什么又失去了什么，无疑是一个值得思考的文化议题。

第三节　北京居住者的梦想与现实

在本文中，“北京人”不是一个狭义的概念（土生土长、从小在北京生活和工作的市民，或曰北京“土著”），而是一个泛指：它包括了那些影片所描绘的居住在北京的人们，无论他们是暂时逗留还是长期定居，无论他们是北京“土著”还是“北漂一族”，他们的人生均不断地在和周围的人、和这

① 张颐武.2010：中国电影的新的“临界点”[J].当代电影，2011（3），第13页.

② 尹鸿 唐建英.冯小刚电影与电影商业美学[J].当代电影，2006（6），第55页.

座城市发生着关系，因而称他们是“北京居住者”也许更为妥帖。

无论是历史想象、社会视角还是商业潮流之下的北京，作为一个城市空间，它在时间这条轴上始终发生着或明或暗的变化。这种变化一方面影响了空间中的人关于北京的记忆，反过来这些电影中的北京居住者又作为“生产者”不断改造城市空间，强化了这一变化的大趋势。2010 年以来，许多发生在北京这座城市的故事，均聚焦于城市中个体的生存境遇，在商业性直接或间接的影响下，这些故事呈现出类型驱动的特点。无论是《致我们终将逝去的青春》（2013 年）中叛逆的学生，还是《有种》（2012 年）、《七月与安生》（2016 年）、《后来的我们》（2018 年）中迷茫的北漂青年，抑或是《云下的日子》（2011 年）中进城的忐忑农民，都是银幕上典型的个体形象。当我们从社会心理出发，探索他们的行为动机时，不难发现，不管是“土著”还是“北漂”，对于这群驻足在北京城的人们而言，有两个核心问题等待他们的解答：一个是空间上的犹疑，对于北京，到底是离去还是留下？另一个是时间上的困惑，身处万事万物都不断变迁的时代潮流中，到底该向后回看还是向前瞻望？

一、北京“土著”：时代变迁中的复杂心态

同样是说话带京腔儿的老北京人，生活在这座庞大的北京城，因为其出身、性格等各方面的原因，面对改革开放四十余年来的巨大变化，却有着不同的经历和感受，因此用一个北京“土著”形象来概括是不贴切的，恰似一个人有着多重人格，每一双眼睛看到的都是不同的北京，处在不一样的心理状态之下。

20 世纪 70 年代末 80 年代初，年轻知青返乡回城，却遇到了在偌大北京城找不到工作的尴尬。街道办事处的干部、老党员李盛奇站了出来，带领年轻人们转变传统观念，创立了两分钱的大碗茶，这也是如今前门老舍茶馆的前身。电视电影《大碗茶》（2012 年）让人不禁联想起《夕照街》里郑万全组织胡同里待业青年大办联社的火热场景，但放在一起进行比较，男主角李盛奇身上无疑有着更加浓重的主旋律色彩，不妨将他看成新时代的第一批私营企业家，虽然在创业过程中遇到许多困难，如电影刻画了一些政府部门干部的负面形象、揭示了权钱交易依然是这个社会绕不开的话题，但总体来

看，李盛奇的确成了体制之下第一个吃螃蟹的人，他是作为改革开放的一个成功注脚而出现的。

与此相反，在《暗香》（2010年）、《刺眼的阳光》等影片中，这一批经历过改革前后的北京土著却生活得不尽如人意，这尤以《老炮儿》中的六爷形象为代表。六爷在找儿子晓波的过程中卷入了与小飞的纠纷之中，在一次次交锋中他逐渐意识到，如今这个时代已经不是他所熟知的时代，以往固守的生活方式和坚持的江湖道义也不再为年轻人所接受——不仅是小飞一伙人的嘲讽，连儿子都对自己强烈地拒斥着。六爷的老友闷三儿总是不失时机地用口头禅对周围的一切做出注释："这群崽子下手没轻没重的，不像咱以前那会儿。"面对老北京的江河日下，六爷态度是强硬的，内心却是无奈的，在"道上"、儿子和自身面前，都形成了新旧对峙的局面。六爷虽一直在用传统的规矩抵抗来势凶猛的多变现实，却在新时代和社会变革下无能为力，片尾他将检举信寄给中纪委，就构成了这一人物的最大反讽，抛开其中的意识形态色彩不谈，六爷最终妥协地采用了另一套"新的规则"。正如影片中最大的隐喻——圈养的鸵鸟逃进城市，获得片刻自由，但这里终究不是它的归宿，这正对应着胡同里的老炮儿在社会转型过程中的迷茫。

《老炮儿》在叙事策略上的可取之处在于：影片以土生土长的北京人六爷为叙事核心，有层次地将社会转型过程中的个体与人、与时代之间的冲突铺展开来。这种冲突包括了三个方面：以"父子"为代表的代际冲突；以"贫富"和"官民"为代表的阶层冲突；以及以"江湖"和"法制"为代表的规则冲突。经历过江湖历练的六爷面对任何人和事都显得不怒自威，唯独在处理与儿子的关系时他深刻感受到了自身力量的式微、作为父亲的权威的缺失；儿子张晓波直呼自己的名字"张学军"，并大喊"你不是我老子"，从未叫过他一声父亲或爹。相反，六爷面对儿子的怒火甚至认耸般地要叫儿子"爹"乃至下跪。这种父子冲突进而被扩大为两代人之间的矛盾，"没大没小""小兔崽子""不知深浅"这样的词汇使用正暗示了老一辈人感受到年轻人渐渐不受自己掌控，只能在语言上夺取主动权。当六爷卷入了儿子晓波与小飞的纠纷中后，小飞背后巨大的财富和政治背景也一步步揭开，法拉利车门上的一道划痕将他们划分为贫富两个阶层，一份银行账单区分开了官民属性，正如小飞称呼六爷等人"你们这些小老百姓"，一件个人私事在阴差阳错下演化为两个阶层之间的对立。而对于这种矛盾的处理方式，引出了电影最深层的规则冲突。霞姨规劝六爷报警，“现在什么时代了，您那套不灵了”，但是六爷却将报警与不仁不义画等号，坚持要自己解决，抗拒法律的权威和程序性，他有着自己的规矩，“打架斗殴也是江湖，都讲理”。灯罩儿因摊贩被没收和城管起了争执，被城管扇了一记耳光，六爷替灯罩儿认错赔了撞车的钱，但也象征性地回了城管两记耳光，这是他强调的“合理合法”。可以说，六爷为人处世的价值观，最终都落脚在江湖义理之上。

无论是哪一种冲突，说到底还是归于时代变迁下的个体与周围环境的冲突。六爷可以强横地用武力教训不知天高地厚的“生瓜蛋子”，但是当他在这些年轻人钟爱的风驰电掣的改装车上因无法承受飞快的速度而呕吐时，他渐渐意识到，自己已经对这个时代“晕车”了，文化与价值观的变迁让六爷产生了巨大的落差感，而闷三儿的一句“现在人都变了”恰恰是这群人内心最真实的注脚。他按二十多年前的地址寄信，被人嘲笑“没宣武区了，都合西城了！”和儿子从医院出来，坐在回家的出租车上，看着卡车、隧道、巨大的钢铁建筑物从眼前一闪而过，纵然如六爷般的硬汉也不禁在墨镜的遮掩下落泪。对于他来说，曾经熟悉的一切远去了，自己也渐渐老去了。从某种意义上说，《老炮儿》是80年代以来北京电影的一部“续集”，六爷曾在影片中提到自己“奔六”，向前推算时间，他恰恰和电影如《顽主》(1988年)、《北京，你早》中活跃于20世纪八九十年代的青年是一代人。在那样的年代里，作为青年的他们也和上一辈有冲突，“在固执的父辈眼中，他们不务正业；在道貌岸然的德育教授看来，他们需要被教育、被拯救；在建立秩序维护稳定的街道领导的视野里，他们必须被关注监督”。不同的时代、不同的个体，造就了相异的想法和选择，《顽主》中的三人坚持创业，而《北京，你早》中的邹勇强放弃下海经商，屈服于父亲的权威而子承父业，当了公交车司机，正如六爷坚持着“老祖宗留下的东西”。邹勇强父子的观念对立难道不正对应于六爷父子的对峙吗？他酒后一语道出了内心身为父亲的期盼：“我就希望你好好地结婚，生个儿子。”当下的青年人以晓波和小飞为代表，他们的价值观与六爷们完全不同。当六爷问：“我还是理解不了，你们既不图钱，也不图女人，到底图啥？”晓波调侃地回答：“图乐。”每个人都是特定时代的弄潮儿也是坚守者，无法超越自身的局限，起着应有的承上启下的作用。

这种承上启下，呈现在电影中，一定程度上体现为冲突的融合与和解。片中的鹦鹉具有一定的指涉意味，六爷称呼它为“波儿”，证明它是儿子不在场的替代物，而当晓波也养了一只鹦鹉，其学会的叫声从“六爷”变成了“爸”，无疑是代替了晓波喊出了对于父亲的称谓，父子关系在此第一次得到了完整的确立。而小飞向六爷道歉则更具有代表性，从小飞说“你有你的规矩，我们也有我们的规矩”，到两人约定用茬架来解决问题，两人握手的一刹那，不同的代际、阶层，虽不能说化解了冲突，但至少在相同的“江湖”这个场域和“义理”这个逻辑之下进行交流和互动，打架这一行为本身构成了某种意义的和解。更重要的是，父子俩曾说笑的关于“聚义厅”酒吧的设想（太师椅、老虎皮等物），在故事的最后得到了实现。酒吧代表了现代都市生活体验，胡同代表了老北京的传统地域特色，“聚义厅”代表了江湖规矩与文化，三者汇聚、融合在一个时空当中，呈现出一幅传统与现代交织、时代与时代碰撞的复杂景观。

然而当我们深入思考其中的逻辑又会发现，这种“大融合”式的解决办法也暴露了其内在的矛盾：影片大费周章地书写当代多层次的社会冲突，最后却又回到原点，理想地忽视或者说遮蔽了这种复杂性（比如片中父子关系的修复建立在父亲的不在场之上），以至于使得上文论述的第三层“江湖”与“法制”间的冲突更加凸显：六爷既然选择了用自己的、江湖的办法来解决矛盾，为何还要向中纪委写举报信？他说“有些事儿，咱还得办”，声称举报“不叫报警”——然而两者本质上是相同的，即依附于权威的社会规训力量。除了制作本身的意识形态色彩之外，我们不禁要问：六爷到底选择了哪一种“规则”？这也许可以解释为六爷对时代的妥协，但人物的双重逻辑还体现在其他方面：六爷经常警告年轻人嘴里不要蹦脏字，但是他和他的伙伴们却时常不自觉地脏话连篇。可以说，人物行为的双重逻辑来自于其价值观上的暧昧，我们不禁要问，这个被挂在口中的“江湖道义”到底是什么？其自身的合法性和正义性在哪里？“道义”不等同于法律，却也不同于常识中的社会道德：在影片开头，当小偷将钱包扔进垃圾桶时，六爷对其的要求是把其中的身份证件寄给失主，对于钱财却不闻不问，末了还自己评论道“这才讲究”。在笔者看来，对证件和钱财（均为失主的物品）区别对待，对违反社会道德乃至法律的小偷讲“职业操守”，恰恰是其价值观上的不讲究和不彻底之处，老北京的地域文化和江湖道义之间并不能画上等号，对于前者渐渐消逝的担忧并不能为后者提供存在的合理合法性。

拍摄于20世纪90年代的《北京，你早》的可贵之处在于，其关注社会变迁对人们日常生活和精神状态的冲击。诚如导演张暖忻对影片的阐释：“表面上看来它反映的是日常生活中的琐碎小事，实质上体现了当今中国社会人们生活中的大主题，改革开放时代的大主题。在社会变革大潮中人人都面临着自身固有位置的倾斜，原有的价值观念的破灭，产生了精神上的困惑与苦恼，在一如既往的生活流动中潜伏着不平静的暗流，那是一种内心深处的不安与躁动。”[①] 影片对已然逝去的、现在发生的、行将到来的种种变动都有细致入微的观察，在波澜不惊的讲述中有对现代性的认知与反思，这是影片时至今日仍旧有社会意义和文化价值的关键所在。反观近十年来的电影，在消费主义大行其道的现实语境中，怀旧诚然能唤起人们对城市的别样记忆，但鲜有深刻反思社会发展现状的作品，诸多影片的价值观更是经不起推敲。《老炮儿》价值观的暧昧除了在对立面之间摇摆、自身定位模糊之外，还存在于人物行为背后暗含的政治立场上。影片的高潮段落是六爷身穿军大衣走向湖对岸，其形象是威严而富于悲壮意味的，但一旦分析道具所暗含的深刻意味，那么他行为的立场是经不起推敲的。80年代初开始，军大衣作为军人的象征开始在国内流行，即使在抗日战争时期也有将缴获的日本军大衣当作荣誉奖励给士兵的例子，而六爷手中的武器则从车钥匙锁变成了一把刀——当他手持从日军手上缴获的、从老一辈传下来的日本军刀冲向对面时，两件具有强烈历史痕迹和战争属性的物品便将这场“斗争”升级为一场“战争”，我们不禁要问，他的敌人是谁？这当然不是两个代际之间的战争，正如上文所言，当两者做出共同的约定时，这种矛盾已经在一定程度上和解了。那么很明显的是：六爷冲向的只能是一个和他对立的阶层，富人或者为官者。但是对这样的动作是需要提出质疑的，将御敌抗外的战争武器指向自己的同胞，并不能解决反而会激化这种矛盾。因而在这里，价值观的无意识值得警醒和反思。

---

① 张暖忻.《北京，你早》导演阐述［J］. 当代电影，1990（6），第53页.

李盛奇和六爷就像生活的两极，在他们中间还存在着更具广泛意义的北京土著。如前文提及的，时代在北京人身上留下浓重的烙印，而北京人又用实实在在的生活回应这种社会变迁。陈宇执导的《蛋炒饭》（2011 年）中的王大卫担任的正是这样一个镜子式的角色。20 世纪 70 年代，尼克松访华，王大卫和苏茉莉、李红兵正在胡同里疯玩，王大卫书包里还藏着块砖头要替李红兵报仇。之后“四人帮”倒台、改革开放到来，李红兵出去闯天下，苏茉莉出去唱歌，只有王大卫还在胡同里做着蛋炒饭的梦想。金融危机到来，苏茉莉成了著名歌星，李红兵成了大老板又破产，王大卫还在饭店后厨当杂工，我们在王大卫身上仿佛看不到时代的影响。王大卫经历了从 20 世纪 70 年代以来的一系列国内外重大时事，但他本人似乎一直处在一个懵懂的儿童状态，可以看到导演希望通过他的不变来反衬时代的变化。《蛋炒饭》整部影片都在新闻事件和人生经历中交替进行，这种叙事自然令人想到了《阿甘正传》（1994 年）这部杰出的美国电影，然而，从故事的感染力及对主旨表达力度而言，《蛋炒饭》并没能像《阿甘正传》一样，在观照时代大背景的同时，浓墨重彩地书写那些有尊严的生命个体的故事，引导观众完成对历史的反省。事实上，当王大卫这一角色仅仅作为时代镜子这样一个表达工具时，其本身作为一个人、一个社会个体的属性被大大削弱了。

二、进城农民：农村还是城市的徘徊与抉择

农村向城市的人口流动一直是社会各界广泛关注的热点议题，这也在近几年的电影中有所体现。这些影片所塑造的农村人形象在进城前后迥然不同，两种生活方式，两种价值理念，形成了一种张力，从中反映出城乡对立的社会问题依然没有得到很好地解决，而这不仅是制度层面的痼疾，更关乎长期积聚的社会心理症结。

影片《云下的日子》把背景放在了改革开放初的 1980 年。片中的福来和强生两个孩子，因为偶遇开汽车的解放军叔叔，对山的那边——城市产生了浓厚的兴趣，和其他孩子一样，他们从小就被灌输一种思想：好好读书，考上大学，城里就有你的饭吃了。于是找了个机会，两人一起离家出走，要去看看繁华的城市。在路上，他们遇到了北京的下乡知青于小雅，她抛弃这里的一切，要回北京。她对城市的向往说在嘴里，写在脸上。这让这两个小

孩，对城市更生出无限的幻想。终于来到了向往已久的城市：拥挤不堪的街道、国营服装店、脚踏车、电影《小花》(1979年)，乃至穿喇叭裤在街上流窜的青年们，这些并没有让他们表现出喜悦与兴奋。相反，城市的车水马龙，让孩子们不知所措。于是，在城市兜兜转转了一圈后，强生决定回去，他“看不懂这里的人和事”。接着小狗大龙来了，它要带领厌倦城市的强生回家。但不幸的是，为了救强生，它被汽车碾死了。影片以汽车开始，它引起了孩子们对城市的向往；又以汽车结尾，它碾死了大龙——强生最亲密的伙伴。汽车以及它所代表的城市文明，再也引不起强生的兴趣。他倔强地拒绝路人用车把他送回家，独自一人跑到山上，走回自己的家。影片中的人物从对“山的另一头”的城市生活的幻想，到最后选择离开城市回到村庄，在众多“去北京”的电影中，这个“离开北京”的动作格外引人瞩目而发人深省。

银幕上对城乡落差的描摹方式大致有两种，一种是紧密勾连沉重的社会问题，另一种则将当代消费文化的因子——“欲望”与“取乐”掩藏在叙事之中。《云下的日子》是对20世纪末农民进城的一种反思，网络大电影《山炮进城》(2015年)系列则可以说是“赵本山”式娱乐小品的集中体现。故事的喜剧张力几乎全部来自城乡的二元对立。《山炮进城》从本质上说塑造的还是城市人臆想的老农民的刻板印象：没有文化，对这个世界一无所知，用拳脚解决问题。即使其内心无比单纯质朴，但刻画方式还是丑化的，北京仿佛一面“照妖镜”，照出他们的“俗”和“蠢”。影片一开始便是一段令人头晕目眩的现代繁华北京镜头的快速剪辑，配上网络时代特有的社交软件聊天界面，这些和二英与她爹在院子里晒玉米棒子的场景形成鲜明的对比。亮哥登场的造型是花衬衫加红领带，而男主角大海更是蘑菇头、红鼻子，给喜欢的女生二英送猪，还在猪身上喷香水。当四人无意中闯入北京的某处抗日剧拍摄现场时，因为爆炸和枪火的逼真而信以为真，在群众演员的喧哗中惊恐地坐在地上。然而即使与这座城市格格不入，即使被骗、差点被强奸，二英还是拒绝了大海回老家的请求：“就这么回去我不甘心，我想参加新人大赛。”经历了这么多，北京对她来说还是充满着巨大的魔力和诱惑，让她欲罢不能。

无论是保姆还是农民，在这两种形象的背后至少反映了两个层面的问题：首先是角色进入北京——体现了在资本和市场的冲击下，现代都市中人们对于消费生活极度渴望的社会心理；其次则是角色形象本身——其所对应的现实生活中的人群变成了消费对象本身。对于城市电影来说，其原本建构的城市景观和居住者形象与现实生活中的城与人有着紧密的对应关系，然而在上述两个层面现象的影响下，这种对应关系瓦解了，正如波德里亚想要表达的，形象的所指被终结，留下空洞的能指，而北京这一本身充满大量内涵、社会关系的形象被商品化，伴随着其他的符号和虚构物，“最终导向了生产型社会的反面”[①]，在资本的市场中毫无意义地流转着。

三、北漂一族：游走在城市边缘

近十年的电影中，关于北漂一族，和进城农民相类似，呈现出两种截然不同的形象。一种是出入职场的办公室白领，被恋人抛弃、被同事排挤、被老板痛骂，人生进入最低谷，在内外因的驱动下完成了心灵的成长，最终走向了光明的未来，俨然成为一种人物塑造的固定模式，如上文中提到的《你是哪里人》《财神到》等影片，对于这些人物而言，生存从来不构成真正意义上的问题。另一种则是处于社会边缘的底层青年，没有高学历、没有贵人、没有奇遇，有的只是内心一团理想的火苗与现实的巨大困境之间的相互撕扯。2009 年，廉思所著的《蚁族：大学毕业生聚居村实录》一书问世，引发了社会各界的激烈争论。“蚁族”概念第一次被提出，再一次让北漂的青年们以更直接的方式呈现在大众的视野中，而对于近年影片中塑造的北漂形象来说，两个问题犹如阴霾笼罩在头顶：话语权的缺失和融入北京的困难。这里的融入，并不仅仅指涉物质化的生存空间，更多地关乎精神领域的契合。

张元的影片《有种》和他 20 年前创作的《北京杂种》（1993 年）有着血缘上的亲近：醉酒、爆头、劈腿、失业、失身……两部电影都表现了年轻一代身心经历的成长阵痛和梦想失落，生存空间的逼仄和他们的挣扎。不同的是，《北京杂种》通过崔健的嚎叫，直抒胸臆地呐喊出他所代表的一代

---

① 汪民安 . 步入现代性 . 现代性基本读本（上）[C] . 汪民安 等编 . 开封：河南大学出版社，2005 年，第 24–25 页 .

人心中的愤愤不平和巨大的失落感，而《有种》则更显拷问现实的叙事野心，试图观照当下都市青年的生活和精神世界所遭遇的前所未有的困境，在银幕上进行一场绝对写实的现场直播。张元的镜头不只关注某个主要角色，更多地是对北漂一族的群像描写，或者说每个人都是典型的。和贾樟柯电影中迷茫的、徘徊的底层青年相比，张元作品中的人物更病态、更趋于自我毁灭，他对糜烂的生活、底层北漂的描绘带有毫不掩饰的抒情，甚至赋予了诗意。影片开场，就有一个北京大爷嫌弃地说：这么没素质，肯定是外地的。“外地的”标签在整部电影里随处可见。外地来寻找梦想却陷入生活泥潭的三宝和王铭，不愿与家里联系的小诗，避走外地的苏莫，离家出走的小霞，打拼成功的大哥……北京本地人在电影中的标签就是交通协管员大爷和房东大妈。最后三宝在被拆掉的租屋废墟上拥抱 lucky，平房废墟和背后的高楼大厦形成鲜明对比。影片中的人物就像这片平房废墟，在现代化的城市中显得格格不入，一直在与拆除做无谓的抵抗。影片中每个角色从头至尾只有一套衣服，也显出了北漂一族的局促和寒酸。电影中的歌词这么唱道，“面带着微笑和人们一样仍在这世上活着，做好了准备，真话、假话、废话都他妈得说着”，然而在片中，三宝的失语是底层青年失去话语权的具象，而夜晚是个舞娘的小诗，在白天则是一个絮絮叨叨的诗人，他充满了表达的渴望，但却没有人愿意听他说。20 世纪 90 年代以来的一批新都市电影“以转型期形形色色的社会边缘人为对象。他们身份卑微，受教育程度低，生活困顿。……更为重要的是，由于这些常常由非专业演员扮演的人物形象与导演和观众处在相同的时代和社会空间中，所以这种电影构建了一种特殊的现世性，常常展现着当下的社会现实。对于它描绘并赋予意义的社会情景而言，它既是共生的伙伴，又是一种批评的形式”[①]。《十七岁的单车》等影片对北漂生活的描摹之所以令人印象深刻，离不开其对时代语境的深切观照，那种冷静、理性的反思与叩问恰恰是包括《有种》在内的许多电影所缺乏的精神气质。张元在《有种》中试图对北漂和边缘青年生活境况和精神世界进行写实的描写，但其极尽笔墨，以一种反抗现实的姿态书写青年们对于现代化的

① 张真 编．城市一代：世纪之交的中国电影与社会［M］．上海：复旦大学出版社，2013 年，第 3 页．

城市的疏离感、被北京本地居民瞧不起的排挤感的同时，又沉迷于一种脱离现实的、自说自话的表达，自觉不自觉地投注了一种缺乏深刻反思的同情乃至抒情的色彩，糜烂的生活从而被赋予了另类的诗意，却也与影片之外所对应的现实渐行渐远。

《后来的我们》同样试图勾勒、描摹北京青年的不易、心酸、迷失与痛楚。尽管影片在叙事逻辑和叙事节奏的把握上远远不够纯熟，但对北漂人群物质与精神双重困境的展示依然有现实意义。家庭穷困的女孩方小晓身无长物，学历也不高，却心怀一颗闯荡世界的心，咬牙坚持在北京打拼。2007年，在北京返回老家过春节的火车上，方小晓丢失的火车票被在北京读书的大学生林见清捡到，两人由此而相识，并一路发展为朋友。事实上，林见清并不符合方小晓"择偶"的条件。饱尝生活艰辛的女孩渴望通过恋爱、结婚来改变自己的命运，她一心想找个有北京户口的男朋友，迫切地需要获得一种足以令其在大都市扎根的身份。林见清虽然在京读书，但毕业后找不到与专业对口的工作，在形形色色的工作岗位间兜兜转转。尽管方小晓对林见清产生了一见钟情的冲动，但在强大的现实面前，她始终不甘心与林见清明确关系，始终幻想着靠嫁人来获得新生活。在一种别扭的、挣扎的、煎熬的关系中，两个年轻人深感生活的疲惫，心与心的距离越来越远。看似目标明确的方小晓，试图靠他人的拯救来逆转人生；始终混混沌沌的林见清，看不上他人的救助但自己又无力改变现实，两个人在十年里分分合合、吵吵闹闹，凭着一时的年少气盛不肯向现实低头，却终究不明白自己真正想要什么。十年之后的2017年，两个人在飞机上偶遇，才明白自己错失了许多，错过了许多。值得玩味的是，2007年初次相遇之后的故事，虽然琐屑零乱，但用滤镜烘托出的彩色画面跃动着青春爱情的美好。而2017年，再次相遇时，画面切换为黑白色调，暗示着两个人早已告别懵懂的青春，在浮浮沉沉的生活中早已学会了接受现实。《后来的我们》不乏处理得较为精巧的细节，遗憾的爱情故事背后还隐藏着对"回乡"与"漂泊"这一现实话题的思考，但过分抒情的段落破坏了影片的连贯性，其叙事上的硬伤也分明可见，煽情的故事终究因缺乏扎实的现实底色而难以产生打动人心的感染力。最重要的是，影片在时间跨度上长达十年，但北京城的变化，一座国际都市日新月异的时代感并没有被鲜明地展现出来。沉迷在自我怀旧的感伤情绪中，北漂生活场景的描摹缺乏真实的质感，对北京这座城市的建构也趋于符号化。

四、音乐青年：摇滚内核的转变

从《北京杂种》《头发乱了》中的摇滚歌手，到《冬春的日子》（1994年）中的画家夫妇，再到《柔情史》（2018年）中的女编剧，文艺青年一直是关于北京的影像（无论纪录片或电影）中重点塑造的对象，而在2010年以来的电影作品中，音乐人又处于更加突出的地位。20世纪80年代末到90年代中后期，崔健、唐朝乐队、黑豹乐队、魔岩三杰等，一批音乐人横空出世，可谓中国摇滚的黄金岁月。北京作为中国摇滚的发源地，这一盛况也反映在同一时期的北京电影当中，如张元的《北京杂种》、管虎的《头发乱了》张婉婷的《北京乐与路》等。这些电影刻画了一群摇滚青年的形象，在他们身上体现着社会变迁的痕迹，一方面，他们急于表达出对于社会、政治的批判，另一方面，又丝毫不掩饰自己内心的迷茫与困惑。正如有学者指出的，“北京所具有的传统性和现代性的双重文化特质成为摇滚电影表达叛逆青年分裂性和疏离性的重要契机与来源，同时北京空间在现代化和城市化过程中的拆迁与重建成为青年文化破坏性和颠覆特质的隐喻。”①

如前文所析，《蓝色骨头》是一个独特的异类，导演崔健作为20世纪80年代的摇滚教父，其在特殊年代经历的成长阵痛与影片随处可见的重重隐喻赋予了人物20世纪摇滚青年的气质，与当下的乐坛氛围形成了鲜明的对比。放眼当下，银幕上的摇滚记忆在浓郁的商业气息中愈加稀薄。诚然，每每提及“摇滚”二字，人们还会联想到独立和叛逆，然而纵观近几年与摇滚相关的北京电影，可以发现在这些新塑造的摇滚青年身上，曾经“摇滚”所拥有的内核正在不断被现实消解，或者说被新的时代气质所取代。

在电视电影《盛糖乐队》（2011年）中，摇滚青年与自我、社会的双重矛盾被弱化为母女间的冲突：母亲要女儿专心于工作，做一个高级面点师，而女儿则执着于自己的音乐梦想偷偷瞒着母亲和乐队排练。在母亲看来，唱歌是不务正业的，直到女儿的乐队获得了成功她才扭转态度并以女儿为骄傲。影片在类型上是商业元素的杂糅：青春、励志、喜剧，在人物塑造上则

① 陈涛．中国摇滚电影中的北京空间［J］．当代文坛，2016（4），第77页．

体现着流行的成功学价值观。与此相对应，另外的一些电影中主人公们为生活所磨砺，言行中透露出对现实生活的妥协与无奈。音乐人邢迪跨界导演的作品《爱在摇滚的岁月》（2013 年），根据十几年前北京音乐圈的真人真事改编。“地平线乐队”办一次演唱会的梦想一次次遭遇着意外的打击：成员出车祸、赞助人携款逃走。最终当他们站在比赛的舞台上时，比赛评委问邢迪和他的乐队，如果赢了会怎么样？邢迪说，继续生活。评委又问，要是输了呢？邢迪回答，还是生活。而在《飘来飘去》（2014 年）中，男主角杨峻羽更被刻画为一个向生活妥协的典范，他自视过高，执着追求原创音乐到偏执，当他与唱片公司闹翻被冷藏 5 年、再也没有公司愿意和他签约时，他自觉地放低了要求，只求唱片公司签他现在的女朋友，唯一要求是演唱他写的歌。当这也被无情地拒绝时，他的自信心又一次受到打击，竟然为女友去跪求唱片公司老总。最终，他主动选择了离开，去全国各地的酒吧巡演。对于杨峻羽来说，他需要被唱片公司认可；而对于林波丽和邢迪来说，他们需要通过商业比赛被认可。

可以看到，在《飘来飘去》等影片中，摇滚的独立精神是缺失的，批判特质也无迹可循。这些影片见证了摇滚和音乐在当下已经变成了时代潮流中的青春游戏，银幕上偶然闪现的影像纵然有对曾经的摇滚盛世的缅怀，其塑造的主人公也与改革开放之初的摇滚人相去甚远。在关于社会问题和时代症结的思考上，相比于《老炮儿》《闯入者》等将历史与现实困境放置在一个广大的时空中来审视，这些影片做到的只是呈现了一些现实困境，而没有对这种困境存在的缘由做更进一步的挖掘。

五、学生：青春与怀旧的话语

以学生时代为主要表现对象的电影数量在近十年间有着惊人的增长，这类影片往往以“青春”为主题，而相比于其他的青春题材电影，反映北京学生的影片还有一个明显的属性——“怀旧”，因而显得有些特别。片中描写的北京和学生往往带有特定时期（20 世纪八九十年代）的岁月痕迹，并且往往是对现实生活的一种映射——当影片中的学生成为步入社会的成年人，他们又有了新的困惑和无奈，对生活有了更深和复杂的理解。因而虽然这些影片存在着诸多的问题，但是能够引起一些观看者的共鸣。人们通过对学生这一形象的回忆与想象，完成了一次对于自我的“怀旧”与感动。

在赵薇导演的影片《致我们终将逝去的青春》和陈可辛的作品《中国合伙人》中，故事均发生在20世纪八九十年代的北京，主角们均为北京在校大学生。校园迎新、新生军训、翘课点名、文艺晚会、散伙饭等情节颇能引发观众的共鸣。“在这意义上，这两部影片的‘青春’又带上了特定时代和社会的青春痕迹，不仅成为导演凭借个性的叙述方式再创造出‘伪饰’的‘青春’，而且还以怀旧形式重构了观众的青春‘镜像’。”①

《致青春》中郑薇和她的几个室友个性迥异：郑薇敢爱敢恨、活力四射；阮莞温柔体贴但常常被伤害；黎维娟为了追求物质抛弃前男友；朱小北酷似男生，充满阳刚气。在生活体验上，一方面，影片中充斥着常有的情节套路，堕胎、车祸、退学、为了出国而分手等，另一方面，影片中的学生在某些程度上完成了“不可能”的幻想——张扬与叛逆，这也是学生时代所特有的。因而在上文中提到的曾经的摇滚青年所拥有而如今缺失的叛逆性似乎在这些学生的身上得到了一定程度的弥补。《致青春》中，郑薇在院庆大会上从原本要演唱民歌的院长教授手中抢走了主持人的话筒，演唱了一首李克勤的《红日》，顿时全场的学生沸腾了，当镜头摇过第一排的领导和老师们，我们看到的是一张张冷漠而尴尬的面孔。《红日》在当时代表着最为流行的香港歌曲，而歌名本身也象征了大学生的青春朝气、不知忧愁，至少在晚会这样性质的场域内，她敢于直接向权威进行挑战。

然而需要指出的是，这种叛逆存在着外部和内部两重逻辑。外部是观众和创作者的投射——对于学生时期话语权的渴望，内部则正是因为他们是学生，一旦脱离开这个身份，叛逆就不复存在了。多年后，当已经成为职场白领的郑薇参加老同学的聚会，没有了醉酒后的抱头痛哭，她所看到的只是炫耀富贵与遮掩贫穷，这证明青春的叛逆最后都会被社会化的过程所去除，如片名所表达的，所有人随着陈孝正吐出的烟雾对渐行渐远的青春报以深情却无奈的一瞥。

《七月与安生》中，七月与安生是一对自小玩到大的朋友。安生中断学

① 陈进武．青春镜像、成长修复与叙事的“缝合术”——以《那些年》和《致青春》为中心的考察［J］．东岳论丛，2013（7），第120页．

业离开老家前往北京找男朋友，男友是个摇滚青年，影片在以一段许巍的《方向》的音乐快进叙事中展开并结束了这段短暂的关于北京、关于音乐、青春和回忆的故事，之后安生因发现男友出轨离开了北京开始了全国各地的漂流。北京的这段影像写照从侧面映衬着北京文化中心的位置，事实上，自90年代以来，不少人都为寻找梦想而前往北京，许多人的青春在这里度过，北京也因此成为青春回忆的一个重要地标。

和电影中的北京城市空间相似，电影中的北京居住者形象也受到商业性的影响，在呈现方式上总体是类型驱动的，这样的模式有着自己的优势，它能够迅速地抓住特定人群的特点，如农民的简单纯朴、北漂一族的迷茫、学生的叛逆等，但也容易导致概念化、片面化，正如上文论及农民和北漂一族的形象上的极端和分裂。具体到北京居住者来说，其形象存在的问题在于内心描写的单一，即复杂性不足。面对北京日益加速的社会变迁过程，有人喜有人悲，但更多的普通人经历的是两种情绪的复杂交织。与空间的变化相对应，身处其中的个人的心理也应该是在时间上动态变化的，而目前的电影大多只是呈现出人物静态而特定的内心状态。

结语

顺应时代对于视听产品的需求，电影创作在北京的城市文化建设中发挥越来越重要的作用，而其自身也在市场经济的鼓舞之下，其产业、商业的属性有了极大的加强。“城市对电影的发展至关重要，影响电影的三个核心方面：制作、艺术表现和发行。各个城市都是电影制作的重要地点，充当电影的主题，为故事提供背景，还是电影发行和消费的地方。”梳理近十年的北京电影，不难发现，面对北京现代化的变革转型，北京人已逐渐走出了抉择困难的旧语境，进入艰辛适应的新阶段，对这一心理状态的关注已成为银幕上常见的表达。然而在巨大的资本浪潮的裹挟和急速推动之下，大部分影片所塑造的人物似乎又开始沉溺于物欲享乐中，尽管其精神世界仍旧不乏被关注的渴望，但内心深处那种对于阵痛的敏感却渐渐麻木了。从城市电影反映都市人的心理状况这一角度来看，泛娱乐化色彩愈发浓重。这一现象的出现一方面是电影生态内部的原因：大量商业院线的建立对于快节奏影片的需求，这背后是本土消费文化的形成和确立；另一方面，这一现象则是受到社会多重因素影响而形成的。

因此，这也印证了本文的出发点：北京城市文化的内容及其变化深刻地影响北京电影中城市景观与人物形象的塑造，而影像中关于北京城市的描摹和北京人内心世界的书写，又生动地折射出北京所经历的时代变迁。而真正生活在这座城市的人们，作为电影的创作者和观众，作为城市文化的承载者和建构者，将电影和城市相勾连，既不能丢下回望历史的自我反省，也需要摸索着时代的脉络继续向前走下去。

参考文献

[1] 鲍德里亚 . 消费社会 [M] . 南京：南京大学出版社，2000.

[2] 陈晓云 . 电影城市：中国电影与城市文化（1990–2007）[M]. 北京：中国电影出版社，2008.

[3] 秦喜清 . 西方女性主义电影：理论、批评、实践 [M] . 北京：中国电影出版社，2008.

[4] 路春艳，中国电影中的城市想象与文化表达 [M] . 北京：北京师范大学出版社，2010.

[5] 张英进 . 明国时期的上海电影与城市文化 [M] . 北京：北京大学出版社，2011.

[6] 张真 . 银幕艳史 [M] . 上海：上海书店出版社，2012.

[7] 路春艳 . 影像中的记忆——20 世纪 80 年代末以来电影中的北京 [J] . 北京社会科学，2009（05）.

[8] 陈宇，郑洞天，王人殷，王宜文，吴昊 .《蛋炒饭》[J] . 当代电影，2011（07）.

[9] 陈进武 . 青春镜像、成长修复与叙事的“缝合术”——以《那些年》

和《致青春》为中心的考察［J］. 东岳论丛，2013（07）.

［10］王一川. 时代精神的抽离与变形——从《中国合伙人》看改革时代的文化价值建构［J］. 当代电影，2013（07）.

［11］周雪花. 陈力红色电影叙事的裂隙与实验——从《湘江北去》中的"湘江"与1925说开去［J］. 电影评介，2013（05）.

［12］王小帅，赛人.《闯入者》——无从救赎的后文革记忆：王小帅访谈［J］. 电影艺术，2015（03）: 101.

［13］陈涛. 中国摇滚电影中的北京空间［J］. 当代文坛，2016（01）.

［14］周南焱. 全市电影院总数已达169家［N］. 北京日报，2015-12-3（15）.

［15］李道新. 升降之间的生之魅惑——《邪不压正》的俯仰美学与姜文的深微性灵［J］. 当代电影，2018（09）.

参考片目

序号	片名	编剧	导演	年份
1	《财神到》	阮世生	阮世生	2010
2	《暗香》	黄广生	李威	2010
3	《非诚勿扰2》	王朔 / 冯小刚	冯小刚	2010
4	《杜拉拉升职记》	王芸 / 赵梦 / 徐静蕾	徐静蕾	2010
5	《湘江北去》	王青伟	陈力	2011
6	《你是哪里人》	蒋旭	蒋旭	2011
7	《蛋炒饭》	陈宇	陈宇	2011
8	《云下的日子》	闫然	闫然	2011
9	《盛糖乐队》	贾舒颖	林小莉	2011
10	《将爱情进行到底》	沈巍 / 邢爱娜 / 某小丫 / 黄子珈	张一白	2011
11	《失恋33天》	鲍鲸鲸	滕华涛	2011
12	《大碗茶》	马泉来	潘镜丞	2012

续表

序号	片名	编剧	导演	年份
13	《有种》	孔二狗 / 李昕芸 / 杨翌舒 / 张元	张元	2012
14	《搜索》	陈凯歌 / 唐大年	陈凯歌	2012
15	《宫锁沉香》	于正	潘安子	2013
16	《毛泽东与齐白石》	王青伟	史凤和	2013
17	《中国合伙人》	周智勇 / 张冀 / 林爱华	陈可辛	2013
18	《夜店北京 1》	张朋	张朋	2013
19	《夜店北京 2》	张朋	张朋	2013
20	《刺眼的阳光》	刘郁	刘郁	2013
21	《蓝色骨头》	崔健	崔健	2013
22	《爱在摇滚的岁月》	李延亮	邢迪	2013
23	《致我们终将逝去的青春》	李樯 / 辛夷坞	赵薇	2013
24	《闯入者》	王小帅 / 方镭 / 李非	王小帅	2014
25	《房子》	马军	马军	2014
26	《欲望保姆》	刘婕然 / 于斌 / 申鑫	柏宁	2014
27	《飘来飘去》	李灌洪	李灌洪	2014
28	《北京爱情故事》	陈思诚	陈思诚	2014
29	《新步步惊心》	王莉莉 / 老晃 / 李洋 / 张小北	宋迪	2015
30	《大变局之梦回甲午》	孙钦军 / 冯宇熙 / 郑晓翀 / 邓芸	刘全玮	2015
31	《老炮儿》	管虎 / 董润年	管虎	2015
32	《山炮进城》	索墨 / 冯成龙 / 陈雷	崔俊杰	2015
33	《山炮进城 2》	索墨	崔俊杰	2016
34	《七月与安生》	林咏琛 / 李媛 / 许伊萌 / 吴楠 / 庆山	曾国祥	2016
35	《邪不压正》	姜文 / 何冀平 / 李非 / 孙悦 / 张北海	姜文	2018
36	《中国合伙人 2》	茅越之 / 祝上 / 左志勇	刘亚当	2018
37	《无问西东》	李芳芳	李芳芳	2018
38	《柔情史》	杨明明	杨明明	2019
39	《决胜时刻》	何冀平 / 黄建新 / 王青伟	黄建新 / 宁海强	2019

续表

序号	片名	编剧	导演	年份
40	《我和我的祖国》		陈凯歌 / 张一白 / 管虎 / 薛晓路 / 徐峥 / 宁浩 / 文牧野	2019

第二部分
北京故事：北京题材电视剧创作与都市文化书写

中国电视剧诞生至今已有六十年之久，一个甲子之间，从黑白粗粝到彩色精细，从固定场所到移动终端，从单向接受到多屏互动，折射审美流变，记录社会变迁，书写文化记忆。在这个过程中，城市历史发展和文化风貌变迁成为中国电视剧地域性特征的标识，述说着人们的情感体验和思想流变，发掘共同记忆，形塑地方文化，于是，基于地域文化特质的题材内容在电视剧创作中渐趋明显，进而成为电视剧批评的任务之一。这类电视剧述说了人们关于所处地域的共同记忆，其建构的各类人物形象、描摹的多种地域空间，凝结了别具一方风味的生活方式、社会心理和文化传统，这是中国电视剧创作中极具甄别意味的文化现象。

城市，既是实在的地理区位，又是抽象的文化居所，其空间价值辐射了历史和现实的双重面相，故而成为文艺创作的热门题材。在中国，自 20 世纪 80 年代起剥离沉重的政治化意图后，电视剧的创作得到了迅速发展。而北京，作为京派文化的源头，因其历史、政治、经济等各方面的中心地位，以这座特殊城市为背景创作的电视剧更是类型多样，内容极其丰富。随着北京城市化进程的加速，自 20 世纪 90 年代初期到如今近 30 年的时间里，北京题材电视剧作为映照城市历史变迁的镜子，承载着丰富的都市文化内涵和世俗精神文化风貌。在这期间，电视剧创作者们聚焦不同时期的北京都市生活，创作出诸多制作精良、品质优秀的电视剧作品，而那些经典作品已然成为北京特定年代的都市文化符号。

以下选取20世纪90年代以来聚焦北京城市生活，讲述城与人的故事，浓缩了家国历史以及个人成长历程的电视剧为研究对象，通过对题材选择及类型分化等方面的分析，探讨电视剧如何展现北京这座城市浓缩的时代变迁与社会心理，并尝试探讨电视剧的传播与都市文化的相互影响。

总体来看，20世纪90年代，北京题材电视剧在政策红利、市场向好的整体态势下稳步发展，特别是年代剧的规模和质量都可圈可点，不乏上乘之作。2000年以后，北京题材电视剧在内容方面存在两个显著的变化趋势：第一，在保证地域特色的同时，加强了对普遍社会现实的指涉。这种变化与北京的重要地位联系紧密，它作为首都，具有一种全民族的象征性，其变化也贴合着整个中国社会的变迁。此外，北京拥有丰富的政治、经济资源，机遇与风险并存，它一直是人们生活与奋斗的指向标。第二，空间呈现和人物设置从对历史的回溯转向对新时代的反映。如电视剧中的城市，从战火纷飞、狼烟四起的老北京城，到富于市井气息的胡同巷子、四合院，再到高楼林立的现代化大都市；又如电视剧中的人物，从旧时代中命运曲折的英雄与小人物，到忙于家庭琐事、人情世故的小市民，再到如今奋斗与迷茫并存的都市青年。在电视剧里，城市与人物呈现出一种既相互融合又彼此对立的矛盾态势，而社会的价值规范和伦理观念就在这种矛盾构造的张力之下波动、革新，挣扎于其间的人物不断地进行自我确证，寻得现实支点和内心平衡。

第一章　北京题材电视剧的文化基因与市场环境

文化基因渗透在一个民族的血脉之中，穿越时空凝结成人类共同的历史记忆，历经传承、反思、变异等不同的现实境遇，在这个过程中，哲学思考、历史佐证、文艺创作等都是有迹可循的文化实践。北京题材电视剧的创作就是在深厚的文化基因的浸润下，依凭内容富矿和美学传统在电视剧产业规模化的过程中独树一帜。“作为将城市文化、人文景观、行为主体紧密结合在一起的地域文化，‘京味文化’一直以来颇受关注且成就斐然，形成了独特的审美风格、文化底蕴、思想内涵，在构建北京城市想象共同体、实现城市文化认同方面功不可没。老舍笔下的小羊圈胡同、陈建功小说中的鬈毛、王朔书写的部队大院、刘恒塑造的贫嘴张大民，承担着人们对北京的城市想象与文化观照。京味文化一直承担着书写处于变革洪流中的北京城市空间、塑造生活于其中的北京。”①

作为映射社会文化生活的精神地图，国产电视剧自 1958 年的《一口菜饼子》诞生以来，已经在复杂多变的社会环境中走过了 60 多个年头。相比世界电视事业的发展进程，虽然中国电视剧在起步上晚了 20 多年，但是经历了 60 多年的变革和发展后，不仅拥有了世界上最大的电视剧收视群体，国产电视剧的类型也呈现出异彩纷呈的多元发展态势。北京题材电视剧的创作不仅留下了许多丰富、深刻的荧屏形象，在社会中产生了深远的影响，而且在都市文化发展中的作用更是不容忽视。其历史价值与审美旨趣拓展了剧作的意义空间，成为文化传承与美学体悟的有效路径。

第一节　“京味”文化基因与影像气质

文化是有生命力的，它不仅可以对政治、经济等宏大领域产生影响，也会以潜移默化的方式渗透到日常生活中，不同民族都有其与众不同的文化基底，其中蕴藏着本民族的历史进程和共同记忆，同样，地理区域的稳定性也使其在历史发展的进程中承载着某种特色鲜明的地域文化，折射出生存于这一特定空间中的人们长期以来积存的生活经验以及沉淀下来的精神气质。“京味”文化便是在北京这座城市成为皇都之后，随着历史浮沉而经历的繁华衰败、荣辱沧桑中逐渐汇聚而成的。“京味文化的形成和发展经历了漫长而辉煌的历史。作为北京历史文化的重要组成部分，在北京源远流长的历史发展过程中，京味文化作为一个整体，得以逐渐形成。特别是北京在成为古代都城之后，皇家宫廷文化、传统士人文化、不同宗教文化以及市井草根文化等多种文化形态相互交融、影响。”②

“京味”文化厚重的历史资源成为艺术创作的宝库，其中浓缩的民族兴

① 周春霞 . 京味电视剧的回忆空间与文化乡愁［J］. 当代电视，2019（08），第 49 页 .

② 刘勇 姚舒 . 谱系学对研究京味文化的意义［J］. 北京联合大学学报（人文社会科学版），2013, 11（04），第 6 页 .

亡、朝代更迭、家运盛衰、个人成败，在文学、影视作品中成为意蕴丰富的故事模型，时至今日依然是意味多元的言说对象。20世纪80年代中后期兴起的文化寻根热潮中，京味文学更是表现出美学和商业的双重高峰，这也为京味影视创作提供了丰富的剧本资源，在这样的文化语境之下，京味影视作品体现出风格独具又丰富多元的地缘文化景观，其中承载的历史想象与现实映射不仅记录了可触摸的城市本身的现代化进程，也言说着这一进程中人们兴奋激昂、迷惘失落的律动心理，这些都构成了京味影视作品清晰可辨的文化质地，使其在“京味”文化体系中成为颇具学术价值的研究对象。

从美学风格来看，宏阔气派与市民精神构成京味影视作品的两种气象。皇都历史赋予北京这座城市天然的大时代风貌和无与伦比的宏阔气象，这是历史剧、年代剧题材类型的必然选择，进而使得乱世中的家国情怀、英雄抉择成为基本的故事核心，于是，纵向的时间跨度铺排出历史的壮阔与悲情、家族的庞大与失势、英雄的诞生与消逝，在这个过程中也凸显出中国传统文化中的人性观、生命观。相比之下，市民精神作为另一重美学风格，是对皇城百姓在各个历史阶段的日常生活的细微描摹，生活在政治中心的普通民众对时代和个人的关系看得清晰而透彻、淡然又机智，有时求生本能胜过一切，有时也会爆发出以卵击石的悲情抗争行为。

从空间呈现来看，大院、胡同是北京题材的年代剧的主要场景，有的作品索性就以建筑空间来命名。这些极具代表性的居民生活空间，也是弥漫着浓郁地域文化气质的精神生活空间，构成人与人之间情感联结的空间成因。这些与城市居民生活息息相关的典型建筑与街区、道路等空间，共同组成“京味”十足的文化符号，经过影像呈现之后，直观地唤起观众关于历史、关于城市、关于人的共同记忆，于是，空间便具有了明晰的价值趋向和意义指涉。与年代剧中这种传统的空间设置形成对比的是，城市建设的现代化步伐加速之后的新北京城，高楼大厦林立，胡同大院已被冰冷的建筑机器埋没、吞并，新北京城与诸多现代化大都市的风貌日渐趋同，那些风格一目了然的京味建筑以及蕴藏在其中的文化意味已然被挤压殆尽。

在视觉景观之外，语言无疑是京味影视作品中的一大景观，语言和文化在某种意义上是标配，语言交流就是文化互动，而现代语言学更是把语言看作文化的本体，这远远超越了传统的工具论。京味语言被形象地称为“京片子”，抑扬顿挫，能侃、能“贫”，能油滑，幽默直接的语言风格与平实简朴的市民精神相呼应，其中的生存智慧跃然纸上。所以，在京味题材影视剧中对小人物的描写可谓入骨入味，只要一开口，就能捕捉到人物的精神内质。这种听觉上的审美体验将传统建筑空间产生的美学意蕴加以延伸和深化，形成京味影视剧风格的“圆融”之境。

在语言之外，音乐元素在京味影视剧中也是功不可没的。配合年代剧和家族戏的京韵大鼓沉稳厚重又有点惊心动魄，配合城市平民生活的舒缓曲调与日常生活的节奏相吻合，配合青春奋斗史的高亢激昂曲调述说着年轻人的迷惘和不甘。毋庸置疑，“配乐”已经成为京味题材影视剧的“标配”，暗示时代背景，铺垫人物命运，已然具备了叙事功能。那时候的创作者在音乐上的精心打磨是一种文化情怀，是对地域音乐文化的传承与书写。

城市在发展，在扩张，文化在呼应，也在反思。“京味”文化有着深厚的历史积淀，其内涵和外延都足以构成一个律动的复调集合，而关于“京味”文化的影像表达也在相应地做出更新和重写。在这个过程中，传统的“京味”逐渐消散，驳杂的文化面相在消费时代的北京城此起彼伏，碰撞融合。然而，关于文化基因与影像气质的思考还是在继续，因为其中对于人的观照，对于人性的考量，是影像表达的核心所在，也是不会过时的哲学话题。“不论作为文化场域或是政治舞台，北京在过去与未来、传统与摩登间的曲折发展，更点出现代经验下欲盖弥彰的时间与空间焦虑。在这里，该过去的并不真正过去，该发生的也未必准时发生。从民国的故都到人民共和国的国都，每个时代在北京留下片面光影，烘托出既新且旧的都市风景，也不断改变市民主体的特性。北京的‘城’学，也必须是北京的‘人’学。”①

第二节　北京题材电视剧的界定

三十年前，一个北京胡同里的故事感动了全中国，这就是电视剧《渴望》（1990 年）。虽然并不是最早的国产电视剧，但它第一次引发了万人空巷的奇景，男女老少围坐在电视机前，感受着荧幕上酸甜苦辣的生活。从

① 王德威.《北京：都市想象与文化记忆》序［J］. 博览群书，2005（02），第 86 页 .

此，可以说观看电视剧成为不可或缺的大众娱乐休闲方式，更关键的是，和电影、纪录片等记录方式类似，电视剧同样参与了人们关于所处城市记忆的书写，其建构的形形色色的形象在反映生活万象的同时，也积淀成特定地区的文化符号。

在电视剧研究领域，按地域流派来划分电视剧创作类型的做法在学术界并不鲜见，中国传媒大学吴素玲教授在《中国电视剧发展史纲》一书中，较早地提出了电视剧地域流派的划分，她把新时期以来所出现的具有浓郁地方特色的电视剧，划分成了“京派”“海派”“岭南派”“关东派”“西部派“山西派”，并对每个流派的创作风格和题材特点做了具体的分析。中国传媒大学高鑫教授在《电视艺术学》这本著作中，也专门讲到了电视剧的地域特色，并按地域文化的不同划分了“京派”“海派”“津派”电视剧，按创作风格的不同划分了“东北风”“西北风”“齐鲁风”电视剧。他在《现代传播》上发表的《试论电视剧的地域特色》一文，通过比较分析各地方电视台制作电视剧的文化差异，指出，“电视剧，是由电视台播出的一种重要的节目形态，而我国电视台是区域性的、地区性的……这种地域性，要求它必须通过多类节目形式为本地区的观众服务，办出具有地域特色的电视节目”。[①] 在理论支撑和实践探索的双重驱动之下，北京成了几十年来电视剧所反映和描绘的重要对象。同时，具有浓郁北京地域特色的电视剧也是目前国内极为重要、极为高产的电视剧创作类型。

北京作为历史深处的皇城古都和当下高度繁荣的大都市，在千百年的风雨历程中积存了城市形态、社会环境以及大众心态的变迁痕迹。这种痕迹在文艺作品中以十足的地域文化气质呈现出来，故有“京味”之说。“‘味儿’这种东西很难说，它是在人与城之间特有的精神联系中发生的，是人所感受到的城的文化意味。北京是一座有着3000多年历史的古城，又是自金以来近千年的都城，尤其是明清两代的造就，使得北京这座城市散发出了独特的味道……”[②]“京味”文化承载着北京3000多年的建城史和850多年的建都史，在复杂多变的时代进程中碰撞出异彩纷呈的艺术创作题材。近些年，一

① 高鑫．试论电视剧的地域特色［J］．现代传播，1991（2），第87页．

② 解玺璋．城市与出版社人的精神契约［J］．出版广角，2003（06），第11页．

批反映“老北京”特色的“京味”电视剧以及反映转折时期社会变迁的都市题材电视剧被搬上荧屏，引发了观众对时代变迁的感慨和对“京味”文化传承的思考。我们将这种以北京城市为叙事背景，讲述居住于其中的人的故事，具有浓郁北京地域特色的电视剧作为研究对象，统称为北京题材电视剧。根据“年代背景”和“故事内容”，又可将宽泛意义上的北京题材电视剧分为“年代剧”和“当代都市题材剧”两个类别。年代剧指的是表现近代历史上北京城市的风貌和世俗人情的电视剧，带有别样风韵的“京味文化”特色。对这一类电视剧的研究重点是在分析其如何呈现北京在不同历史时期的社会变迁，以及生存在社会中的不同阶层的人们多样的精神文化风貌。通过分析北京这座城市中“人物群像”的塑造和象征，论述特定历史时期下的大众价值取向、审美倾向、消费观念等多元城市文化特质。当代都市题材电视剧则包括反映当代北京都市生活的各种类型，如家庭伦理剧、青春励志剧等。近些年，传统家庭中的情感失落是都市生活的残酷面相之一，亲情的疏离与淡漠、原生家庭对个体成长的影响、老年生活与养老窘境等诸多现实问题，都是家庭伦理剧聚焦的热点问题，其中直视了“中国式”家庭中的亲情底色与矛盾纠葛，准确击中观众的心理脉搏，也折射出社会变迁引发的情感危机和价值困境；青春励志剧将视角对准都市青年的美好理想与冷酷现实之间的反差，在意气风发—现实遇阻—艰难破局的叙事模式下，围绕友情和爱情，叙述成长和成功，从生存处境到内心世界，将一幅幅生活气息浓厚的青春图景绘制出来。

北京都市文化依托于悠久的历史发展进程中所形成的独特“京味”传统以及在当今社会中扮演的重要角色，在中国广袤的地域文化中占有极其重要的地位。因此无论是历史向度的梳理还是现实视角的考量，对北京题材电视剧的研究都有着十分重要的意义。

第三节　北京题材电视剧创作的市场环境

从改革开放至今的40余年时间里，我国逐渐由计划经济体制向市场经济体制转轨发展，在这个过程中，作为文化产业一部分的中国电视剧制作，也经历了从政府高度管制到逐渐放松规制的市场化过程，投资、制作、审查、播放等环节都发生了显著的变化："制作资金逐步向民营资本甚至外资开放，制作机构的资格准入逐渐向民营公司开放，题材从规划审批到备案公示，审查制度与内容管理规定由粗放、模糊到精细化、透明化、规范化发展，发行机制逐步建立与健全，以及播出管理从紊乱到有序等。"[①] 这些都逐渐促成了中国电视剧焕然一新的创作面貌，其中，作为电视剧主要产出地的北京，自然是这一进程的主要受益者。

在政策革新、经济繁荣等大环境的影响下，北京都市题材电视剧的发展主要经历了两大阶段：一是从20世纪90年代的起步阶段，这个时期改革开放、社会主义市场经济刚刚起步，各项政策和发展措施还不完善，北京电视剧制作受其影响，还处于新兴、待发展的初步阶段；二是从2000年以后，随着改革开放的深入，社会各个领域都有了长足的发展，北京题材电视剧制作也随着市场经济的深化而进入了全面繁荣阶段，从题材、内容的丰富程度到制作规模都有了全面的提高。而北京都市题材电视剧在短时间内的快速发展与以下各项国家政策、社会举措的实施是分不开的。

在投融资方面，1992年是电视剧投融资领域的一个发展节点，在此之前，政府对电视剧制作资金来源进行强化管制，制作资金主要来自国家财政拨款以及国营事业单位的社会赞助，同时电视广告收入也是其利润来源的一部分。1992年，国家逐步向社会主义市场经济体制转变，政府也开始放松管制，默许包括民营资本在内的社会资本参投电视剧生产。同年，北京电视艺术中心向银行贷款150万美元，拍摄电视剧《北京人在纽约》（1993年），开创我国电视剧制作行业向银行贷款的先河，但此时还未明确提出允许民营资本进入电视剧制作领域。2001年，国家颁发了17号文件《关于深化新闻出版广播影视业改革的若干意见》，允许新闻出版广电影业进行多样化的资本运作，明确提出电视剧制作资金可以吸收国内非公有资本和外资等。紧接着，2003年，中共中央办公厅又颁发了21号文件《关于文化体制改革试点的意见》，将传媒影视等领域分为公益性事业和经营性产业两种，这就意味着，国家强调"市场性"主体的概念，要求包括国有和私有在内所有资本的

---

① 马俊山．规制与发展——中国电视剧产业化进程研究［D］．南京：南京大学，2008年，第1页．

制作机构同样作为市场经营主体，参与到社会主义市场运作中去，并且可以组建制作合营公司，进入非新闻宣传类的其他节目领域经营，当然也就包括了电视剧行业。从此，中国真正实现了电视剧资本运作的多样化，连通了包括国有资本、民营资本、外资等多元化的资金渠道。电视剧的融资由此可以通过国家投入、私募资金、社会捐赠、银行贷款等多种方式进行。可以说，以市场经济为主体的政策激励不仅保证了电视剧资金运作的健康化和灵活化，还开拓了电视剧制作的多元化格局，极大地推动了中国电视剧制作的进程，使其进入蓬勃发展的时期。

在制作方面，与投融资之路相似，中国电视剧也经历了一个从政府严格管制到逐步放松的过程。1995 年以前，中央和各地方电视台以及国企宣传文艺单位是电视剧制作的主体，明确地将民营制作公司排除在外，各制作单位向中央电视台和地方各级电视台提供电视剧播放必须持有制作许可证。虽然也有一些民营公司在夹缝中打擦边球，但是由于其资产和制作等实力低下，制作出的电视剧还显粗糙。随着改革开放的深入、社会主义市场经济的发展，各民营公司的实力提高，国家的电视剧制作条例已经明显束缚了电视剧市场的健康发展。于是，在 1995 年，广电部颁发了第 16 号令《影视制作经营机构管理暂行规定》与第 17 号令《电视剧制作许可证管理规定》，删除了“禁止民营公司参与电视剧制作”这一条款，意味着政府放松了对民营公司制作电视剧的管制，从此一大批民营公司进入到电视剧制作行列，一定程度上盘活了电视剧市场。到了 2003 年，国家对民营制作公司的准入机制进一步放松，广电总局正式向 8 家民营制作机构颁发电视剧长期制作许可证（甲种），从此民营电视剧制作公司拥有了同等的市场竞争地位，进一步拓宽了中国电视剧市场的发展道路。另外，在 2006 年，国家取消了延续 20 多年的电视剧题材规划审批制度，实行“电视剧拍摄制作备案公示管理暂行办法”，让诸如历史剧、都市情感剧、军旅题材剧、神话剧、青春偶像剧等各具特色的题材类型活跃在电视荧屏上，进一步充实、拓宽了电视剧市场，电视剧内容从过去的单一日益走向多元，丰富了人民的精神文化生活。

在发行上，在 1993 年以前，电视剧在各电视台的流通播出基本上处于“物物交换”的时代。1985 年，为了缓解电视台节目资源匮乏的现象，全国城市电视台建立了节目交流网，互相交换播出电视剧。1988 年，第二届上海国际电视节首创了货币化交易的电视剧交易方式，市场化机制得到初步实行，但未大范围推广。1993 年，电视剧行业完成了首次收购，中央电视台斥资 150 万元和 350 万元，高价收购了《杨家将》（1992 年）、《爱你没商量》（1992 年），随后又斥资收购了《北京人在纽约》《海马歌舞厅》（1993 年）等电视剧，种种现象都标志着电视剧行业“物物交换”时代的彻底结束和资金购买电视剧模式的兴起。2003 年，国内创建了包括北京国际电视周在内的上海国际电视节、四川国际电视节、中国广播影视博览会这四大电视剧交易平台，标志着电视剧发行领域的进一步精准化和专业化，也为北京乃至全国的电视剧行业发展奠定了新的基础。

在播出上，1983 年，四级办台以后，全国掀起开办电视台的热潮，90 年代中期，我国电视台频道的数量已经跃居世界第一。1996 年，国务院办公厅颁发《关于加强新闻出版广播电视业管理的通知》，要求“按照总量要求、调整结构、增进效益、提高质量”的原则，治理散滥，促进新闻出版和广播电视从扩大规模数量为主向提高质量效益为主转变。2003 年，数字信息技术的发展，使得数字电视付费频道与视频网站成为播出渠道的新势力。自电视台创立时起，我国电视剧在播出上一直保持国有事业单位的性质，但政府不断放松规制，推动实行电视台“事业单位、企业化管理”的策略，使电视台作为准市场主体，参与市场竞争。从增量发展、存量盘活到积极整合的发展过程，扩大了市场需求，同时也为电视剧产业化高速发展奠定了坚实的市场基础。①

从电视剧投融资、制作、发行、播出四个环节上看，北京乃至全国的电视剧领域都经历了一个从政府严格管制到逐渐放松的过程，在这个过程中，市场发挥着重要的调节作用，促进了我国电视剧行业在市场竞争机制下积极、健康的发展。北京题材电视剧便在这样的产业生态中良性成长，以地域文化为支点，承担起京派文化传承的影像路径，进而形成蔚为大观的“京味”人文、自然景观以及独特的审美趣味，唤起观众对于社会变迁洪流中历史沉浮、家族兴衰和个体成长的共同记忆。

---

① 杨旦修 . 电视剧产业化进程及其发展［J］. 重庆社会科学，2011（11），第 76 页 .

第二章 荧屏上的老北京：韵味深厚的年代剧

在中国电视剧的庞大体量中，年代剧无疑具有鲜明的类型属性：基于时间向度的开拓，用家国情怀和英雄情结浇筑出宏阔的史诗品格；基于传统美学的基质，从文学创作中汲取养分，型构出视听叙事的情节模式和人物设定，抑或直接改编自文学作品，同时还将传统戏曲融入电视剧创作中，为地域韵味的电视剧增添了极具甄别意义的类型元素。

按照国家广电总局于2006年4月公布的《电视剧拍摄制作备案公示管理暂行办法》，电视剧题材被划分为当代题材、现代题材、近代题材、古代题材和重大题材。在国内的电视荧屏上，古装剧曾经一度火爆，现代剧也占据很大市场。近些年，在有关部门的政策调控下，当代题材逐渐成为主流，近代题材也渐渐成为电视剧拍摄的主要创作来源。而在近代题材的电视剧中，“年代剧”一词更多地被专家学者所提及，成为国产电视剧类型中重要的组成部分。从内容特征上看，年代剧“借中国传统文艺的叙事精华，以‘传奇’之笔摹写世态人情，将传奇人物与历史人物交织，使传奇故事与历史事件互动，以家族兴衰更替映照时代的风云变幻，以家族叙事和商业演义阐发传统商道精神”[①]。从时间段来看，“年代剧”是指讲述清末民初到20世纪三四十年代故事内容的电视剧。而北京作为有着悠久历史的文化古城，在百年的风雨飘摇中，在自身地域特色的基础上，形成了别具一格的“京味文化”。老北京文化反映着北京的历史变迁、文化内涵、个人命运和家族兴衰，京味影视便在老北京丰富文化底蕴的基础上产生、发展、繁荣，深受广大观众的喜爱。其中，年代剧是金黄色琉璃瓦与朱砂色墙壁的完美融合，既能让人感受王府、紫禁城等皇家苑囿的气势与恢宏，也能品味胡同、四合院里老百姓特有的悠然生活。北京的城市景观、民风民俗、乡土人情，以及“京味儿”语言独有的腔调和幽默，都是其独特的魅力所在。

在社会历史的裹挟中，在传统文化的浸润中，北京这座古城已然超越其地理区位的实在性，成为史诗性叙事的空间景观，而北京题材的年代剧便成

---

① 张宗伟 齐峥峥．“年代剧”述略［J］．当代电影，2009（08），第52页．

为这种景观产生、流动的影像见证。20 世纪 80 年代是京味影视的起步阶段。1985 年林汝为、蔡洪德导演的电视剧《四世同堂》，根据老舍先生同名作品改编，聚焦于抗日战争时期北平小羊圈胡同四世同堂在生死危亡关头表现出勇敢抗争的民族精神，并且真实地表现了在封建思想禁锢下人们的自私、软弱、妥协等民族劣根性。十几户人家的事迹是当时整个中国人民生存状态的缩影，具有历史兴亡、时代变迁、人情冷暖等悲壮的意味，是京味电视剧中优秀的作品。20 世纪 90 年代也出现了《琉璃厂传奇》(1998 年)、《小井胡同》(1996 年)等作品。21 世纪以来，具有北京文化特色的年代剧进入了繁荣阶段，荧幕上出现了《大宅门》(2001 年)、《京华烟云》(2005 年)、《天下第一楼》(2004 年)等优秀的具有年代厚重感的影视剧作品，其数量和质量与之前相比都有较大幅度的提高。从内容上来看，20 世纪 90 年代以来，以北京地区的风土人情为题材的年代剧主要分为两大类型，分别聚焦家族命运的兴衰和个人命运的起伏。

第一节　家族命运的兴衰

家族书写是 20 世纪末文艺创作的热点题材之一。小说作家通过家族命运观照远去的历史，描摹鲜活的人情世故，充满伤感和怀旧氛围，这是世纪之交、社会转型之际，人们对商业文化的本能躲避，是社会心理在艺术领域的投射。“放映城市旧时镜像，感叹文明退化。20 世纪 90 年代一部分小说，以 20 世纪初的中国大都市老北京、老上海等为叙事场景，以胡同、弄堂等作为凭吊对象，叙述老城市中豪门世家由盛到衰的家族史，流露了作家对昔日市民生活情调的追忆和对老市民精神的追认。”① 与文学创作相类似的是，影像创作也出现了同样的热度，年代剧创作初显潮流，直至进入 2000 年以来，这种创作走势持续走高，出现了很多经典剧作。

京城家族和商业老字号的兴衰存亡，是年代剧重点表现的内容之一，既有再现家族和实业兴衰变迁的《大宅门》《茶馆》(2010 年)、《大清药王》(2002 年)、《天下第一楼》《百年荣宝斋》(2008 年)等，也有在家族变迁

① 尹季.20 世纪末中国家族题材小说中的怀旧意识［J］. 求索，2008 (08)，第 183 页 .

的大背景下侧重表现爱情、亲情等的《金粉世家》(2003年)、《京华烟云》《芝麻胡同》(2019年)等。这些电视剧以家族或实业的兴衰变化，风雨飘摇中的人情冷暖来反映当时社会的整体状况和人们的精神面貌，将家族、商铺中的成员以“人物群像式”的方法进行描绘，来浓缩表现社会中形形色色各阶层的人物。在表现家族命运或者商业发展的故事中，这些剧都会着重塑造一个或几个主要人物，这些人物常常具有特殊的身世背景、丰富的个人经历或者某些超乎常人的精神品格，在风云变幻的时代背景下，蒙上了一层“传奇”色彩。例如《大宅门》中的家族首领白景琦、《金粉世家》中的北洋军阀内阁总理之子金燕西等。这些电视剧整体将一个家族或者百年老字号的描绘放置在民族危亡、战乱纷扰的大时代背景下，在人情世态、国仇家恨的双重交织下，使故事拥有了宏大叙事的特点。

《大宅门》是年代剧中不可不提的代表作。其第一部创作于年代剧繁荣的2000年，由中央电视台影视部和无锡中视股份公司联合出品，陈宝国、斯琴高娃、蒋雯丽等著名演员加盟演出，自播放以来一直受到观众的热议和喜爱。《大宅门》第一部在播出的当年就以17.74点的收视率夺得2001年央视年度收视冠军。由于第一部的火爆，主创于2003年制作出了《大宅门》第二部。《大宅门》围绕中国医药世家老字号“百草厅”(清末的“同仁堂”)药铺的兴衰以及白家三代人之间的恩怨纠葛展开叙事，时间跨度从光绪年间到抗日战争，其间国家经历了深重的战争创伤及重大的社会变革。而在这变革过程中命运起伏、艰难抉择的人物，便是本剧最大的亮点，至今仍然堪称经典。在动荡的时局中，电视剧集中展现了白府上下各色人物的性格特点：聪明果断、敢爱敢恨，带领家族度过一个又一个难关的白景琦；性格刚毅、勇于追求自己幸福的杨九红；仁义大度、深谋远虑、运筹帷幄的白文氏……这些在战乱中谋生的人都带着鲜明的“传奇”色彩，在这个“大宅门”中男性表现出勇敢坚毅的、不屈不挠的民族气节，女性表现出中国传统妇女贤良、智慧的美好品质，他们身上都体现出中华民族坚韧不拔的民族品格和诚信仁善的文化传统。《大宅门》是导演郭宝昌根据自身经历的真人真事改编而成。郭宝昌在“同仁堂”这个大宅院中生活了26年，见证了大宅院的恩怨情仇、人情世故，以及在国家危难背景下的家族变迁。正如他自己所言：“我想叫观众和读者知道，历史上曾经有这样一些名不见经传的人，曾经这样地做人，曾经这样地活着；他们辉煌，他们龌龊，他们顶天立地，他们卑怯猥琐，他们敢爱敢恨，他们懦弱无情，我分不清他们是好人、坏人，可这样的一群人，魂牵梦绕地跟随着我，使我骚动，使我不安，我写出来了，拍出来了，我松了一口气，死亦瞑目了。”[①] 他把自己难舍的家族情结和对历史、人性的哲理思考投入这部电视剧的创作当中，为观众呈现出了一部生动精彩、跌宕起伏的大宅门家族年代大剧。

城市作为空间背景，固然是地域特色的直观体现，但视听艺术对地域文化的呈现是多元的，其中，音乐也是不容忽视的元素，不仅可作背景陪衬，而且很多时候可以参与叙事。《大宅门》中的音乐便极具地域特色，同时承担叙事功能，最典型的是京剧曲牌和京剧打击乐，主题曲宏阔而充满气势，同时夹杂着世事无常、悲欢历尽的复杂情绪，时间的穿透力将悲凉之感准确传递，充满力量，这音乐穿插在人物的日常生活中，不同音乐配合不同人物的个性，为电视剧的京味京韵增添了不可或缺的分量。“《大宅门》作为一部以历史和京城文化为题材的电视连续剧，是与京剧音乐无法割裂的。《大宅门》的曲作者赵季平先生介绍，《大宅门》的音乐主要有两部分，一部分是纯音乐，一部分是作为背景音乐的京剧打击乐，要的就是京腔京韵。”[②]

《大宅门》以中药世家贯穿现代中国的几十年历程，夏钢导演的《天下第一楼》则紧密结合“民以食为天”的传统思想，通过描绘“福聚德”这一酒家的物是人非，勾勒出一段动荡不安的历史往事，更观照了个体命运的沉浮与人情人性。该剧改编自同名话剧，讲述的是在20世纪初乱象丛生的老北京城内，老掌柜唐德源因老字号“福聚德”处于危机边缘，临终托付“适宜居”的账房卢孟实来掌管。卢孟实身怀做京城名掌柜、盖第一所饭庄大楼的远大抱负，决心求变图强。几年间，卢孟实在女大厨刘金锭和红颜知己玉雏儿的倾心协助下，成功地化解了张勋御赐宴、张作霖战场军宴、吴佩孚帅府夜宴等危机，终将“福聚德”做成名噪京城的大饭庄。然而，正当“福聚德”新大楼落成之际，卢孟实却被无情地辞退了。无奈之下，心生悲凉的卢孟实派人送回一副对联：“好一座危楼，谁是主人谁是客？只三间老屋，半

① 郭宝昌．我与《大宅门》[J]．艺术导刊，2001（3），第25页．

② 曹广壮．电视剧《大宅门》音乐民族化和地域化风格［J］．电影文学，2012（19），第129页．

宜明月半宜风。”而其横批则恰如其分地揭示了电视剧所要表达的主题：在动荡的时代之下，“天下没有不散的筵席”。北京城还是那个北京城，辫子军、军阀、革命党，各方势力如走马灯一般你方唱罢我登场，生活在最底层的商人们嗅着时代的气息，为了生计拼尽全力，想方设法求生存。“福聚德”还是那个“福聚德”，五湖四海，三教九流，各色人等云集在这里，上演了各式各样的人间悲喜剧。《天下第一楼》不仅讲述了以卢孟实为代表的早期生意人的创业血泪史，还细腻地勾勒出了几对男女复杂的情感关系。在延续了话剧“一个人干事八个人拆”凄凉基调的同时，电视剧在原有情节的基础上补充了大量生活细节，塑造了众多各有特点的经典角色：草根出身但知人善任、颇懂经营的卢孟实；靓丽聪慧的江南姑娘玉雏儿；身怀厨艺绝技但女扮男装、粗声大气的大厨刘金锭；爱慕玉雏儿却狡猾阴险的瑞英，等等。

以《大宅门》《金粉世家》等为代表的年代剧，除了生动显现了特定时代的社会境况和身处其中的人们的恩怨情仇之外，在文化层面还凸显了两个基本特征：第一，表现了现代文明与封建传统的激烈碰撞与冲突。《大宅门》虽然对白景琦有大量的正面刻画，但也暴露其顽固落后的思想。当他想要把百草厅传给大孙子白占元时，白占元表示不愿意做资本家，这惹怒了白景琦：“做资本家怎么了？我、我爸、我爷爷都是资本家！”而对现代和传统这种冲突表现得最为充分的，还在于年代剧对于女性形象的观照。白景琦的二太太杨九红作为受到封建体制与文化挤压而被迫牺牲的女性，具有一种典型性。杨九红出生不久就被哥哥卖入青楼，日后嫁给了白景琦却因“窑姐”的身份而被白文氏排斥，甚至白文氏死时都不允许她戴孝，波斯猫都可穿孝服，她连猫都不如。虽然她帮家族运草药立下大功，但这改变不了她的命运——丫鬟嘲笑她、家族拒绝她、女儿不认她。到了《金粉世家》里的冷清秋，这种情况发生了转变。冷清秋上女子学校，是知识青年，对于自己的生活和爱情有着清晰的认知，即使嫁入了豪门金家，面对种种烦琐世故的礼节，依然处变不惊。在电视剧的最后，她因与金燕西的种种矛盾无法化解而毅然选择带着孩子离开，这种行为本身便具有一种“娜拉”式的现代气息，脱离了男性权力与封建束缚，女性最终选择了独立自主，投入新生活的洪流之中。第二，从人物形象、剧情发展到配乐都体现出大宅院、长马褂、京剧京腔等丰富的老北京元素，建构起一道充满传统京味文化的艺术长廊。在电视剧《京华烟云》中出现了多次京剧表演的镜头：木兰出嫁前在父亲的伴奏中唱京戏，与傅先生的郊游中她又大胆演绎“李陵碑”；在木兰出嫁的晚上，父亲独自演奏京剧曲牌“夜深沉”等。此外，在剧中不论是在拜见官宦长辈还是同辈相见，下人们都以“爷”相称；即使是在外飞扬跋扈、无恶不作的牛同义，亦不敢逾矩越规，回到家中，必定以“父亲大人，母亲大人”来尊称长辈，谈话时也用饱含谦和与恭敬的“您”称呼对方；牛素云躲避婆婆，丈夫经亚还要特意为她圆场，代之向母亲大人请安……人们在街头相见都相互请安问好，这从侧面体现了北京人对礼数教养的看重。与《大宅门》和《金粉世家》不同，《天下第一楼》故事的基础建立在北京源远流长的饮食文化之中：“福聚德”的特色菜烤鸭、鸭八珍，玉雏儿建立的“功德斋”，以及剧中出现的各种填鸭、挂炉烤鸭等传统工艺，都与现实生活中的北京传统饮食文化有着一一对应的关系。2019年播出的《芝麻胡同》将传统酱菜文化搬上荧屏，展现老北京传统的家族式食品制造业的兴衰历程。剧中有诸多老北京文化符号的渗透，深刻反映出都市文化对于影视创作的影响。

讲述大家族命运的年代剧致力于塑造具有传奇色彩的人物。在离乱动荡的国恨家仇中，荧幕上的主人公往往以一种“平民英雄”的姿态肩负起民族自尊和国家尊严的历史使命，由此，华夏文明中向来以血缘关系为纽带的宗族传统在内忧外患的困境中突破了“小家”的格局束缚，升华为伸张民族大义的“大家”情怀。可以说，将民国时期的社会状态与传统英雄人物的描写手法相结合，以带有“传奇”色彩的手法和悲壮的气概描绘家族中的人物，是对中国古代传奇小说的一种影像上的呼应，荧幕上诸多创作都通过这类人物的颠簸起伏讲述大起大落的家族史，进而再现了古城北京的时代记忆和历史风貌。

第二节　个人命运的起伏

对家史国运的书写在很长一段时间内成为年代剧创作的基本指标，但随着创作观念的变化和受众审美旨趣的转变，对普通人的观照成为年代剧创作的另一个向度，专注于记录家族沉浮的年代剧转向书写“一个人的遭遇”，曾经被裹挟在历史洪流中的小人物，承载着民族的共同记忆走上荧幕，通过他们的平凡生活和颠簸命运折射时代的沧桑变局。在北京题材的年代剧中，除了追溯家族命运的宏大叙事，普通老百姓的坎坷人生也是年代剧表现的主要内容之一。《我这一辈子》（2001 年）、《人生几度秋凉》（2003 年）、《五月槐花香》（2004 年）、《传奇大掌柜》（2005 年）等电视剧并没有从家族中各色人物之间以及个人同整体家族命运之间的关系出发，而是着重于表现个人命运的起伏。这些年代剧主要表现“人”，特别是普通老百姓在那个动荡年代的生存方式和沧桑经历，通过对普通个体的关照来反映不同历史阶段的世态人情和时代面貌。那些关注社会底层小人物生存状态的剧作深入小市民的日常生活，生动地展示其被时代裹挟的挣扎与困顿，常常给人以深切的悲戚感。当这种关乎小人物喜怒哀乐的故事与中国近现代历史紧紧勾连时，看似微不足道的个体经验便成为时代变迁的一个缩影，唤醒了国人关于民族苦难的共同记忆，由此而给人以悲怆的情感震撼，散发出厚重的历史质感。

相比家族兴衰的传奇话题，荧幕上聚焦个人命运沉浮的剧作并不多。改编自老舍先生同名小说的《我这一辈子》是小人物形象塑造最为突出的典型代表，以出色的艺术品质获得第 20 届中国电视金鹰奖最佳电视剧银奖。《我这一辈子》是一个老巡警一生的自白书，以一个清末巡警福海的视角出发，讲述福海和其两个兄弟刘方子、赵二在改朝换代的动荡社会中悲欢离合的故事，形象地展示了三个性格不同的小人物在社会中为了生存而上演的欢聚与离散、信任与背叛、苦情与欢喜的世态人情。福海一生经历了中国最动荡不安的时期，从清朝的腐朽和灭亡、军阀混战、日本侵华最后熬到解放。一辈子见惯了乱世的种种不公、残忍与腐朽，还是为了生存忍气吞声，唯唯诺诺地过日子，最终落得妻子、儿媳被日本人杀害，自己忍痛举报了自己的兄弟赵二，赵二被枪决，电视剧最后福海为赵二送行，挥洒着纸钱漫天飞去，不停念叨：“我这一辈子啊、我这一辈子……”同样面对的是一个改朝换代的社会，和白景琦、卢孟实等具有理想主义色彩的英雄式人物相比，《我这一辈子》在荧屏上着力刻画的三个人，代表了三种不同的处世原则：第一种人是福海，一个纯粹的老实人。他不懂变通，认死理，丝毫不明白弱肉强食的残酷规律，一旦有更强大的力量介入生活，他所笃信的规矩就只剩下一纸空文了。最令人唏嘘的是，即使他看清了现实，也无力改变，只能寄希望于自己想象中的那个乌托邦式的社会，以此来逃避现实。赵二是实用主义者，因为自小的身世，他不会相信表面说辞。他看世道比福海看得透，为了吃食可以不择手段，世事在他眼中不过是权位和金钱之间的交易。但是，他惯于卖弄小聪明，目光短浅，难成大事。后来他当了汉奸，还是走到末路。面对他人的指责，他回答道："将来你们谁不得在日本人眼皮底下讨口饭吃，这不算汉奸。跟谁混饭吃不是为了防饿啊。"对于他来说，既然最实质的只是交易，那么世俗规矩是表面，民族大义也只是表面而已。第三种人是刘方子，他随波逐流，年少时曾想加入义和团，后来又对吴先生的革命学说十分着迷。只要能改善他的处境，他便不问是非地追随，甚至可以否定他从前的选择。这部电视剧继承了老舍原著的创作理念，在对剧中人物投入更多同情目光的同时，兼具深刻的批判色彩和反省意味。

《五月槐花香》以佟奉全、茹秋兰和莫荷之间的关系为线索，展现了北京城南古玩琉璃厂所经历的起伏：20 世纪 40 年代，古玩店掌柜佟奉全因一件北宋官窑瓷器被同行沈松山设计陷害，佟奉全以冤报冤，最终使沈松山破产自尽，没想到自己反遭连环报，钱财被伙计二奎席卷一空，自己沦为街市小贩。沦落的佟奉全偶与落魄的满清遗老范五爷兄妹邂逅，并爱上了妹妹莫荷。范五爷为改变窘迫的现状，几次三番以莫荷为筹码，逼迫佟奉全为其补造一张残破的旧画，以图谋利，被佟奉全严词拒绝。在街市贩卖过程中，佟奉全结识了从瑞贝勒家被赶出来的茹二奶奶。佟奉全在为茹二奶奶卖文玩时，得罪了她的族人索巴被害坐牢，后被茹二奶奶花钱赎出。佟奉全为不让莫荷嫁给别人，违心为范五爷造了假画，并做局卖给了在琉璃厂的古董商蓝一贵。随后事发，蓝一贵抛店逃命，从此与佟、范结下了仇怨。佟奉全为救被瑞家人追打的茹秋兰，被迫应了奸夫的名，莫荷看见后远走他乡，不知去向。佟奉全无奈，出于怜惜与茹二奶奶成婚，不想遭到市井唾骂。两人婚后生活跌宕，终由无情而生情，刚刚好起来时，佟奉全因得罪国际文物贩子禄大人再遭难，家被烧，而茹二奶奶生不见人、死不见尸。北平和平解放，参加了革命的莫荷以工作组长的身份，重新回到了琉璃厂，为调查龙门石窟《众生礼佛图》的案子，又生出了许多事端。故事的最后，莫荷嫁了人，佟奉全独身而老，最终在北京郊区山里，打听到了失踪多年的茹二奶奶的消息。剧中有着典型京味文化的全景展现，豆汁儿、糖葫芦、泥人等吃食、玩物别有趣味，形形色色的市井人物，具有当时中国社会"人物群像"式的展现。更为重要的是，《五月槐花香》以一个见证者和鉴赏者的身份，通过影像将古旧书刊、文房四宝、碑贴字画、珍宝古玩等文物一一呈现在观众面前，以流动的物品的形式和剧中人物的人生轨迹交织在一起，从而增加了叙事的历史厚重感。这种厚重感一方面体现在文物颠沛流离的命运，另一方面则体现在剧中人物的悲剧性结局：泼辣热情的茹秋兰希望离开贝勒府寻到真爱，却不料价值连城的珍宝换不回流逝的青春；纯真素朴的莫荷渴望得到爱的归宿，然而有情人终难成眷属；范世荣追求做人的体面与派头，最终只能在悲壮的自杀中重温“爷”的气度；蓝一贵徒有“蓝半张”的虚名毫无文化人的气度；悲剧人物佟奉全终其一生未能圆梦……正如有论者所指出的“在这里，理想与现实之间如此难以把握，终极关怀与现实关切之间如此不可调和，正如主题歌中娓娓道来的凄美沧凉：‘半掩纱窗，半等情郎，半夜点起半炉香，半轮明月照半房……半夜如同半生长’”[①]。

2009 年播出的电视剧《狼烟北平》没有直接描写战争本身的激烈和残酷，而是通过车夫文三这位小人物的视角，将 20 世纪三四十年代狼烟纷飞的北平城里的民生百态书写得细腻翔实、惊心动魄。作为“皇城根下的京油子”，文三拉着洋车在京味十足的街道上奔跑，经历了北平城从动荡到解放的整个过程，最终物是人非，几番沉浮。在情节设置上，这条线与另一条平民英雄的情节线交叉并进，国共两党的地下工作人员都是英气勃发的有志青年，他们如履薄冰的日常生活以及彼此怀疑又相互敬重的矛盾心理，也是该剧的一大看点。值得一提的是，在情节推进和人物刻画的同时，剧中随处可见弥散的文化基因，浓厚又充满悲凉，没落的八旗子弟、被热捧的京剧、喧闹的天桥、老北京的古玩市场……地域文化的呈现唤起大众关于城市记忆和文化传承的相通情感。作者都梁曾在多年前的一次访谈中，称《狼烟北平》是他迄今为止耗费精力最大的一部作品：“小说内容涉及老北京的地理、风俗、俚语、服饰等风土人情，这些都超出了我的阅历范围。为了查证当时人们如何养鸽子、斗蛐蛐、服饰打扮等，我翻阅了大量资料。等到写完后，我

① 黄寒冰 . 电视连续剧《五月槐花香》的审美品格［J］. 浙江传媒学院学报，2005（03），第 14 页 .

感到自己几近心力衰竭。”[①] 正是这种正宗的京味文化的渗透，为这座充满离乱愁绪的古老城市增添了别样的温情，也为《狼烟北平》这部电视剧的历史价值加重了砝码。

2013 年播出的电视剧《全家福》通过讲述北京一座四合院里的三户人家三代人在六十年风云变幻中所经历的恩怨情仇，展现出普通平民百姓的质朴情感及对历史和社会的见证。该剧将新中国成立、抗美援朝、反右、大跃进、文革、改革开放、2008 年奥运会等重大事件串联起来，但并没有直接展现这些宏大事件，而是将其作为故事的背景，与人物命运紧紧相连，以小人物的悲欢离合来折射从旧中国到新中国的时代变迁。全剧京味语言特色明显，沿街叫卖的北京糖葫芦，充满京韵京腔的台词将极浓的老北京韵味与人物性格充分呈现了出来，几位实力派演员的表演自然流畅，相当精彩：由吴刚和岳秀清这对生活中的夫妻联袂搭档饰演剧中的夫妻，王满堂热爱古建筑，成为时代变换之中掌握一技之长的弄潮儿；大妞性格张扬泼辣但又温柔包容，展现出中国传统妇女的优良品格；秦海璐饰演的寡妇刘姐口齿伶俐，诙谐幽默。这些方面不仅凸显出老百姓丁柴米油盐间所体现出的积极乐观的处世态度，同时也反映出中华民族坚韧不拔的优秀品质，仿佛一幅老北京生活画卷在观众面前徐徐展开，引人入胜。

2014 年播出的《北平无战事》选取了 1948 年这样一个历史节点，从经济战线切入，表现不同党派，以及同一党派中不同力量的角逐争战。彼时国民党经济全面崩溃，贪腐严重、民不聊生，主人公方孟敖就在这样暮气沉沉、乱象频生的北平城出现了，他是北平金融界领导人的大公子、国民党委派的调查主任、共产党的地下工作者，多重身份集于一身，如同全剧的一个切口，通过这个人物可以看到方家的团圆和离散，可以窥探国民党的腐败不堪，也让人深刻铭记为北平城的解放而牺牲的英雄们。与《狼烟北平》相比，《北平无战事》京味文化的印迹没那么浓郁，但是剧中的街道、车站、宅院、法庭等场景都颇具老北京韵味，怀表、打火机、火柴盒也是充满年代感的道具。

2015 年播出的《乞丐大掌柜》（又名《传奇大掌柜》）同样通过展现饭

---

① 黄杰．刘佩琦《狼烟北平》登陆 BTV 平民视角说乱世［N/OL］http://yule.sohu.com/20090721/n265358492.shtml，2009-07-21.

庄掌柜栾学堂起伏跌宕的一生来反映近代中国的社会状况与时代变迁。栾学堂在穷困潦倒时出于善意帮助了饭庄掌柜被绑架的女儿，开始了改变命运的第一步。从吴佩孚、张作霖称霸一方的军阀割据时代，到日军侵略的艰难时期，栾学堂凭借自己的大义与智慧，无数次化险为夷，把自己的饭庄“丰泽园”打理得井井有条，打造成京城的知名招牌。《乞丐大掌柜》中充满了老北京的风土人情，在装置布景、台词对白、情节设置等方面，都透着浓厚的京味。叙事空间围绕着丰泽园的狭小空间，却见微知著，展现了整个国家命运动荡环境下的平民生活。栾学堂的传奇经历，也是对忠义、知恩、气节和正直等民族精神的肯定和赞扬。《乞丐大掌柜》由北京人艺的一线话剧演员加盟，更为作品增添了不少纯正的老北京气息。

在这些电视剧中，小人物一生的起伏跌宕是核心表达，同时也透过个体命运来折射当时中国社会的大环境。在民国这样一个中国历史上非常特殊的年代，这些小人物都如同随着时代洪流而随波飘荡的树叶，只求能在乱世中生存。但在这些电视剧中，我们也会看到有一种不甘于在现状中腐朽堕落的力量，他们有的如佟奉全一般，出于一个国民的良知与社会责任感，不顾一切保护国家的文物不被洋人偷走；有的如莫荷投身革命，通过自我的实践冲破传统的束缚，寻求社会希望之光，因而他们则成为新旧社会交替变革中的重要推动力量。

另外，还有一些电视剧着重表现历史重要人物的人生经历，如 2014 年播出的《历史转折中的邓小平》，该剧全景式地再现了从 1976 年 10 月粉碎“四人帮”，到 1984 年中国全面改革开放这八年中在邓小平同志的带领下，党和人民开创中国特色社会主义事业的光辉历程。剧中通过大量细节，如对位于北京宽街邓小平住所的还原，对北京涮羊肉铜火锅等道具的使用等，不仅逼真地还原了历史，还对邓小平的形象进行了生活化的展现，将其还原为一名慈祥的老人、年迈的父亲。该剧播出后广受观众好评，并拿下当年多个电视剧奖项。另外如 2016 年播出的《海棠依旧》，讲述了国家领导人周恩来在建国后的人生轨迹。电视剧的体量比传记片提供了更多细节铺陈的空间，周总理兢兢业业、鞠躬尽瘁的精神在日常生活的叙事中得到了彰显，以名人传记为母本的电视剧从另一个角度展示了国家变迁发展的历史进程和北京的城市风貌与文化记忆。

表1　20世纪90年代以来的北京题材年代剧

序号	年份	剧名
1	1996年	《小井胡同》
2	1998年	《琉璃厂传奇》
3	2000年	《大宅门》
4	2001年	《我这一辈子》
5	2002年	《大清药王》
6	2002年	《金粉世家》
7	2003年	《人生几度秋凉》
8	2003年	《天下第一楼》
9	2003年	《大宅门2》
10	2004年	《五月槐花香》
11	2005年	《京华烟云》
12	2007年	《百年荣宝斋》
13	2007年	《四世同堂》
14	2009年	《狼烟北平》
15	2010年	《茶馆》
16	2013年	《正阳门下》
17	2013年	《全家福》
18	2015年	《乞丐大掌柜》
19	2014年	《历史转折中的邓小平》
20	2014年	《北平无战事》
21	2016年	《龙器》
22	2016年	《金水桥边》
23	2016年	《海棠依旧》
24	2017年	《正阳门下小女人》
25	2018年	《我们的四十年》
26	2019年	《芝麻胡同》

第三节　时代变迁的见证

自20世纪70年代末中国拉开改革开放的时代序幕以来，我国的影视作品便逐渐由建国之初确立的承载意识形态宣传的政治、文化事业向以受众为中心的市场经济、文化产业转变。如果说80年代以前的影视作品是“英雄颂歌”，那么90年代以来，荧屏上更多呈现的是“人”的故事，聚焦普通人，且呈现方式更加灵活多变、叙事更加立体丰富。年代剧火爆荧屏的原因正在于其契合了当代社会状况，是新时期社会政治、经济、文化、国民思想状态的映照。

这个时期，以家国情怀和离乱际遇为主题的创作倾向逐渐弱化，艺术创作转而关注时代变迁中的个体成长，电视剧创作中相应出现诸多个人奋斗的叙事模型。在社会改革、观念冲突的大环境下，面临生存挑战和价值坚守的双重人生课题，如何在这个经典难题中求得平衡，既是真切的人生体悟，也是抽象的哲学难题。由此，北京题材电视剧创作的宏观架构从观照世界转向重塑自身，确证个体价值，映照社会变革，描摹出身处改革洪流中心的都市人在时代裹挟中的挣扎与坚守。正所谓“生生之谓易”，社会在变动中更迭发展，个体在危机中探寻生命本质，这便是北京题材电视剧的现实基底和人文关怀。

《正阳门下》系列剧集（2013年），将新中国成立后的百姓创业故事娓娓道来。第一部讲述插队返城的知青韩春明没有正式工作，他和朋友们乘着改革开放的东风从摆地摊开始，凭借着自己的聪明能干、吃苦耐劳逐渐积累财富，最终成长为一名成功的企业家。但该剧不仅仅是一部个人艰苦奋斗的创业史，它还将人物的成长与古玩收藏行业相结合，以知青返城、恢复高考、改革开放、工人下岗、下海经商、北京奥运等重大事件为叙述背景，在长达30年的时间跨度中，通过爱情和事业两条线索牵引，着力表现出以韩春明为代表的收藏家珍视古董的爱国精神和文化传承精神，并从细处着眼塑造了一批可亲、可敬、可爱的小人物，在这群北京人的个性展现中，观众见证了北京这座城市在时代变迁下的成长与变化。而第二部《正阳门下小女人》则从1955年开始讲述，展示了新中国成立后50年代女企业家的个人命运。1955年，新婚守寡的徐慧真接管了家族的小酒馆，经历了公私合营、

“大跃进”“三年困难时期”“文革”等艰难的历史时期，徐慧真几经波折但坚守初心，熬过了经济困境，迎来了改革开放的春天。与前一部相比，《正阳门下小女人》从男性主导的叙事中转向，以女性的视角对家国历史进行观照，平添了许多细腻与柔情，同时不失民族气节与铮铮铁骨。剧中塑造了许多成熟的女性形象，包括徐慧真与她的三个女儿，每个角色都有着鲜明的个性和完整的故事线。《正阳门下》与《正阳门下小女人》共同赞美了创业百姓在时代动荡中的道德坚守。

电视剧《我们的四十年》于2018年改革开放四十周年时播出。该剧以20世纪70年代末为时间起点，讲述了北京胡同少年冯都因在同院小伙伴肖战家里看到电视，被荧屏中的世界深深震撼，从此在心中埋下了一个电视梦，长大之后以电视为终身奋斗的事业。本剧以改革开放四十年为时代背景，虽然时间跨度大，但创作者着重从小人物及生活细处着眼，例如对穿梭在胡同里的二八自行车、人手一个的搪瓷杯等富有年代感的老物件的描画，巧妙地通过普通百姓生活中的“大事”将青春怀旧和时代气息融入其中来见证历史的发展变化。剧中全面展现了老北京胡同、四合院以及北京人在这四十年来的风情风貌，将浓郁的北京地域特色及胡同里的人情味串联在一台台电视机当中，以“电视机”为线索推动情节的发展。在那个物资匮乏的年代里，一条胡同的人都聚集在有电视机的人家当中，集体观看属于时代的经典电视作品，在老北京的四合院里留下美好的回忆。同时在剧中矛盾集中的情节部分创作者采用了京剧鼓点的伴奏方式为电视剧打上了深深的北京烙印，还通过老歌新唱的方式，如对《人在旅途》《我不想说》《昨夜星辰》等歌曲的重新演绎让观众体会到记忆中熟悉旋律的别样滋味。剧中前半部分还不时地穿插展现20世纪七八十年代关于北京城市建筑、街道上的行人、交通工具等黑白影像记录，一方面更好地从过去向当下过渡；另一方面，更能贴近历史，还原真实，唤起人们的记忆。该剧透过当今家家户户的必备物件——电视，不仅表现了青年人在时代发展变换中的起起伏伏，同时也记录了电视行业在四十年里的风云变迁，以此折射出社会在四十年来的发展变化，从而书写出一部小人物与命运抗争、为理想奋斗的个人传奇史。

20世纪90年代以来，随着改革开放的深入发展、经济水平的持续提高，大众文化蓬勃兴起，电视剧成为市民消费的主要文化产品。随着市场经济和全球化发展，在社会转型时期，人们的思想也在这个多元的时代经历着碰撞与交锋，特别是市场经济运作下带来的关于价值观、意识形态的思考。在转型期，中国人需要找到一个历史“支点”来诠释中华民族传统的精神价值，而年代剧，通过中国百年沉浮历史中家族兴衰和个人命运的演绎，为处在社会转型期中焦虑迷茫的中国人寻找一种民族归属感和身份认同感。特别是北京这个刻有厚重历史印记的城市，是集荣誉与屈辱、兴盛与衰败、辉煌与动荡于一体的具有百年中国沉浮历史的缩影。在《大宅门》《天下第一楼》《大清药王》等北京民国时期的家族戏中，对动荡社会中勇敢不屈、勤恳创立维护实业的民族资本家的描绘，同样是对在改革开放的市场化过程中崛起的那部分民族企业家的一种映照与艺术化表达。

第三章　都市生活的镜像：家庭伦理与青春励志类型

在当代中国现代化和城市化进程中，北京作为全国的政治、文化中心，承担着中国特色社会主义建设的重任。随着北京城市快速发展，外地人口大量流入、城市生活节奏过快、老龄化等现象出现，生活在北京都市中的“人”在诸如“婚恋”“财产”“健康”“工作”“心理”等方面都出现了诸多矛盾和问题，在这种情形下，出现了一大批以反映北京当代都市生活为题材的电视剧。这些电视剧创作类型丰富，紧贴当代都市人的日常生活，以其现实力度和人文情怀感动着广大观众。

第一节　家庭伦理剧映射生活百态

“家庭是社会的细胞”，千百年来，中国传统文化中关于“家和万事兴”的伦理观念在不同时期的文艺创作都有扣动人心的变奏曲，这样的伦理共识在当下喧嚣的时代氛围和逐利的市场逻辑中虽然受到挑战，但依然寄托着大众关于亲情、人情的向往与思考。北京题材的电视剧创作便在这样的文化生态中进行着或铿锵有力或微弱轻柔的言说，从家庭伦理维度观照社会现实，透析科技发展导致的家庭伦理的松动和重建。“全球化、城镇化、现代化正在影响中国的整体社会形态，也同样影响个体家庭。以互联网为代表的信息技术已经极大缩短了家庭成员之间的空间距离，使得部分传统家庭功能可以通过网络加以集成或扩散。现代科学技术的发展和生活方式的改变更在重塑中国家庭内外的交往方式和功能实现，每代人的生存理念和中华民族的文明传承都应在新的家庭伦理中得以体现。”[①]

家庭伦理剧是北京都市题材电视剧中分量最重的一部分，其年产量相当可观。从理论上讲，“家庭伦理”包含了“婚姻”“家政”“家族和姻戚”三个重要组成部分，是指“以家庭为主要叙事场景，以家庭成员、亲属生活表现出的道德境界、文化价值观为审美旨归的电视剧作品。这类作品常常围绕孝悌、亲情、代际冲突、夫妻矛盾等内容来设置情景和人物关系，故事中包含着爱情与责任、情与法、欲与理、义与利等复杂的人性内容，叙事上体现出鲜明的日常化特征”[②]。而北京都市题材伦理剧则是以“北京”这个城市区域为背景，表现现代人在北京这个都市中的家庭、婚恋生活内容的电视剧。

从20世纪90年代以来，家庭伦理剧以其贴近普通家庭生活的平民化叙事方式、紧扣时代脉搏等特点深受广大观众欢迎。作为一种影视产品，家庭伦理电视剧在火热的电视剧市场上经久不衰，年产量不断提升。2004年4月，国家广电总局出台《关于加强涉案剧审查和播出管理的通知》，一度风靡的涉案剧、警匪题材开始走向颓势，侧重现实创作的家庭伦理剧顺势而上，呈现出题材聚焦、内容丰富的局面。“2010年度全国生产完成并获得《国家电视剧发行许可证》的剧目共计436部14685集，其中现实题材剧目共计271部8457集，分别占总比例的62.16%、57.59%，现实题材的电视剧已占据了电视剧市场的半壁江山。”[③]可见现实题材电视剧在观众心中的受欢迎程度之深。

家庭伦理剧深受观众喜爱有着复杂的历史、社会、现实和心理原因。从

① 彭希哲，胡湛．当代中国家庭变迁与家庭政策重构［J］．中国社会科学，2015（12），第128页．

② 袁丛洁．家庭伦理剧的主流形态与大众心理——新时期国产家庭伦理剧的叙事研究［D］．上海：上海师范大学，2009，第1页．

③ 石静，杨滟．对现实题材电视剧热播现象的思考［J］．新闻世界，2012（07），第69页．

历史渊源看，不同于西方的“社区文化”。家庭作为子嗣传承、维系伦理世俗生活的基本单位，向来受到家庭观念极重的中国人的重视。因此观众都喜欢看剧中平凡家庭的琐碎生活、矛盾分歧并期盼着故事最后能走向完满的团圆结局。从社会结构看，“家庭”是构成社会、国家的基本单位，千万家庭作为社会的根基，其和美融洽关乎国家的稳定发展。每一个人从出生起，其所有对于社会、世界的认知都最先来自于其成长的家庭。家庭生活是平凡普通的，但也是最复杂多变的，任何好故事都比不上生活的精彩，因此家庭伦理剧是最容易产生精彩故事的电视剧类型，深受观众欢迎。从现实原因看，20 世纪六七十年代是高度意识形态化的社会，主流意识形态宣扬、提倡国家利益、集体利益高于一切，舍“小家”为“大家”。在那个年代，个人的家庭生活空间被高度政治化的社会生活空间所挤压，电视剧作品多以“英雄主义”“平民传奇”等方式宣扬主流意识形态。这样的创作方法虽然增强了电视剧情节上的观赏性，但也容易因脱离现实生活而难以与观众产生精神上的共鸣。因此从 20 世纪 70 年代进入 2000 年以来，特别是 20 世纪 90 年代随着改革开放的深入，社会转型期开始，影视剧开始将目光转向普通家庭生活，出现了一批关注家庭成员及整个社会的变化发展、紧扣时代脉搏的作品，受到广大观众的追捧。1990 年一部与社会现实关联紧密的电视剧《渴望》一经播出就达到了万人空巷的效果，正因为它表达了千万人民群众内心的呼声，排遣了人们压抑已久的内心积郁，激起了广大观众前所未有的共鸣。此后的电视剧创作越来越朝向人性化、普通化、生活化的方向发展，家庭伦理题材电视剧成为长盛不衰的一类电视作品。

数量众多的北京家庭伦理剧可以大致分为三类：（1）表现带有北京原住民独特幽默色彩的京味儿题材电视剧，如《贫嘴张大民的幸福生活》（2000 年）、《我爱我家》（1993 年）等；（2）以“家”为中心，表现家庭成员内部之间事业、生活、情感的电视剧，如《渴望》《金婚》（2007 年）、《结婚十年》（2002 年）、《暖暖的幸福》（2018 年）等；（3）着重表现北京都市人情感纠葛的都市情感剧，如《过把瘾》（1994 年）、《张小五的春天》（2010 年）、《大丈夫》（2014 年）等。每一类电视剧又分别从 20 世纪 90 年代以来的不同阶段中，呈现出北京不同的都市气质与居民生活状态。

一、北京原住民的京味生活

居住在不同地域，人们的性格特点、语言习惯、生活方式、思考方式等都具有一个地域的独特之处。北京地区的地域文化是整个中华民族文化中重要的组成部分，也因为其复杂的历史原因、独特的地理位置、重要的城市地位等成为中国地域文化中十分独特又不可或缺的一部分。

北京地域文化的形成其实是多种因素交织融合的结果：（1）在地理因素上，北京是草原文化、平原文化、水乡文化的交融；（2）政治因素上，北京有宫廷文化、士大夫文化、平民文化的汇合；（3）经济因素上，北京有草原猎牧文化、平原农耕文化、南方文化、西方文化的渗透；（4）民族因素上，北京又是多民族文化的共存；（5）国际因素上，由于交流、入侵等因素而导致异国文化的传入。[①] 因此，北京在长时间的历史积淀中形成了独特的文化意蕴与风格，而北京世世代代传承下来的原住民复杂的性格特征以及带有幽默、圆滑、“葛”特点的，被俗称为“京片子”的语言特点又是被大家所津津乐道的。

从20世纪90年代开始，在以家庭伦理为题材的北京都市题材电视剧中，根据北京原住民幽默京味生活为蓝本拍摄的电视剧也深受好评。诸如室内情景喜剧《我爱我家》《编辑部的故事》（1992年）、《闲人马大姐》（2000年）、《贫嘴张大民的幸福生活》，以及后来的《家有儿女》（2005年）等作品，都以贴近北京老百姓原汁原味生活的剧情、明星演员生动真实的表演，以及用北京人独有的幽默方式探讨严肃话题的表现方式引起了巨大反响，并成为独树一帜的中国电视剧精品。不难发现，这些表现京味生活的优秀电视剧都是室内情景或者是室内与室外搭景相结合的系列情景喜剧，从首开先河的《我爱我家》开始到后来的《家有儿女》，都是从千千万万的老北京家庭中抽象出一个典型的“家”，围绕家庭成员之间、家庭成员与邻居朋友之间、家庭与社会之间的联系与矛盾来构建故事、塑造人物，这些电视剧每一到两集是一个完整的小故事，情节鲜活、生动，幽默地讲述老百姓的日常生活，紧贴社会时代脉搏，通过北京人的日常琐碎生活以及对国家大事、政府政策

① 林玉恒，张智华．北京地域文化与北京题材电视剧［J］．唐都学刊，2011（03），第79页．

的趣味评点，表达老北京人的主人翁意识和都市生活状态，并且间接反映当时整个社会的精神面貌。

北京这个城市有其独特的都市文化氛围，作为生在北京城、长在北京城的那些原住民来说，他们是生长在皇城根儿底下的平民百姓，他们身上有股与生俱来并且从小被这个古老皇城所浸染的京味儿气质，是皇城文化与平民文化交织并存的。北京人幽默风趣，但有时爱耍小聪明，同时他们关心国家大事，并且喜爱用自己的方式调侃时政，对朋友讲义气热心肠，等等。这些特点在 1991 年播出的《编辑部的故事》和 1993 年播出的《我爱我家》中尤为明显。这两部都是 90 年代初期的电视剧，剧情和剧中的人物都体现出改革开放浪潮下的时代气息。《编辑部的故事》以《人间指南》杂志编辑部里六个性格不同但都善解人意、幽默风趣的编辑之间的故事展开，他们的对话“浅入深出”，耍嘴皮子，逗闷子，互相调侃，每一集围绕当时社会流行的“伪劣商品”“公款吃喝”“小保姆问题”“侵权问题”等话题展开，语言风趣，针砭时弊，是改革开放初期社会风貌的一种集中反映。由于地域文化潜移默化的作用，北京人民有一种自然的政治自觉性，有对社会话题、政治问题的敏感性。《编辑部的故事》在北京台播出以后，被各省市电视台播出/重播次数达百余次，每次播出时，其剧情、话题都被人们反复提及，成为观众们茶余饭后的谈资与争相讨论的热门话题。这除了因为当时电视剧产量相对较少外，最重要的原因还是出色的剧本编写。王朔在 90 年代作品中体现出来的诙谐幽默令人印象深刻，再加上当时冯小刚作为导演的加入，两个人的京味幽默地道圆滑，使得演员表演一气呵成，不仅形成了独树一帜的喜剧风格，还从此开创了我国喜剧系列电视剧的先河。

《我爱我家》作为我国第一部室内情景喜剧，是“英氏幽默”的一个集中体现，其影响更是深远。《我爱我家》的创作诚然受到当时传入中国的美国长篇情景喜剧《成长的烦恼》的影响，但是更为重要的是，英达的本土化创作十分成功，以“客厅”这个中国家庭核心聚集空间为中心，讲述了北京一家六口人以及与其邻居、朋友亲戚之间的故事。和其他情景喜剧相比，《我爱我家》胜在剧集的地方色彩十分鲜明，内容涵盖面广。这部作品有北京地区市民浓厚的生活气息，且每个人物个性饱满，三代人的时代特征突出。荧屏上的每个人都带有“漫画式”的喜剧效果，将之融入在略带夸张的个性化表演中：大儿子是机关中的小职员，大小算个知识分子，但却碌碌无为，文采也不行；大儿媳是评剧演员，这个身份极为尴尬，她自诩为艺术工作者，其实大部分时间闲在家中，经常有些不切实际的幻想；二儿子是北京常见的游手好闲的无业青年，没什么本事，却总自以为怀才不遇；小女儿是中文系大学生，浪漫朝气，也有些文艺青年的毛病；小孙女上小学四年级，正处于对人对事半懂不懂又充满好奇心的麻烦年龄，再加上家中请的“家庭服务员”，妙趣横生的事情一件接着一件上演。不只是家庭琐事，对国家政治的关心在《我爱我家》中也有充分体现。“老傅”同志，作为一名退休在家的老干部，虽然已经离开了工作岗位但是时刻关心着国家大事，总不经意地抖出笑料的官腔儿，在家养老却片刻也闲不住，总想“发挥余热”，有所作为。剧情中更是有多集关于政治话题的喜剧化讨论，以喜剧的调侃方式带出政治话题是八九十年代随着改革开放的深入，电视剧创作中比较独特之处。《我爱我家》中关于“下海经商”“买彩票”“明星粉丝”等现象都是90年代改革开放下社会横截面的生动体现。

在拥有传统胡同、戏园子、四合院等丰厚物质遗产的传统北京文化体系中，相声、小品等作为老北京特有的市民文化形态也极易引发共鸣。在《我爱我家》和《编辑部的故事》中，人物的对话都程度不一地浸润着老北京传统相声段子、小品桥段等幽默元素。此外，《我爱我家》将传统相声中的“抖包袱”加入电视剧的剧情中，让观众在熟悉的方式中感受笑料。1998年播出的《贫嘴张大民的幸福生活》有承前启后的特点，与此前的电视剧相比，它的剧情设置少了许多与改革开放背景息息相关的事件，侧重点转向了对社会主义建设过程的关注。在展现北京普通小市民的普通家庭生活时，它更多地描述底层小人物生活的艰辛与无奈，因此还带有一点悲天悯人的色彩，但是通观全剧，张大民所代表的北京原住民的那种乐观、豁达、善良毫无疑问地体现了老北京人乐观幽默的品质与精神。

2000年以后，关于北京原住民幽默生活的电视剧有了新的变化，改革开放初期显现出的那种社会转型下大的社会变化特征和若隐若现的政治话题在荧屏上再难寻觅，以喜剧方式表现北京原住民生活状态的剧作也逐渐减少，像《家有儿女》《新编辑部的故事》（2013年）等电视剧的创作侧重点也有了一定的变化，它们重点表现当代社会环境下，北京作为现代大都市的代表，其居民的生活环境、心理状态与生存状况。《家有儿女》是在2005年播出的家庭情景喜剧，讲述两个离异重组家庭内部不同年龄阶段、不同血缘关系的孩子之间，以及孩子同父母之间的故事。2013年播出的《新编辑部的故事》与老版《编辑部的故事》差距甚远，虽然由老版《编辑部的故事》总策划郑小龙担任导演，但是由于缺少《编辑部的故事》创作之初的社会现实背景，少了针砭时弊的内容与效果。《新编辑部的故事》试图延续老版《编辑部的故事》结合现实、评论实事、幽默尖锐的路线，以《人间指南》面临网络时代压力，发行量连年下降，准备改名为《WWW》的故事入手。为了吸引老版《编辑部的故事》的忠实观众，新版电视剧也请来了在老版电视剧中担任编辑角色的吕丽萍出演，又加入“海归时尚女总监”陈好、“搞怪幽默摄影师”黄海波、“网站编辑”井柏然等现代都市的时尚角色来贴合时代发展，但其剧情生硬呆板，使观众难以感同身受，远离了真实的现实语境，那些“无厘头”式的幽默在剧中也显得单薄无力。

2011年播出的电视剧《傻春》是刘家成导演的“京味三部曲”的第一部，这部作品讲述了一户北京普通家庭中的长女傻春承担起母亲的责任，照顾全家人的饮食起居，但在重重困难来临时不离不弃，维护家庭团结，尽力建设他们遮风避雨、充满温暖的小家的故事。作为全剧的核心人物，傻春看似“傻”，但她面对着有些自以为是，又有封建家长做派的父亲，有着男尊女卑思想又不善家务的母亲，还有一群脾气性格迥异的弟弟妹妹们，始终以忠厚耿直、善良真诚的心对待每一个人，在风风雨雨的几十年中，感动了身边的每一个人，维系了兄弟姐妹间的情义和赵家的安定和谐。陶虹将傻春这个角色憨厚、正直、勇敢演绎得生动自然，给观众留下了深刻的印象。

继《傻春》《正阳门下》（2013年）之后，刘家成导演了电视剧《傻柱》（2017年）（又名《情满四合院》），作为其“京味三部曲”的收官之作。《傻柱》以四合院的生活空间为中心，讲述了老北京城居民邻里的家长里短。与年代剧不同的是，《傻柱》等京味生活剧更贴近温馨平凡的生活琐事，挖掘人与人之间的情感纠葛与牵绊，在形象鲜明的小人物角色身上贯注人情人性美，在观众群中引发了共同的生活记忆与情感共鸣。三部曲的首尾两部导演各塑造了一名以“傻”为特征的男女人物，无论是“傻春”还是“傻柱”，他们在外人看来的“傻”，实际上透出的是他们的处世理念，是对家人朋友的关爱，也是对家的珍视，更是对中华民族传统美德和精神的传承与坚守。随着时代的风雨变迁、亲人朋友的聚散离合，北京这座有着悠久历史的千年古都，见证着千千万万普通老百姓的人情冷暖和琐碎平凡，而这些普通老百姓们也用自己顽强的意志和乐观的精神应对着家庭变故、时代更迭，与北京这座城同呼吸共命运，在世事变化中共同谱写出关于北京今时与昨日的美好记忆。

表 2　北京题材幽默京味儿电视剧

序号	年份	剧名
1	1991	《编辑部的故事》
2	1993	《我爱我家》
3	2000	《贫嘴张大民的幸福生活》
4	2000	《闲人马大姐》
5	2001	《网虫日记》
6	2005、2006、2007	《家有儿女》Ⅰ、Ⅱ、Ⅲ、Ⅳ
7	2013	《老米家的婚事》
8	2015	《孙老倔的幸福》
9	2015	《傻柱》

二、家庭观念的时代变迁及其影像表达

从中华传统文明的演变来看，儒家思想的诞生，为整个社会创立了行为准则、价值取向和运行规范。儒家对关于现实人际中的父子、夫妻、邻里、亲朋、妯娌、兄弟、自我内心等世俗规范都提供了样本式的指导性作用，这些都在漫长的岁月长河里演变成一种中华民族的集体意识，深深根植于中国人内心深处。中华民族向来以“家”为活动中心，是特定语境下的核心文化象征。家庭生活包罗万象，家庭成员及各个家庭之间的关系更是千变万化，它们都是构成民族、国家的微小细胞。关于家庭生活的故事最贴近人性的呼吸脉搏，因此以“家庭生活”为核心的家庭伦理剧才能在 20 世纪 90 年代被真实演绎后成为深受观众喜爱的类型。以家庭为单位而建构的人伦亲情和家

庭生活中不时面临的琐屑杂事，不仅是电视剧题材中最鲜活真实的创作素材，也是经久不衰值得细细推敲和深刻讨论的现实主题。

经过岁月的沉淀，儒家所倡导的“礼义”“致信”“仁爱”“孝道”等世俗规范到今天已经发展成社会普遍认可的道德规范，像“人文关怀”“社会和谐”“乐于助人”“勤于奉献”“诚信为本”等仍然闪烁在现实生活的各个领域，是保持整个社会正常运转的基石。而这些伦理道德规范也融入以家庭命运为中心的家庭伦理剧中，是影视艺术作品对于现实生活中的真善美的呼吁，更是对于传统道德伦理的回归。家庭伦理题材电视剧，旨在围绕“家”这个核心元素，描绘随着时代变化，其家庭成员之间在生活方式、思想状态、行为方式等方面的变化。其中，既有《牵手》（1999 年）、《婚姻保卫战》（2010 年）、《结婚十年》（2002 年）等表现婚姻危机的情感类题材，也有《老牛家的战争》（2010 年）、《家产》（2011 年）等关于财产纠纷的现实题材；既有《媳妇的美好时代》（2009 年）、《当婆婆遇上妈》（2011 年）、《独生子》（2013 年）等关于婆媳、亲家之间的分歧、矛盾的电视剧，也有在大的时代改革背景下，紧密结合时代变迁，描写一家中不同角色命运走向、生活状态的架构较宏大的电视剧，像《渴望》《一年又一年》（1999 年）等。

随着时代的变化，不同时期的家庭伦理电视剧所表现和强调的核心也各有不同。从 20 世纪 90 年代初到现在，基本呈现出从偏重宏观叙事到微观叙事的走向特点。90 年代的两部重要电视剧作品《渴望》《一年又一年》都是紧扣当时大的时代背景，将人物命运紧紧联系在时代变革所带来的影响上。《渴望》之所以在当时达到空前的好评和巨大反响，是因为人们在“文革”期间受高度政治化生活的影响所压抑的内心情感，在这部剧中得到了巨大的释放与共鸣。该剧获得第 11 届飞天奖优秀长篇电视剧奖以及第九届电视金鹰奖优秀电视剧奖。该剧多层次、多侧面地展示了北京普通百姓从 60 年代末到 80 年代中期这个风云变化的时代中所经历的命运遭际，表现出他们对理想的追求与生活的渴望，剧中对“文革”残酷现实的描述，也是人们长久以来压抑情感的宣泄口，刘慧芳与宋大成、王沪生之间美好但纠葛的感情故事，正是对经历了“文革”动荡期的人们内心的一种抚慰，也表达了现实生活中的人们对真切情感的渴望以及对社会道德重建的希冀。《一年又一年》

则是聚焦改革开放20年所带来的对社会生活的影响，围绕北京的陈、林两家从1978年到1998年20年间改革浪潮中的变化，并加之男女主角在时代沉浮中种种错位、纠葛的情感故事。在大的时代背景下，展现了包括平反昭雪、知青返乡、恢复高考、下海经商、出国浪潮、股票热、下岗再就业等种种社会问题，全面展现了改革开放20年中人们在思想、情感、生活方式等各个方面的变化。

20世纪90年代开始，逐年攀升的离婚率成为当时的一个主要社会问题，也是整个时代背景的展现，因此催生出《牵手》《结婚十年》等以婚姻危机为题材的电视剧。除了离婚主题之外，还有一些电视剧如《家产》《老牛家的战争》，反映的是家庭财产分配引发的争执问题。在《老牛家的战争》中，老牛按照老伴临终前的嘱托，将家产分配给儿子牛志华、牛志文以及从小送人的女儿张月梅。月梅为人善良耿直，她不愿要父亲的养老钱。两个儿子却对各自分到的财产不满意，处心积虑算计老父亲。两兄弟为了家产撕破脸皮，置亲情于不顾。子辈种种丑恶的言行让本来就承受丧妻之痛的老牛感到愈发悲痛。在时代变迁的大背景下，面对纷繁复杂的社会现实，家庭内部稳定和谐的结构趋于摇摆和松动，在物质与金钱的席卷下，在价值观的冲突下呈现出诸多问题。这些电视剧努力呈现、透析存在于普通家庭内部的问题，对人们普遍面临的“婚姻忠诚”“信任危机”“养儿啃老”等现象展开批判与反思。

进入2000年以来，家庭伦理剧的创作逐渐转向结合多方面的人物关系来描述和探讨婚姻、情感等问题，如《浪漫的事》（2003年）通过一个母亲及其三个女儿的结婚、生子、婚变等问题展现老百姓细腻的情感和现实生活；《金婚》（2007年）则通过一对共同生活了50多年的夫妻讲述他们的婚姻情感经历。《金婚》的故事开始于新中国建设热火朝天的1956年，小学数学老师文丽和青年标兵技术员佟志结为夫妻。年轻时，他们从性格到生活习惯都格格不入，夫妻二人的婚姻生活，从衣食住行到子女教育，到婆媳关系，再到性关系，处处暗藏矛盾；中年时，他们进入了婚姻疲惫期，夫妻之间越来越少沟通，经常陷入更危险的冷战之中，甚至一度从冷漠、冷战激化为大打出手，婚姻险些走到尽头；老年时，他们进入婚姻牢固期，虽然遇到种种困境，但两人彼此关爱相互扶持，最终牵手走进金婚。该剧的新颖之处在于采用了编年体的叙述方法，每年为一集内容，并将个人的命运放到中国半个多世纪的发展背景里，人物成为时代变迁的亲历者和记录者。值得一提的是，在描绘家庭生活酸甜苦辣的同时，《金婚》还通过父母与孩子对待婚姻的态度来展现两代人截然不同的价值观。在佟志一代，面临婚外诱惑的时候，无论是跳脱的大庄，还是凝重的佟志，最终选择的都是守住家庭。而子女一代则认为，婚姻不幸，那么就坚决离婚；既然找不到爱人，就不妨只爱自己。佟志的儿子是个"成功人士"，女友无数却始终没有结婚的念头。当佟志和他探讨幸福标准的时候，儿子说：你太认真，太负责了，太对别人负责了。我觉得你们何止是不幸福，简直是太痛苦！并且他强调，一个人如何活得快乐？就是不要给自己背负上太多的责任。如果让自己在"痛苦的哲学家"和"快乐的猪"之间做一个选择，无疑自己会选择后者。可佟志却说：我们对幸福的标准不一样，但有一条是不会变的，人到头来离不开人，离不开感情。"我和你妈这四十多年，是打也打了，吵也吵了，分也分了，但是我们过得很有滋味，如果我们都像你这样，什么事都绕着责任走，绕着痛苦走，那人生它不就是一张白纸吗？它什么滋味也没有啊！人是要有精神家园的！"① 显而易见，年轻人在"宏大叙事"前选择恶搞、逃避或背离，追求个性的张扬和解放，而老一辈却在社会意识、社会思潮变动的夹缝中或痛苦或快乐，或自觉或不自觉地坚守、背负着传统。

20 世纪 90 年代家庭生活伦理剧的故事背景大多围绕以北京四合院、胡同邻里等为中心的居住环境来描写现实生活，随着改革开放和现代化进程的加快、北京现代都市化气息的浓厚，故事发生的中心从平房四合院变成了居民楼单元房。2000 年以后，特别是 2010 年以后的北京都市题材电视剧大多描写现代化都市中快速的生活节奏、高压的工作状态、高房价低收入等现象引发的家庭生活中的种种问题。此外，也表现出现代思维方式对传统婚姻观念、夫妻间生活方式以及长久以来"男权社会"模式的冲击和挑战。如《婚姻保卫战》讲述三个现代都市女性在自己的婚姻面临"七年之痒"的关键时刻所进行的选择。《AA 制生活》（2012 年）、《金太郎的幸福生活》（2011 年）、《双城生活》（2011 年）等电视剧则是描述现代婚姻观念下都市夫妻的

① 引自电视剧《金婚》台词.

生活状态。《AA制生活》讲述的是两对80后夫妻在面对房贷压力、收入不稳定等现实困境下实行"AA制"这种挑战夫妻共同使用双方财产的传统生活模式。这一题材电视剧的产生一方面反映出北京现代都市生活给人们带来的生活压力，另一方面也反映出80后年轻人在婚姻价值观以及生活方式上的转变。值得注意的是，"AA制"的生活方式都是夫妻双方中的女性一方提出的，在家庭生活伦理剧中越来越多地出现了经济上要求独立自主的女性形象和与之产生对比的对妻子言听计从的"小男人"形象，这种新时代男女荧屏形象的改变，在一个侧面也反映出新时代女性独立自主意识的提高。此外，剧中的两对80后小夫妻在婚前都是自由恋爱，感情真挚深刻，但在婚后，面对"AA制生活"这种对传统家庭生活伦理规范带来冲击的生活方式时，也出现了种种分歧和冲突。通过表现80后夫妻在新的婚姻观念下出现的种种问题，揭示新时期下的婚恋观与在中国传统伦理规范笼罩下的社会仍有一定分歧，一方面表现出对类似"AA制生活"这样的新式婚恋方式的怀疑与讨论，另一方面也表达了对传统的和谐家庭生活方式的一种呼吁和回归。

2000年以来，北京地区外来务工人员不断增加，"北漂"一族日渐壮大，越来越多的家庭面临着扎根北京的诸多难处，血泪奋斗的故事每天都在这座梦想之都上演着。家庭伦理剧也开始关注这类家庭的生存状态，《我为儿孙当北漂》（2015年）就是其中的典型代表。一对北漂夫妻怀了二胎，双方的父母都来到北京与子女挤在同一屋檐下，发生了一系列悲喜参半的故事。剧中家庭遇到的各种问题正是北京等一线城市许多家庭面临的困境，子女的抚养教育、老人的安顿和陪伴、事业与家庭的矛盾以及巨大的经济生活压力，都是当代家庭生存的写照。而在所有艰辛的背后，家人的关切与亲情都是他们坚强的后盾，在一次次的冲突矛盾化解之后，家人的温暖与包容时时带给二人力量与感动。即使身处异乡都市，血缘的凝结永远给予他们持续的鼓舞和扶持。家庭伦理剧落脚于情感，展现家庭的温情，如《一树桃花开》（2017年）、《平凡岁月》（2017年）等，打出情感大戏的招牌，将感人肺腑、动人至深的血脉亲情故事留给观众细细品味。

自2000年以来，中国社会老龄化速度加快，而在竞争激烈的社会压力下，很多年轻人外出打拼，对父母疏于关心，缺乏与老人的沟通交流，于是在这种背景下对老年人生活的关注也成为家庭伦理剧落脚于情感，表现血脉亲情的另一个路径。电视剧《嘿，老头！》（2015 年）是近年来探讨家庭亲情关系，特别是父子关系较为深刻的一部影视作品。剧中由黄磊饰演的儿子刘海皮玩世不恭，与李雪健饰演的父亲刘二铁之间有着较深的误解，双方关系冷漠，海皮长期在外，两人更是疏于沟通与理解。而父亲因患有阿尔兹海默症需要儿子回家照顾，在此过程中，两人的关系从最初的敌视、冷漠到后来逐渐地理解对方，终于找到曾经拥有的共同的爱和力量。本剧对北京这座变化中的城市描绘细致，剧中借宋佳所饰演的易爽之口道出北京在现代化城市进程中的巨大变化与出现的诸多城市问题，如雾霾、街道拥挤、外国游客胡同游、出国热等。而在这今时与昨日的相互对比中，不仅北京作为一线城市的飞速发展历历在目，而且每个人在岁月留下的印记中也悄悄地长大、成熟并完成对自我的认同与和解。剧中几位实力派演员的表演十分抢眼，老戏骨李雪健将一位身患阿尔兹海默症的老人演绎得生动形象，特别是将与儿子之间由于误解长期独居，内心中那种孤独寂寞表现得入木三分。整部剧有笑点也有泪点，在幽默生动中体现出平凡人在快速发展的都市中所经历的悲伤与艰难、美好与感动。该剧播出后深受观众的喜爱，同时也获得了当年多个电视剧奖项的青睐。

除此之外，还出现了不少围绕婆媳间的矛盾所展开的家庭生活伦理剧，像《媳妇的美好时代》《当婆婆遇上妈》等。婆媳关系是家庭生活中一组极为特殊的关系，它完全由于子一代的婚姻关系而形成，婆媳之间既没有血缘关系，又没有亲密的联系，更是很难有思想观念和生活方式上的共同点，产生矛盾也是必然的。婆媳矛盾自古就有，在现代都市生活中愈加显著，究其原因有自古传统礼教的历史因素，也有新旧时代中婆婆和儿媳两代人在思想、生活方式、家庭观念等方面的现实冲突。在 21 世纪的家庭生活伦理电视剧中，年轻一代的女性越来越成为经济独立、思想前卫、能力出众的代名词，随之而来的是女性地位的不断提高。与婆婆的严肃、节俭、勤劳相对比，儿媳妇往往比较随便、浪费、懒惰，由此，两代女性之间便因生活习惯和价值观的不同而产生了种种矛盾。在北京都市题材的电视剧中，有许多家庭生活伦理剧都有表现婆媳矛盾的剧情，像《金婚》中文丽与婆婆佟母之间的冲突、《双城故事》中郝京妮与婆婆的矛盾等。值得一提的是，《媳妇的美好时代》在众多表现婆媳关系的电视剧中脱颖而出，它并没有将婆媳之间的冲突对立化，而是塑造了毛豆豆这样一个新时代勤劳、体贴、聪慧的儿媳妇形象，在面对长辈的刁难、诘难时总是用机智巧妙的方式化解矛盾，被称为“国民好媳妇”。该剧一改以前表现婆媳矛盾中急躁、冲动的儿媳妇形象，缓和了传统婆媳剧中以婆媳两代间矛盾为主要内容的表现方式，也重塑了新时代年轻女性的美好形象。

表 3　北京题材家庭命运电视剧

序号	年份	剧名	序号	年份	剧名
1	1990	《渴望》	2	1992	《皇城根儿》
3	1998	《牵手》	4	1998	《北京女人》
5	1998	《一年又一年》	6	2001	《龙堂》
7	2002	《外国小孩中国爸》	8	2002	《摩登家庭》
9	2002	《结婚十年》	10	2003	《浪漫的事》
11	2004	《居家男人》	12	2005	《搭错车》
13	2007	《金婚》	14	2007	《亲兄热弟》
15	2008	《大过年》	16	2010	《鲜花朵朵》
17	2010	《老大的幸福》	18	2010	《牵挂》
19	2010	《婚姻保卫战》	20	2010	《老牛家的战争》
21	2010	《媳妇的美好时代》	22	2010	《你是我兄弟》
23	2011	《家产》	24	2011	《家的 N 次方》
25	2011	《当婆婆遇上妈》	26	2012	《AA 制生活》
27	2012	《夫妻那些事儿》	28	2012	《抬头见喜》
29	2013	《金太狼的幸福生活》	30	2014	《家宴》
31	2013	《独生子》	32	2014	《半路父子》
33	2015	《我为儿孙当北漂》	34	2015	《嘿，老头！》
35	2017	《一树桃花开》	36	2017	《生逢灿烂的日子》
37	2017	《平凡岁月》			

三、都市男女的情感困境

都市情感内容的电视剧一直是电视剧创作十分重要的题材之一，它以

"北京都市"这个大的社会背景为叙事空间，聚焦在这里学习、工作、生活的普通人，特别是单身男女的情感生活与社会现实。以"男女情感经历"为中心，一方面对都市男女的生活现实、情感价值、两性观念等进行描摹呈现，另一方面又对整个社会现状与时代风貌做出全景式的剖析展现。北京"都市情感"题材电视剧是在时代发展的过程中，伴随着北京的都市化进程而逐渐发展繁荣起来的。20世纪80年代后，是中国从"乡村化"到"都市化"转型的重要时期，城市结构和聚合形态的变化对市民的思想意识和情感状态变化产生了重要影响。"在部分都市中国人中间，20世纪初以来经久不息的政治热情和社会关怀热情有所淡化，功利主义、实用主义、世俗主义、物质主义、感觉主义等观念日渐成为部分市民的主导意识。"① 城市中，在人与人之间相对冷漠、封闭化的生存状态下，一方面，以家族、社会团体、宗教等为代表的外在联系日渐松散，另一方面，以"家庭"为单位的"小家"成为一种内在聚合的形式。但我们要看到的是，随着改革开放的深入，由于市民思想的开放和外来文化观念的影响，爱情和欲望受到了极度推崇，这些新的爱情、婚姻观念的冲击和新的社会构成形态的影响，又使"夫妻关系""情侣幸福"等面临着新的挑战，出现了丁克家族、婚前同居、多角恋、恐婚族等一系列问题，情感问题也更加复杂多样。

自20世纪90年代以来，随着改革开放的深入，都市情感题材电视剧的创作也日渐繁荣。"男女情感生活"也一直是影视艺术表现的重点，而都市情感题材电视剧的表达在每个时期都有不同的特点和变化，特别是20世纪90年代到2000年之间以及2000年以后的都市情感电视剧在表现内容和表达方式上都有着明显差别，这也让都市言情剧有了清晰的现代社会属性和时代背景，在故事主题上也就有了强烈的当代意识。北京都市背景下的情感故事，是人物脉搏和社会律动的结合，北京城的每一变迁与不同时代背景下人物情感的冲撞联系在一起，剧中人物对爱的忠贞厮守、对迷茫情感的背离与放弃，以及那些美好憧憬与绝望嘶吼、爱情童话与情感信任危机都是当时社会情感逻辑的体现。被城市气息笼罩，这片天空下的人物情感和观念都根植

① 陈立旭.都市文化与都市精神——中外城市文化比较［M］.南京：东南大学出版社.2002年，第168页.

于时代洪流中的社会现实，有其明确的社会指向与现实映照。

20世纪90年代的北京都市情感题材电视剧，其故事内容和人物设定更紧密地和改革开放的时代背景结合起来，在大的社会变革下，随着影视作品中政治意识形态的减弱以及对普通人情感意志关注的提升，其情节的矛盾更加集中和外化，反映出改革开放后，人们长期被压抑的情感的释放和爆发，荧幕上充斥着改革开放的时代大背景下人物躁动的情感与欲望。《北京人在纽约》《过把瘾》《东边日出西边雨》（1995年）是这个时期典型的电视剧代表作。《北京人在纽约》借"出国热"的背景，讲述了以北京一名大提琴家"王起明"这个典型人物为代表的一群北京人在异国生活与挣扎的故事。王起明是改革开放大背景下千万北京人或者说中国人的缩影，是第一批"出国淘金"的代表者。他们是在"文革"中成长，在"改革开放"后成家立业的一代。在商品经济浪潮的席卷下他们自觉不自觉地陷入对物质欲望的追求，很多人走上了出国去寻觅"更好的生活"的道路。剧中王起明出国后与妻子郭燕的情感危机以及与餐馆老板阿春的暧昧情愫，都是那个躁动年代商品经济对社会的冲击下，人们对于物质生活的追求与精神世界出现危机的体现。而《过把瘾》《东边日出西边雨》都表现出了在有缺憾的情感社会中，人们发自心底的对爱情的深切向往和追求，以及在这个充满分歧与矛盾的社会中，青年男女们对于爱情和婚姻在理想和现实之间种种矛盾关系的深刻体悟。在那个压抑已久的年代，情感的宣泄和释放对青年男女们而言尤为迫切，但是在这种心态下，面临理想与现实之间的种种鸿沟和矛盾，他们身处人生中的各种挑战与困惑。《过把瘾》就是这个时期青年男女爱情的典型代表。这部剧主要以方言和杜梅两个人从相识、相恋、结婚、离婚又复合的故事为主线，生动戏剧性地刻画出两个性格鲜活的青年男女的形象，剧中洋溢着男女情感的爱恨交织，略带极端化地表现出处于爱情中的男女种种情绪化的行为。方言和杜梅，他们都对爱情和婚姻有憧憬和向往，方言代表了男性的冷静、沉着，对待爱情与婚姻偏重理性与理智。杜梅则是典型的情感充沛的女性，向往浪漫热烈的爱情。这部剧比较细腻地表现出人物性格和行为差异带来的心理落差，探讨着爱情与婚姻之间的种种微妙关系。它一方面蕴含着对都市爱情和婚姻生活的思考，同时又强烈地体现出那个年代人们洋溢着的对于真挚情感的渴求。

2000年以后，中国社会各方面改革继续深化和发展，人们物质生活水平逐步提高，思想进一步解放，男女婚恋观和社会地位也发生了很大的改变，社会进入高速发展的快节奏状态，特别是作为首都的北京，更是让人们深切地体会到社会的变革对日常生活的巨大影响。“从本质上说，都市社会极大诱惑着人的生命欲望、情感欲望；另一方面，秩序化、规范化、快节奏、高强压的都市生存方式，又使得人的情感欲望大大阻滞。完全引发、敞开的欲望及其受阻的背叛，反而导致都市人对‘情’的巨大热情与渴望。”[①]于是出现了诸多反映都市情感问题的电视剧。都市情感题材电视剧所涵盖的社会内容更加广泛，表现内容也更加丰富，并且是以一种更真实和平民化的视角更加贴近普通人的情感生活，对都市情感的表现更多转向了私密化和内向化。在这些聚焦情感言说的影视作品中，按照内容题材，大致分为两类：第一，聚焦单身大龄青年特别是大龄女青年的婚嫁问题，如《好想好想谈恋爱》（2005年）、《张小五的春天》《李春天的春天》（2011年）、《咱们结婚吧》（2013年）等；第二，聚焦都市男女的情感困惑与危机，如《小爸爸》（2012年）、《离婚前规则》（2012年）、《我爱男闺蜜》（2013年）、《大丈夫》《离婚律师》（2014年）等。当然，大多数电视剧对这两类题材的表现并不是截然分开的，而是把这二者有机地结合在现实语境中，通过讲述不同类型的情感故事，讲述都市男女寻找属于自己幸福的故事，展现了现代都市人丰富的情感生活。在这些电视剧中有一个现象特别突出，那就是出现了越来越多的个性突出的女性形象，她们不仅年轻貌美，而且敢于在北京这样的大都市中独自打拼，有自己独立的人格和意志，执着地寻找自己认定的幸福。随着都市社会的发展，女性社会地位不断提高的同时，优秀女性难嫁的婚姻问题也成为越来越普遍的社会现象。“大龄剩女”成为社会热词，一份可靠稳定的情感貌似成了当今社会一件难得的奢侈品。《张小五的春天》（2011年）和《李春天的春天》（2011年）就是两部题材相似的电视剧，前者讲述30岁的大龄女青年张小五在自己30岁生日这天经历了未婚夫弃她而去、公司倒闭、房东逼债等一系列人生困境，最后在创业中找到自己幸福的故事；后者则讲了宋丹丹饰演的38岁大龄女青年李春天，在临近婚期却发现男友移

---

① 李俊国.中国现代都市小说研究［M］.北京：中国社会科学出版社，2004年，第208页.

情别恋，经历了一系列生活不如意后，寻觅到了爱情;《咱们结婚吧》更是戏剧性地描写了一位大龄剩女和大龄恐婚男的爱情故事，细腻生动地描绘了当下青年男女的心理情感状态。“大龄剩女、生活中种种挫折不如意、最后通过艰辛努力遇到属于自己的幸福”，这些情节都是对当今社会女性生存状态的戏剧性描摹。而我们发现几部剧对女性的描写都有一些共同点，那就是在北京高强度压力的社会环境下，她们都经历着生活和事业上的种种挫折与压力，而作为新时代的女性，她们面对生活也都像充满斗志的女战士一样，在偌大的城市中不断寻觅，最后靠自己的努力争取到了属于自己的幸福。和故事圆满的结局一样，这类电视剧在讲述方式上也以“巧合”“误会”等制造某些喜剧化效果，相对减少过分渲染苦情、挫折的悲剧戏份，这也算是以“北京”这个独特地域为背景的电视剧所具有的一种轻松喜剧化的表现方式。

另一种关注都市男女情感困惑危机的类型，其包容性更广阔。《小爸爸》（2013 年）讲述了一个“未婚生子”结果的后续故事，主要描写单身青年于果意外得到一个“儿子”，得知是他和前女友的孩子，还未成熟的“小爸爸”在和儿子的相处中，二人共同成长成熟的故事。剧中的于果是典型的 80 后，当还是一颗孩子心的 80 后青年要去抚养一个孩子的时候，冲撞出种种关于“成长”的故事，同时也探讨了现代社会中的“爱”与“责任”的话题。《大丈夫》（2014 年）是近年来一部优秀的都市情感剧，细致动人的生活细节、曲折生动的故事剧情以及幽默精致的台词都使之成为一部经典剧作，其中涵盖了“老夫少妻”“姐弟恋”等挑战传统伦理观念和婚姻观的爱情故事，剧中男女在传统目光的注视下，冲破重重阻碍，勇敢追求自己想要的幸福。《离婚律师》（2014 年）则是针对当下离婚率高的社会现状，描写了两位专门为别人处理离婚案件的律师在相处交锋过程中产生感情的故事。

2010 年以来，家庭伦理剧开始更多地关注到育儿问题。2015 年集中播出了三部家庭育儿题材的电视剧《虎妈猫爸》《酷爸俏妈》和《我的宝贝》，三部电视剧都通过新手父母在教育孩子的过程中磕磕碰碰的经历，展现为人父母的成长和转变，重新回归温暖家庭的故事。《虎妈猫爸》和《我的宝贝》聚焦于不同教育理念和方式引发的争执，《酷爸俏妈》则关注三个家庭之间的复杂联系和身为父亲的责任树立。在挫折中成长的父母，探索出了更为科学可行的教育方法，同时认识到身为父母的责任与义务，以及家庭关系中相互扶持共同维系才是通往幸福和谐的路径。如果说以上三部电视剧关注的是年轻父母们的育儿经和孩子们的初级教育的话，2016 年播出的电视剧《小别离》开始将关注重心上移至中考等升学问题。镜头对准三个不同经济状况家庭中的初中生，一个是普通家庭的金琴琴，一个是中产阶级家庭的方朵朵，另一个是富豪家庭的张晓宇，三个家庭在北京这座竞争激烈的城市中，面对孩子们即将中考的升学问题绞尽脑汁，如何让自己的孩子有个美好的未来，成为三个家庭生活的重中之重，最终出国留学成为他们共同的选择。为此三个家庭颇费周折，甚至走向崩溃的边缘，这种面对升学时盲目的选择折射出中国社会不同阶层的精神困境和生活现实，发人深思。而对中国式家庭教育及亲子关系的思考延续到了 2019 年播出的电视剧《小欢喜》中，本剧可看作是《小别离》的姊妹篇或升级版。同样是在北京，三个备战高考的家庭不仅面对着升学的压力，更面对着亲子关系的难题。剧中对三个家庭中父母和孩子的刻画更为细致精妙，女强人童文洁对儿子方一凡恨铁不成钢；从小寄养在舅舅家的季杨杨面对常年在外的父母的突然关怀，不知所措，父子的关系极其紧张；特别是单亲妈妈宋倩为了让已是学霸的女儿乔英子考上一个更好的大学，辞去工作专心在家料理孩子的一切，看似关怀备至，实则为“爱的绑架”，母女之间的矛盾和误解悄然爆发。本剧对中国千千万万家庭在面对孩子人生中极其重要的时刻——高考前后的生活态度和心理变化进行了较为深层的解剖和挖掘，得到了观众的共鸣和认可。也许现实比影视剧当中表现得更为复杂，但从《小别离》到《小欢喜》，电视剧对这些观众所关心的问题进行了浓缩和提炼式的艺术化表达，两部影视剧对中国式教育、大城市中亲子关系难题的思考方式和角度值得肯定与赞赏。故事的发展虽然一波三折，家庭矛盾此起彼伏，但正如剧名一样，编导从不一样的家庭视角，尝试在复杂纠结的矛盾中挖掘出生活的点滴乐趣，是“小别离”更是“小欢喜”。

以家庭伦理为故事内核，观照北京乃至全国城市化进程中家庭伦理关系的不同面相，是北京题材电视剧在当代文化生态转变下的现实把握和伦理思考。从老北京人幽默的京味生活中整体和谐的家庭关系，到城市化进程中家庭关系的松动以及家庭观念的代际差异，再到都市男女的情感困境和精神突围，诸多关涉家庭伦理问题的电视剧映射出社会不同阶段的世相百态和大众心理，击中观众的现实焦虑和情感脉搏，这也是许多北京题材电视剧播出后热点话题不断，甚至成为现象级作品的深层原因。

表 4　北京题材都市情感电视剧

序号	年份	片名	序号	年份	片名
1	1994	《北京人在纽约》	2	1994	《过把瘾》
3	1994	《京都纪事》	4	1995	《东边日出西边雨》
5	1996	《北京爱情故事》（老）	6	2004	《北京假日》
7	2004	《好想好想谈恋爱》	8	2005	《动什么别动感情》
9	2005	《半路夫妻》	10	2005	《北京我的爱》
11	2011	《张小五的春天》	12	2011	《幸福来敲门》
13	2011	《双城生活》	14	2011	《李春天的春天》
15	2012	《离婚前规则》	16	2013	《老公的春天》
17	2013	《假如生活欺骗了你》	18	2013	《小爸爸》
19	2013	《咱们结婚吧》	20	2014	《幸福请你等等我》
21	2014	《我爱男闺蜜》	22	2014	《大丈夫》
23	2014	《离婚律师》	24	2015	《想明白了再结婚》
25	2015	《虎妈猫爸》	26	2015	《等你爱我》
27	2015	《我的宝贝》	28	2015	《酷爸俏妈》
29	2016	《小别离》	30	2019	《小欢喜》

第二节　青春励志剧引领潮流

在个体生命的成长中，青春故事以不同样态汇聚着相似的情感张力和现实反思，年轻的脸庞、勇敢的心、懵懂的体悟、不悔的执着……关于青春主题的书写在文艺创作领域一直深得青睐，不同时代的创作者通过讲述熟悉又陌生的青春故事，设定陈规与创新并置的人物关系，言说着自己的青春时光，辐射一代人的青春记忆，或怀旧感伤或激昂高亢。毋庸置疑，青春是关乎时间的，是充满矛盾的，既是实在的体悟，又是哲理的思考，其中充满着对不可逆的时间的悲伤追溯，以及对勇气和执着的讴歌与缅怀。

在以北京为叙事空间，以年轻人的成长为情节模式的励志剧中，表现北漂年轻人的奋斗生活，这应该是最具有当代北京都市气息的电视剧类型。北京作为国家首都和全国综合性大城市，会集了各行业的精英和资源，因此吸引了全国各地的年轻人蜂拥而至，他们年轻、有活力、有激情，拥有梦想，肯吃苦，擅拼搏，只为了能在北京赢得立足之地，形成了独属于北京符号的“北漂一族”。

2000年以后，电视剧创作进入青春励志题材多产和备受观众欢迎的阶段。青春励志题材的电视剧深受欢迎与其拥有巨大的青年收视群体是分不开的，它聚焦于青年人的奋斗故事，用饱含理想色彩的表达方式展示青年人的激情与活力，同时又深深根植于现实社会，描绘出青年在北京奋斗的种种艰辛和不易，带有强烈的现实感，让观众感同身受的同时又回忆起自己年轻时的不羁与梦想，产生出带有煽情性和号召性的共鸣。青春励志类电视剧创作的代表人物赵宝刚，其“青春三部曲”《奋斗》（2007年）、《我的青春谁做主》（2009年）、《北京青年》（2012年）侧重表达青春励志主题，表现一群典型的北京80后青年的青春奋斗和情感故事。通过塑造一个个性格鲜明的主人公，以及轻松自然，极具“京味儿幽默”的对话和表演，充满理想斗志的剧情，迎合了当下无数怀揣梦想的青年人立志来北京奋斗的心理。另一方面，还有像《裸婚时代》（2011年）、《蚁族的奋斗》（2011年）等着力呈现都市现实的电视剧，它们真实自然地塑造人物，突出表现一批面对现实种种无奈的年轻人，那些纠结彷徨、无奈痛苦、理想与执着都鲜活地展现在剧中，给观众留下深刻的印象，并触及城市大多数年轻人的生存处境，婚姻、住房这两座“大山”是他们普遍面对的现实难题，两相牵制又难以突破，其中的窘迫与无奈，夹杂着年轻人的梦想与不甘，直观地将北京城市中青年一代的奋斗初衷与举步维艰呈现出来，同时又在严苛的生存现实中透射出理想的光亮，最终以充满希望的结局弥合现实中的裂缝。

一、追逐梦想的奋斗青春

中国内地的第一部青春偶像电视剧公认的是1998年张一白导演的《将爱情进行到底》，而最具有代表性的北京都市青春励志电视剧就要属赵宝刚导演的“青春系列三部曲”——《奋斗》《我的青春谁做主》《北京青年》。

2010年前后，北京作为现代化大都市，见证了经济的快速发展和都市大众文化的繁荣。“2010年电视剧制作年产量已经达到1.4万余集，到了2012年电视剧年产量已经突破3万集”[①]，可以说中国已经成为名副其实的电视剧生产大国，而伴随着2000年后电视剧行业的快速发展，青春励志题材电视剧又在北京都市电视剧中占据着重要地位。赵宝刚执导的“青春题材”三部曲紧紧围绕当时北京青年人的生活，以“贴近人性，突出生活本真”的叙事特点俘获了大批观众，多角度地将年轻人的青春、励志、情感与社会现实表现了出来。他的创作以一种“理想化”的表现手法，借一群饱含理想的80后俊男靓女的奋斗故事，寄托当代社会年轻人美好的生活憧憬，用北京人独有的幽默和青春活力让这些青春励志故事看起来欢喜、轻松，并且大多有着大团圆的完美结局。

《奋斗》讲述一群朝气蓬勃的80后大学生毕业后的情感奋斗生活，他们在奋斗中努力实现理想，追求自我。对前途充满了憧憬与期望的陆涛刚刚大学毕业，女友米莱带来好友夏琳一起庆祝。没想到陆涛和夏琳一见钟情，不顾一切地相爱了。为了不伤害身边的人，他们没有选择公开，却被早已疑心的米莱撞破，伤心的米莱远走他乡。该剧开始便是三个人都未曾料到的青春“事故”，之后便以陆涛和夏琳的情感故事为中心，辅以向南和杨晓芸这对欢喜冤家，还有华子和露露的情感纠葛，这三对情侣以各自不同的观念和方式处理感情，同时还要面对刚投身其中的陌生社会，有悲欢喜乐、不解和无奈，每个人都在理想和现实的落差中逐步成熟。作为“青春三部曲”的开山之作，《奋斗》第一次把80后的青春情感和奋斗历程作为叙述重点，不仅将年轻人的愤世嫉俗、叛逆迷茫、情感混沌融入进去，还着重描写了六个刚毕业大学生的情感生活和事业奋斗，并且具体到每一个人物上：陆涛、夏琳、向南、杨晓芸、华子、米莱、露露……他们每个人都有自己独一无二的人生，无论什么样的出身，什么样的性格，和什么样的人交往，他们都积极向上，坚持自我，顽强不屈，最后都找到了自己该走的路，开始了新的征途。可以说，赵宝刚的《奋斗》首次让80后这一群体集体亮相，展示他们为事

---

① 中国产业信息网.2014年我国电视剧投资、制作与发行行业现状分析［EB/OL］.http：//www.chyxx.com/industry/201407/265081.html，2019-10-10.

业、为爱情、为生活而奋斗的情感体验和思维方式的成长与转变。这种变化首先体现在人物对感情的认识上。在陆涛刚踏上工作岗位的时候，他努力想用高品质的生活来挽留他的爱情，实质是实现他自己的人生目标。他以为努力工作，让夏琳过上所谓的“富裕”的生活就是爱她。因此他没日没夜的工作，甚至忽略了夏琳的感受。于是，夏琳离开了他。因为夏琳想要的不过是“开水白面包”但是“永远在一起”的爱情。当陆涛创业失败，一无所有的时候，夏琳回到了他的身边。他终于知道，爱情不是给心爱的人住豪宅、吃鱼翅，而是“和你在一起，就是和你在一起”，并“为了她的梦想而奋斗”的简单生活。荧屏上“有情人终成眷属”的结局设定不只是年轻一代追求幸福的结果，其价值内核仍然重视并肯定传统婚姻的道德约束力。相对于婚姻和爱情，《奋斗》对于事业方向的展示也特别鲜明。例如，陆涛的事业发展犹如过山车，开始时顺风顺水，有个富裕的亲生父亲做后盾，他的“田园牧歌”项目做得特别红火，看起来将是徐志森公司的最大盈利项目，后来在杨晓芸母亲的帮助下，也顺利地拿下了拆迁“钉子户”，得到了徐总的金钱奖励。这发生的一切对于一个刚出校门的毕业生来说，是一种“巨大的”成功，然而，社会终究不同于校园，社会阅历毕竟只有在真正历练过后才能得到，“田园牧歌”项目虽然设计完美，也倾注了陆涛大量的心血，可经过市场的检验，得到的反馈是该项目设计太过前卫，太讲求艺术性，大众不认可。纵观陆涛毕业后的奋斗史，其实就是一个人在努力适应社会的同时挣扎着坚守自己理想的过程，有痛苦，但更多的是收获。

如果说《奋斗》所反映出的代沟、人生观、事业观等问题都是现今父母子女关注的焦点，那么导演在《我的青春谁做主》里已经在着手解决这些问题了。作为《奋斗》的姊妹篇，《我的青春谁做主》不仅展示了 80 后、90 后等新生代轰轰烈烈的追求爱情和事业的故事，而且从杨家三代七个女人的命运切入，真实地展现了老、中、青三代人的生存之道以及发生在他们身上的是是非非。剧中杨家三个表姐妹钱小样、赵青楚、李霹雳大致在同一时间步入社会，她们一起跌跌撞撞地前进，面对前行路上的礁石，用智慧和不屈在生活的海洋里激荡出朵朵美丽的浪花。她们触摸着生活残酷的一面，在这个过程中有成功也有失败，有欢欣也有悲伤，但最终都选择了迎难而上，选择了乐观积极地面对生活。该剧在讲述了青年人纯真爱情故事的同时，更多地表现了他们对成功的渴望和对理想的追求，以及在代沟隔阂中磕磕绊绊的成长历程。该剧剧名以“谁做主”的提问促使观众思考青年一代成长的话语权，到底是青年人自己还是父母一代？很明显，这是一个没有绝对标准答案的发问。虽然剧中的三姐妹最终都反抗家长的规划而过上了自己想要的生活，但是，成长是一个复杂而漫长的过程，其中的困境更是需要家长、学校、社会等多方因素合力解决的，如果将困境的根由有意识地归于原生家庭，则难免将生活的多面性简单化，不见得是一种理性的导向。

而作为前两部延续的《北京青年》则带有对青春的感慨和缅怀，讲述土生土长的北京兄弟何南、何西、何北决定抛弃那些顾虑和何东一起重走青春之路的故事。何东本来有着贤惠的女友、稳定的工作。在结婚登记的时候，他却忽然反悔，闪电般分手、辞职，他突然觉得自己的人生是被安排的，这种生活并不是自己的生活，而是别人期待的生活，何东觉得这种状态是错误的。他想重新出发，去找自己真正的人生目标。他在重走青春的路上，重新认识了自己，改变了心态，迎来了人生的新高峰。老二何西是年轻有为的医生，为了爱情奋不顾身。身为优秀骨科医生的何西从未谈过恋爱，他一直期待着能够有一个令自己怦然心动的女孩出现。他遇到了因失恋而精神失常的女孩，他用自己的真情拯救了女孩，并且也收获了自己的爱情。何南凭借自己的刻苦留学加拿大，在四兄弟中似乎是最有出息的一个。“海归”的身份本可以让他大展宏图，但是一没资本二没人脉，年轻人的创业之路同样充满坎坷。何北是大款父亲的一块心病。父亲有着自己的家业，偌大的家产儿子却是个玩世不恭的小混混，面对父亲的恨铁不成钢，他也有自己的想法，也希望做出自己的一番事业。但是他要做的就是先改变自己的性格才会有所作为。漂泊的日子中，几个年轻人在充满喜乐、泪水与感慨中，收获了自己独一无二的青春感怀。

“三部曲”塑造了一些独立、倔强的女性形象，如《奋斗》中的现代新女性夏琳、为了爱情执着勇敢的米莱；《我的青春谁做主》中敢爱敢恨、独立个性的钱小样；《北京青年》中勇敢、坚持的权筝等，她们是现代社会中那些独立、勇敢，为了生活或者理想勇于在大北京闯荡的“奋斗一族”，敢爱敢恨，面对现实的残酷与挫折仍咬牙坚持，是万千北京青年，特别是“北漂一族”的理想化缩影。剧中对于人物关系的描绘也体现出典型北京现代都市的家庭和社会关系特征，像《我的青春谁做主》中钱小样三姐妹是典型的80后以及90后，她们与父母之间的冲突主要集中在关于“婚姻”“爱情”等新老观念的碰撞。年轻人个性独立，向往自由生活。而父母则希望子女在他们规划的“幸福”道路上前行，在未来结婚对象上，重点考虑家庭经济条件、学历条件、工作收入等，而像剧中方宇那样的无高学历、无高收入、无好家庭背景的“三无男人”完全不被放在女婿的考虑范围之内。这正是《我的青春谁做主》或者说是类似青春励志题材电视剧所表现的普遍矛盾，这也是对当下社会一些过度追求物欲的畸形恋爱观、生活观的讽刺。

“青春三部曲”中风趣幽默、节奏明快、朗朗上口的台词，符合年轻群体的观看习惯，并且带有传统的“京片子”风味，在众多都市剧中比较突出。《奋斗》中杨晓芸和向南的逗贫对话一直被观众津津乐道。

杨（杨晓芸）：今儿咱可说好了，这逛商场可有逛商场的规矩。

向（向南）：说来听听。

杨：第一，只许看商品，不许看美女，我除外。

向：成！

杨：第二，凡是给你向南买的东西，单价不许超过一百块；凡是给我杨晓芸买的东西，单价不得低于五百块。

向：成！

杨：第三，不许逃跑，只许跟着我，不能在茫茫人海中把我弄丢了。

向：成！

杨：最后，付款要主动，知道什么叫一溜烟吗？告诉你，当我老公必须得有眼力见儿，我看商品这眼睛只要一放光，你就得一溜烟地给我去付账，不能浪费我宝贵的唾沫催你。

向：走，媳妇儿。[①]

像这样逗贫耍宝似的京片子对话，也是赵宝刚“青春三部曲”能够获得众多年轻观众青睐的一大法宝。

当然，我们也应看到，“青春三部曲”在处理理想与现实的关系问题

① 引自电视剧《奋斗》台词.

时，种种现实矛盾被弱化了，因此从某种程度上说，它们是一种理想主义叙事。这一点可以拿《北京人在纽约》做一个对照。王起明在国内是大提琴演奏家，郭燕在国内是中医，一个艺术家，一个医生，都是高级知识分子，而到了美国，却要睡地下室，洗盘子，受人白眼挤兑。对于他们来说，心理上的落差比生活的简陋更加折磨人。因此，当王起明捡回电视机并且在那里自我满足的时候，郭燕用一种鄙夷的眼光看着他"我觉得你变了"。在她心里，梦想断不能因为现实的残酷而磨灭，这让她无法接受。而王起明在事业成功了以后对他女儿说了一句话："这么多年，我靠什么活着？就靠这把琴！"即使在他最落魄的时候，与七八个人挤一间屋的时候，梦想都始终跟随着他。艰苦的生活、梦想的破灭、从高空摔到谷底的落差、生活的琐碎，极易让人的心情烦躁，生活的矛盾便由此而生。在这样的环境下，如何才能有高质量的婚姻？王起明和郭燕分道扬镳的根源，正是这种落差的证明。郭燕最后选择嫁给 David，也正是因为 David 可以为她提供充满希望和优越的生活。面对工作、生活、感情等多重意义上的压力，人很容易感到绝望，更容易没有安全感。因而郭燕的行为是可以被理解的，寻找安全感，这是所有人的最原始需求。电视剧《北京人在纽约》正是深刻地意识到这一点，因而将理想与现实中的裂缝不着痕迹地揭露开来。

反观"青春三部曲"，它们虽然在一定程度上反映了 80 后青年男女的现实生活，但更多是不谙世事的理想主义，是改造了现实后编织的美丽童话，既是青少年"镜像阶段"的延续、获得自我认同的途径，也是在青少年这个过渡期，从少年到成年，得以同社会沟通，实现社会化的载体。"这也可能正如雅斯贝尔斯所说的，现在的人们除了追求一些有实际效用的具体目标外，不想去发掘自己的能力；他没耐心去等待事物的成熟，每件事情都必须立即使他满意即便是精神生活也必须服务于他短暂的快乐。"① 当电视剧充斥着很多不切实际的理想生活，营建出一个个超脱于现实的青春乌托邦时，现实世界矛盾丛生、躁动焦虑的困境在荧屏上仅仅沦为光鲜假象的肤浅衬托，其暗沉的底色充当了梦幻生活的一抹修饰而非真实写照。尽管事业不顺和情

① 吴跃赛．赵宝刚青春言情剧叙事情节审美研究——以"青春三部曲"为例［D］．南京：南京师范大学，2012 年，第 30 页．

感波折都有所指涉、有所寄托，也能引发观众一时的感慨，但其主旨表达却是隔靴搔痒，终究在沉重的真实生活面前微不足道，无法带来真正撼动人心的感染力和深刻反思。

2018 年播出的电视剧《创业时代》在题材方面迎合了当下移动互联网热潮，讲述了一群年轻人为自己的创业梦想打拼的奋斗历程，该剧主要角色由黄轩、周一围等当红男星及话题女王杨颖担任，再搭配老戏骨王学圻、韩童生及台湾男星王耀庆等，看似是一部不缺热度、不缺看点的电视剧，剧集虽从创业讲起，但创作人员并没有很好地了解当下互联网行业的真正现状，加之编剧自身水平有限，故事漏洞百出，演员表演浮夸，致使该剧故事情节的发展逐渐偏离“创业”主题，落入各个人物之间的感情纠葛，产生了喧宾夺主、造作狗血的虚假效果，无法带给观众真正的真实感和代入感。

在改革开放和 20 世纪 90 年代经济飞速发展的大背景下催生了像《北京人在纽约》这样描写北京人前往象征着财富和梦想的域外空间——美国打拼的个人奋斗经历，以及 2000 年以来赵宝刚执导的“青春系列三部曲”中众多 80 后青年男女的执着与迷惘的影视作品。而在 21 世纪第二个十年即将结束时，相比 20 世纪末前后更为复杂激烈的社会现实，很多影视剧的创作者们力求视点多元，探寻更为细致和真实的现实生活。2019 年播出的《加油，你是最棒的》启用了多位实力明星，特别邀请了近些年具有超高人气的邓伦和马思纯饰演男女主角，如此配置似乎会将作品炮制成一部纯粹的偶像剧，但实则不然，从剧名到故事，从演员表演再到细节展现，十分接地气，真切地表现出一群普通人的日常生活。华丽的青春偶像包装之下，富有地标性质的央视新大楼、时尚前卫的世贸天阶以及具有浓郁老北京地域特色的胡同、四合院等对比鲜明，剧中的人物也不再是像以往偶像剧一样只穿名牌，只吃西餐或海鲜，而更多的是休闲装、北京的传统小吃豆汁儿、炒肝等，这些情节和细节的展示与小人物的普通生活无异，剧中传统与现代的相互融合与碰撞，展示出真实的生活面貌并生发出积极向上的力量。本剧通过男主角郝泽宇展示了无数“北漂一族”的生活现状，同时还还原了演员作为普通人的另外一面，就像故事开篇时福子对郝泽宇说的那样“你是一个演员，但你也是个普通人”，这一句彻底将以往华而不实的偶像剧从高高在上的云端拽下地面，奠定了该剧故事和人物未来的发展走向与剧集整体的艺术风格。剧中无依无靠的郝泽宇住的同众多北漂一样是地下室阴暗潮湿的房间，虽然加入“北漂”大军已有十年，但事业毫无起色，做一个好演员的梦想也无处安放，整天郁郁不得志；北京女孩福子从小生活在胡同里，有点贪吃也不求上进，卖过地铁票，也当过超市的促销员，误打误撞成为郝泽宇的助理。福子的父亲老福是一名出租车司机，多年来既当爹又当妈的生活并没有将他打垮，反而天生乐观开朗的性格深深影响了女儿福子，实力演员韩童生一口流利的京腔，包袱不断，将北京的哥与市井老爹的斗嘴耍贫、自嘲解闷演绎得淋漓尽致。牛美丽善良大方，责任心强，将福子和老福当作自己的亲人，这些人在北京这座机遇与挫折并存的城市相遇，虽然追梦过程经历万般坎坷，但相互扶持，彼此温暖，最终在收获事业的同时也收获了亲情和爱情。

从张一白的《将爱情进行到底》到赵宝刚的“青春系列三部曲”再到《加油，你是最棒的》，这些影视作品不仅让我们看到了北京这座现代和传统相互碰撞与融合的大都市在经济飞速发展过程中所经历的沧桑变化，同时也看到一个个年轻的生命在这变化之中或犹豫徘徊或勇敢奋进，在追逐梦想的道路上尽力彰显出奋力拼搏的青春气息。而这些优质的作品也成为现代都市青年反观自我生活与心路历程的样本，不断激励着观众，特别是年轻观众们在实现自我价值的道路上一路前行。

二、褪去热血的现实迷茫

奋斗青春高亢激昂，但仅仅是青春主题的一个层面，在这之外还有各种无法排遣的压抑和全力挣扎的突围，那些复杂多元的现实问题与不断丰盈的精神世界共同构成青春图景的底色，在这个过程中，困顿和迷惘是必经之路。北京题材电视剧创作在这个向度的拓展上显得更加游刃有余。“北漂”一族、“裸婚”一代，不甘的青春梦想、难越的现实障碍，直接指认现实社会的热点问题，并对其进行想象性的回避与解决。

除了赵宝刚执导的纯美青春励志片系列外，还有直面社会现实不带粉饰地来表现社会残酷一面的电视剧，如《北京爱情故事》（2011 年）、《裸婚时代》（2011 年）等。相比那些充满积极励志的理想青春，现实社会中更多充满的是现实的残酷，在北京都市生活中，高额的房价、快节奏的生活、压力巨大的工作、难求的北京户口、不稳定的情感生活，这一切都困扰着在大北京奋斗的青年们，大城市的金钱物欲、流光浮华都诱惑和考验着辛苦求生的年轻人的人生观、价值观，有一大部分人就在这物欲横流中沦为现实的俘虏。于是，出现了《北京爱情故事》中由单纯善良走向追名逐利的石小猛，出现了《裸婚时代》中“裸婚”的小夫妇刘易阳和童佳倩。这些故事情节深深地引起了广大观众，特别是北漂青年们的共鸣，在社会上也引起了巨大反响。

与赵宝刚的“青春三部曲”比起来，《裸婚时代》《北京爱情故事》好像卸下了些许理想主义的浪漫外壳，故事更加丰富和真实。这种类型的电视剧更能反映现代社会的价值取向与时代特征，是因为“裸婚”“蜗居”等字眼在这个时代更为刺眼。其实“裸婚”并非这个年代特有的现象，早在 20 世纪 80 年代初期，物质条件匮乏的时候，大多数人的婚姻都经历过这种一穷二白的困窘状态。在社会经济快速发展的当下，“裸婚”一词成为热议词汇，反映出物质生产水平得到很大提高的今天，因巨大的社会压力与高强度的工作挑战而心力交瘁的年轻人所面临的幸福感大打折扣的现实生活。在贫富差距过大的当今社会，在普通家庭成长起来的年轻人出生在改革开放的年代，被称为所谓的 80 后，并没有因为社会经济的进步而幸福感大大提升，与之相反，为了过上更好的生活，他们不得不付出更多的辛苦去面对快节奏的生活压力。

《北京爱情故事》的背景就处于这样一个年代，剧情设定于 2008 年奥运之后，恰恰是集中体现改革开放 30 年中国经济社会巨大成就的北京。故事表现的是当 80 后们纷纷走上社会，开始自觉不自觉扛起属于他们的责任与义务时，在他们身上发生的种种问题与改变。程锋、吴狄和石小猛是曾在同一所大学就读的好朋友，但是三人的家境却有着天壤之别。程锋家境殷实、帅气潇洒，即使步入社会也不改风流秉性，甚至连好友的女朋友也意欲追求；吴狄善良真诚、待人和善，对友情和爱情都无比看重的他，却因始终未打拼出属于自己的天地而遭到女友杨紫曦的背叛；来自云南农村的小猛靠着自己的努力总算小有成就却遭遇巨大的挫折，毫无背景的他为达到目的最终选择不择手段。该剧对唯利是图、极端个人主义、拜金主义等现象和问题进行了揭露和讽刺。剧中三个人的悲剧性结局也不啻为一种忠告。关于爱情、事业这两大主题的讨论永远不会过时，电视剧中所展现的个人经验可以视为对当下社会现象的一种映射。《北京爱情故事》导演将如此敏感的话题搬上荧屏，试图开出解救当下青年人价值观误区的药方，但最后并没有给出明确的答案，只是以主人公的不同走向引发观众深层次的思考，每一种方向都是内心主体的重新建构，也是决定命运方向的关键选择。这种新型的价值观和冲突，是一种新的题材和叙述方式的尝试，更是对传统剧作中善与恶的二元对立的超越，从而突显出一种现代感。

与“青春三部曲”相比，《裸婚时代》更立体地表现出现代社会充斥的多种价值观的冲突。在《裸婚时代》里，刘易阳、童佳倩二人为爱而“婚”。任童母百般阻挠，刘童二人想尽办法绝食、偷户口簿、撒谎，最终奉子成婚。白雪公主和王子在故事里可以结合到一起便戛然而止，对婚姻而言则是一段新的开始。爱情是浪漫的，婚姻却更加现实。以为有了爱情便可以战胜一切的两个人，结婚后各种问题频频爆发。两个人的收支、家人相处之道以及与孩子相关的一切，由于两个人成长环境的不同，难以达到统一。童佳倩自小家境殷实，她不当家不知柴米油盐贵，而刘家则样样精打细算，所以一旦涉及与经济挂钩的事情必定纠纷不断。另外在价值观上，它展现出了现代社会中老中青三代人纵向的价值矛盾和观念冲突，同时也横向铺展了同一个年龄段，不同阶层人的生活状态。在纵向上，老一代是以刘易阳奶奶为代表，她代表着旧时代老旧的婚姻生活观念，传宗接代为重，重男轻女等观念深重。中年一代是父母一辈，童佳倩和刘易阳的父母，从苦日子中走过来，传统思想严重，坚决反对裸婚，想让子女过好日子。而刘易阳父母和童佳倩父母作为同一辈人也有不同，刘易阳是普通的工人阶级家庭，而童佳倩家则代表了经济条件稍好些的中产阶级，因此两家在婚姻观念上也存在差异。在代际冲突中，以童佳倩为代表的年轻一代就经常因为生活习惯和消费习惯与刘易阳的父母产生冲突，而童佳倩所生的女孩也为她与刘易阳奶奶一辈重男轻女的观念产生冲突埋下伏笔。作为同一辈，出生于普通工人家庭的刘易阳的坚强独立，又与童佳倩的娇生惯养形成对比。然而，需要提到的是，童佳倩并没有因此产生过多的公主病，而是甘愿与刘易阳过普通日子，这也是现代年轻人爱情观中闪光点的展现。值得肯定的是，相比于《北京爱情故事》，《裸婚时代》并没有将这些社会存在的多元化矛盾冲突极端化，而是用一种对话和解的方式，处理了结局，融入真实的生活本质。巴赫金的“语言杂多”理论说“与当前流行的解构主义、后解构主义的‘非中心论’所不同的是，巴赫金理论强调的是语言杂多的积极与建设性意义，文化多元化和语言杂多是过渡和转型期中必然的同时也是健康的现象，对话是文化生长于繁荣的最佳方式”[①]。在这样一个丰富多元的现代社会表现出真实的生活质感，《裸婚时代》作为青春励志类电视剧的代表作品，是一部深受观众欢迎的都市题材电视剧，同是也是一部优秀的现实题材作品。

此外，同样是讨论 80 后青年的婚姻问题，《新结婚时代》(2006 年) 则在更为宽泛的意义上涉及另一个重要话题——城乡对立。在该剧中，农村孩子何建国用知识改变了命运，拥有好工作的同时又娶到了出自高知家庭的顾小西。然而城乡和家庭教育背景的差异，令他们彼此的相处出现摩擦和分歧。何建国的哥哥在工地工作，他希望把哥哥接到家里来，然而小西不能理解丈夫的意图，身为家中长女的她希望拥有自己的二人世界，不希望嫁一个人等于嫁给了他的全家的情况发生，正如剧里台词所说：“你嫁给了他，就等于嫁给了他全部社会关系的总和。你们俩的结合就是两个家庭的结合，他娶了你，就等于娶了你的一切，包括你的社会关系、你的父母……”[②]电视剧中有一个细节，农村来的保姆小夏，春节无法回家，女儿被建国接到北京，她就偷偷去看望，结果被小西一家误会她与建国有了感情，小西的弟弟小航替姐姐抱不平，说何建国如何没有眼光，怎么找了一个这么不如姐姐的人，言语间充满轻视。从整部戏而言，小航是个非常难得的好小伙子，可是他，乃至所有戏中的普普通通的城市里的好人们，却自然表露出对农民工、保姆、农村的贫困和落后的本能轻视，这不得不令人深思。最后一集里，何建国对家人近乎偏执的无条件的百依百顺终于得到了合理的解释：少年时的他在和哥哥抓阄决定谁上大学的时候，作了弊。他一直认为是自己剥夺了哥哥的机会，否则目前自己所拥有的幸福生活很可能属于哥哥。城乡的差异、贫富的差距，导致彼此的隔膜乃至仇恨，已经成为社会必须正视的现实问题，而《新结婚时代》的意义也恰恰在此，广大奋斗在城市里的普通农村人如何融入这个城市的节奏，更重要的是，如何为北京这个城市的文化所接

① ［美］刘康 . 对话的喧声——巴赫金的文化转型期理论［M］. 北京：北京大学出版社，2011 年，第 6 页 .

② 引自电视剧《新结婚时代》台词 .

纳？这是这部电视剧所提出的问题。

“北上广”系列电视剧，包括《北上广不相信眼泪》(2015年）和《北上广依然相信爱情》(2016年）都讲述了一线城市奋斗的年轻男女的事业与爱情问题。主人公在大城市打拼出自己的一番成就的情节，对艰苦奋斗在北上广的青年群体无疑是极具激励意义的，但角色在事业与情感方面遇到的诸多困境也是广大白领的生活镜像。在《北上广不相信眼泪》中，一对隐婚的夫妻在同一家公司共事，不同的工作理念和双方极强的自尊与自我意识使得两人都不肯让步，感情逐渐产生裂痕。事业与爱情难以兼得，这成为青年白领最为艰难的一个抉择。相比之下，《北上广依然相信爱情》轻松得多，讲述了两个不打不相识的青年男女从彼此误会积怨到后来相互理解欣赏，最后走在一起的故事，在收获爱情的同时，事业也节节攀升，比起前一部充满困境的故事情节设定，该剧将现实生活中存在的诸多问题进行了理想化和浪漫化的处理。

2018年播出的电视剧《北京女子图鉴》同样将关注的焦点聚焦在“北漂一族”身上，力图展现疾速变化的城市所带来的残酷现实与生存压力。该剧翻拍自日本电视剧《东京女子图鉴》，从情节到细节都进行了本土化改编，讲述了一名叫陈可依的四川女孩因不甘心在小城市过平凡的生活，自己孤身一人到北京打拼的故事。从一名单身女性的视角展现其在大城市中的生活状态，不仅较为细腻地刻画了女性在城市打拼时内心的挣扎和喜悦，同时也将北京这座现代化大都市在2008—2018年这十年之间的历史变迁进行了影像化的展现，成为催化人物性格变化及情节发展的重要动力。虽然本剧刚开始时对北漂们所生活的环境以及中国式饭局、职场潜规则等进行了较为真实的描摹，但随着故事的发展，男性角色的依次出现，女主角陈可一边高喊“靠自己”，但另一边几乎所有的工作机会和事业转机都来自于男性，我们很难从剧中看到陈可及其他女性作为新时代女性真正的成长轨迹与自我抗争和努力的因素，相反，轮番登场的男性角色，如陈可的大学男友、图谋不轨的男同学、已婚的吴总、经济适用男、妈宝男等，他们性格各异，生动形象，支撑起了整个剧集的关键情节，形成了一幅现代社会的北京男子图鉴。另外电视剧对女性情感、婚姻以及消费观的看法也进行了赤裸裸的展现，北漂女子的梦想最后竟然幻化成一个“LV”包，从而实现了陈可的好友王佳佳一开始所说的

“包包决定你的地位”。而面对无法满足自己对名牌包的欲望的经济适用男张超时，陈可说道“我爱你，但好像我更爱我自己”。于是通过不断的自身欲望的满足及对不切实际的消费理念的推崇，这部电视剧的主题逐渐偏离现代女性的奋斗拼搏和积极正能量，而成为小人物不断爬升甚至奋力跨越阶层时的迷茫与幻想。也正是如此，本剧播出后才有了不同价值观的观众对剧中所涉及的女性对职场、情感、婚姻及对时尚、消费理念等话题截然不同的观剧看法，这同时也对此类电视剧今后的创作给予了一定的警示和思考。

北京故事的都市生活篇章，从青春三部曲中的奋斗激情，演绎到婚前婚后的现实压力，从个体到群体，从自我到家庭，不管是原住民还是漂泊群，都会经历类似的周折与绝望，再迎来温情与光亮。关于青春故事的言说是北京题材电视剧近年来分量很重的一个主题，以都市映照世界，以青春折射人生，在这个过程中，京味文化的韵味已被慢慢消解，都市印迹多是现代化的成果，视听呈现上也已然是另一番时尚潮流和光怪陆离所充斥的炫目风景。

表 5　北京题材青春励志电视剧

序号	年份	剧名
1	1996	《北京夏天》
2	2000	《明星制造》
3	2006	《新结婚时代》
4	2007	《奋斗》
5	2009	《我的青春谁做主》
6	2011	《北京爱情故事》
7	2011	《裸婚时代》
8	2012	《北京青年》
9	2012	《蚁族的奋斗》
10	2012	《离爱》
11	2013	《时尚女编辑》
12	2013	《我家有个赵大咪》
13	2014	《我的儿子是奇葩》
14	2014	《我在北京挺好的》

续表

15	2015	《北上广不相信眼泪》
16	2016	《北上广依然相信爱情》
17	2016	《太太万岁》
18	2018	《创业时代》
19	2018	《北京女子图鉴》
20	2019	《加油，你是最棒的》

结语

国产电视剧在经历了审批、融资、制作、播出等方面的市场化改革之后，在20世纪90年代快速发展，于2000年前后迎来了多元繁荣的局面，涌现出越来越多的都市题材佳作。在丰富的电视剧集中，以北京这座历经沧桑的都城为背景的作品不同层面地复现了新旧交替中的北京既有传承又不断革新的历史风貌和时代气象：民国时期的老北京独特的京味文化，夹杂在电视剧对历史的感怀与追思之中，在历史纵向的维度中，回望历史与现实的联系；对清末民初特定年代军阀混战、革命激情、大家族的兴衰沉浮和老北京传统文化的交织描写，将中国社会特殊民国时期的北京都市环境做了较为真实的还原，京味老北京传统文化和革命新思潮的碰撞与交融成了北京民国时期独特的都市文化映像。对现代社会北京都市的描绘，则在横向的维度上，在城市外在形态变化的基础上，将镜头对准了现代化的北京，是对现代人行为方式、生活态度、价值取向、精神状态、消费习惯的全方位描写。此外，诸多观照改革开放前后以及21世纪北京城市发展状况的电视剧，饱含现实主义的创作追求，纵向记录着北京城的发展轨迹，通过展示时代发展中人们精神世界的显著变化，以及改革开放以来重大时间节点上城市景观的动态变迁，记录和展现了改革开放为北京带来的巨大影响，以及在城市转型中人们心态和价值理念的多元取向。

作为拥有世界上最大电视剧收视群体的国家，我国电视剧的制作数量仍在稳步攀升。随着社会变革和北京城市结构格局的调整，我们必定迎来更丰富的电视剧创作题材。与此同时也应看到，随着北京题材电视剧的热播和大受追捧，市场上出现了一些题材雷同、内容同质、制作粗糙的跟风之作，这都不利于创作市场的良性发展。面对北京日新月异的现代化进程和城市转型，在北京独特的地域文化景观基础上，进行北京新的城市文化精神的构建，寻找城市转型新形象和文化历史印记之间的关系，在北京题材电视剧的框架中，开辟新的创作思路和理念，积极发现变化中的北京都市文化与电视剧创作的细节与关联，这或许是保持北京题材电视剧创作不断健康发展的必然选择与前进动力。

参考文献

[1] 吴素玲 . 中国电视剧发展史纲 [M] . 北京广播学院出版社，1997.

[2] 高鑫 . 电视艺术学 [M] . 北京师范大学出版社 .1998.

[3] 张宗伟，齐峥峥 . “年代剧” 述略 [J] . 当代电影，2009（08）.

[4] 张智华 . 电视剧类型 [M] . 北京师范大学出版社，2012.

[5] 张智华 . 京味影视特色及其发展趋势 [J] . 北京师范大学学报（社会科学版），2004（01）.

[6] 郭宝昌 . 我与《大宅门》[N] . 文艺报，2001-05-09.

[7] 黄寒冰 . 电视连续剧《五月槐花香》的审美品格 [J] . 浙江传媒学院学报，2005（03）.

[8] 袁丛洁 . 家庭伦理剧的主流形态与大众心理——新时期国产家庭伦理剧的叙事研究 [D] . 上海：上海师范大学，2009.

[9] 石静，杨滟 . 对现实题材电视剧热播现象的思考 [J] . 新闻世界，2012（07）.

[10] 林玉恒，张智华 . 北京地域文化与北京题材电视剧 [J]. 唐都学刊，2011（03）.

[11] 贾磊磊 . 喜剧作品中的语言悖论——评电视系列喜剧《编辑部的

故事》[J] . 中国电视，1992（04）.

[12] 陈立旭 . 都市文化与都市精神——中外城市文化比较 [M] . 南京：东南大学出版社 .2002.

[13] 李俊国 . 中国现代都市小说研究 [M] . 北京：中国社会科学出版社 .2004.

[14] 吴跃赛 . 赵宝刚青春言情剧叙事情节审美研究——以“青春三部曲”为例 [D] . 南京：南京师范大学，2012.

[15] [美] 刘康 . 对话的喧声——巴赫金的文化转型期理论 [M]. 北京：北京大学出版社，2011.

[16] 林玉恒 . 北京都市题材电视剧地域文化论——2000 年以来北京都市题材电视剧研究 [D] . 北京：北京师范大学，2012.

[17] 李文丽 . 京派电视剧的文化内涵研究 [D] . 兰州：西北师范大学，2012.

[18] 周星 . 改革开放 30 年中国电视剧发展要评 [J] . 现代传播，2009（01）.

[19] 胡智峰 . 北京影视文化发展的三个阶段评析 [J] . 北京社会科学，2003（01）.

[20] 王一川 . 通向北京城市文化精神 [A] . 北京两届联席会议高峰论坛 [C]，2011.

[21] 罗良清 . 都市题材电视剧中“小人物”群像的寓言 [J]. 中国电视，2011（02）.

[22] 谢建华 . 论都市言情剧的审美范式 [D] . 南京：南京师范大学，2005.

[23] 黄望莉 . 年代剧：新历史主义的言说 [J] . 当代电影，2010（10）.

[24] 顾宗培，周亚杰 . 北京城市文化空间现状解析 [J] . 建筑研究，2013（06）.

[25] 丹尼斯 · 麦奎尔 . 受众分析 [M] . 北京：人民大学出版社，2006.

[26] 钟丽茜 . 现代都市文明与影视艺术 [J] . 当代传播，2008（06）.

[27] 吴迪 . 北京通俗连续剧创作简介——从《渴望》到《北京人在纽约》[J] . 北京电影学院学报，1994（01）.

[28] 顾思宇，赵宝刚．青春都市题材电视剧研究［D］．重庆：重庆工商大学，2014.

[29] 薛巧珍．我国电视剧发展政策分析［J］．电视研究，2012（10）.

[30] 王劲怡．都市平民题材电视剧叙事策略研究［D］．呼和浩特：内蒙古师范大学，2008.

[31] 王丽利，刘爽．电视剧中的北京空间与文化意义［J］．中国电视，2011（02）.

[32] 李林展．新时期长篇室内电视剧研究之一——从《渴望》《编辑部的故事》看长篇室内电视剧的人物语言特征［J］．中国文学研究，1995（01）.

[33] 李小龙．表现老百姓生活的变迁——《一年又一年》导演谈［J］．电影艺术，2000（01）.

[34] 陈丽．新世纪以来和谐美学视域下我国家庭伦理剧批评的研究［D］．长春：东北师范大学，2014.

[35] 金汕．京味儿语言与“新京味儿”［J］．北京纪事，2008（03）.

[36] 王黑特．阶层·身份·意识形态［J］．当代电影，2005（01）.

[37] 戴清．人伦之和的主调与变奏——近年中国都市家庭伦理电视剧的审美文化批评［J］．当代电影，2005（02）.

[38] 吴筱颖．小品式喜剧与大众的狂欢［J］．北京电影学院学报，2006（03）.

[39] 杨旦修．电视剧产业化进程及其发展［J］．重庆：重庆社会科学.2011（11）.

参考片目

序号	剧名	编剧	导演	年份
1	《渴望》	李晓明	鲁晓威、赵宝刚	1990
2	《编辑部的故事》	王朔、冯小刚、马未都、苏雷等	金炎、赵宝刚	1991

序号	剧名	编剧	导演	年份
3	《皇城根儿》	赵大年、陈建功	赵宝刚	1992
4	《我爱我家》	梁左、英壮、梁欢、臧里等	英达	1993
5	《北京人在纽约》	李晓明、郑晓龙、李功达、冯小刚	郑晓龙、冯小刚	1994
6	《京都纪事》	李晓明、陈燕民	尤小刚、陶玲玲	1994
7	《过把瘾》	李晓明、黑子	赵宝刚	1994
8	《东边日出西边雨》	李晓明	赵宝刚	1995
9	《小井胡同》	李龙云	宫晓东、田迪	1996
10	《北京爱情故事》	谢东燊	谢东燊	1996
11	《北京夏天》	冯俐	宫晓东	1996
12	《琉璃厂传奇》	邹静之	许同均	1998
13	《牵手》	王海鸰、吴兆龙	杨阳	1998
14	《一年又一年》	李晓明	安占军、郑晓龙	1998
15	《北京女人》	张华峰	李三林、尹大为	1998
16	《大宅门》	郭宝昌	郭宝昌	2000
17	《贫嘴张大民的幸福生活》	刘恒	沈好放	2000
18	《闲人马大姐》	梁左、梁欢、满昱等	英达、林丛等	2000
19	《明星制造》	汪海林、闫刚	梦继	2000
20	《我这一辈子》	马军骧	张国立	2001
21	《网虫日记》	陈万宁、俞白眉、王少雄	吕小品、林丛	2001
22	《龙堂》	廖一梅、王琛、张挺	钱永强	2001
23	《大清药王》	杨晓雄、张永和	韩刚	2002
24	《金粉世家》	刘国权	李大为	2002
25	《外国小孩中国爸》	林黎胜、陈彦、李燕波	钱晓鸿	2002
26	《结婚十年》	许波	高希希	2002
27	《摩登家庭》	林黎胜、吴楠	曾丽珍、朴玲珠	2002

续表

序号	剧名	编剧	导演	年份
28	《人生几度秋凉》	陈燕民	陈燕民	2003
29	《天下第一楼》	何冀平、张国荣	夏钢	2003
30	《大宅门 2》	郭宝昌	郭宝昌	2003
31	《浪漫的事》	臧希、臧里、王彦霞	杨亚洲	2003
32	《五月槐花香》	邹静之	张国立	2004
33	《居家男人》	张挺	方刚亮	2004
34	《好想好想谈恋爱》	李樯	刘心刚	2004
35	《北京假日》	张巍	杨志坚	2004
36	《家有儿女》	臧里、臧希	林丛	2005
37	《京华烟云》	张永琛、杨晓雄	张子恩	2005
38	《搭错车》	欧阳琴书、李晓明	高希希	2005
39	《半路夫妻》	彭三源	刘惠宁	2005
40	《动什么别动感情》	赵赵	唐大年	2005
41	《北京我的爱》	金均太	卫列、李教旭	2005
42	《新结婚时代》	王海鸰	鄢颇	2006
43	《家有儿女 2》	臧里、臧希	林丛	2006
44	《家有儿女 3》	臧里、臧希	林丛	2007
45	《家有儿女 4》	臧里、臧希	林丛	2007
46	《百年荣宝斋》	都梁	穆德远	2007
47	《四世同堂》	张挺	汪俊	2007
48	《金婚》	王宛平	郑晓龙	2007
49	《亲兄热弟》	彭三源	黄力加	2007
50	《奋斗》	石康	赵宝刚、王迎	2007
51	《大过年》	白铁军	黄力加	2008
52	《我的青春谁做主》	高璇、任宝茹	赵宝刚、王迎	2009
53	《茶馆》	叶广芩、杨国强	何群	2010
54	《老大的幸福》	谢丽虹、宫凯波、刘江舸	李路	2010

续表

序号	剧名	编剧	导演	年份
55	《婚姻保卫战》	魏晓霞	赵宝刚、王迎	2010
56	《媳妇的美好时代》	王丽萍	刘江	2010
57	《鲜花朵朵》	何晴	张国庆	2010
58	《牵挂》	耿旭红	黄力加	2010
59	《老牛家的战争》	林黎胜、刘誉	余淳	2010
60	《你是我兄弟》	彭三源	刘惠宁	2010
61	《家产》	马广源	张汉杰、王楚	2011
62	《当婆婆遇上妈》	李潇	田有良	2011
63	《家的 N 次方》	胡非子	王迎	2011
64	《张小五的春天》	宋毓建	周小刚	2011
65	《双城生活》	王丽萍	安建	2011
66	《幸福来敲门》	严歌苓、马进	马进	2011
67	《李春天的春天》	庄羽	余淳	2011
68	《北京爱情故事》	陈思诚、李亚玲	陈思诚	2011
69	《裸婚时代》	周涌、温蓉、文章	腾华涛	2011
70	《夫妻那些事儿》	高蓉蓉、于力、耿旭红	汪俊	2012
71	《AA 制生活》	赵晨阳	赵晨阳	2012
72	《抬头见喜》	邹静之、白志龙	李三林	2012
73	《离婚前规则》	马广源	刘家成	2012
74	《北京青年》	常琳、孙建业	赵宝刚、王迎	2012
75	《蚁族的奋斗》	吴海燕	戴冰	2012
76	《离爱》	冀楚忱、张冠仁、陈鲛	王硕	2012
77	《老米家的婚事》	崔洁	赵晨阳	2013
78	《金太郎的幸福生活》	娟子	余淳	2013
79	《独生子》	高蓉蓉	李威	2013
80	《假如生活欺骗了你》	王宛平	姚晓峰	2013
81	《咱们结婚吧》	孟瑶	刘江	2013

续表

序号	剧名	编剧	导演	年份
82	《老公的春天》	王静茹	王小康	2013
83	《小爸爸》	冯媛、郭爽	文章	2013
84	《时尚女编辑》	赵赵	腾华涛	2013
85	《我家有个赵大咪》	顾峥兴、尹薇、戴宇皓、张婧	高林豹	2013
86	《全家福》	叶广芩	付宁	2013
87	《乞丐大掌柜》	张旸	唐大年	2014
88	《家宴》	朱家三	彭昱凯	2014
89	《半路父子》	刘芳	张国立	2014
90	《我爱男闺蜜》	李潇	汪俊	2014
91	《离婚律师》	陈彤	杨文军	2014
92	《幸福请你等等我》	朱艳	余淳	2014
93	《大丈夫》	李潇、于淼	姚晓峰	2014
94	《我的儿子是奇葩》	张琦、黄苇	汪俊	2014
95	《我在北京挺好的》	刘嘉军	姚远	2014
96	《乞丐大掌柜》	张旸	唐大年、王海	2014
97	《历史中的邓小平》	龙平平、张强、黄亚洲、魏人	吴子牛	2014
98	《傻柱》	王之理	刘家成	2015
99	《孙老倔的幸福》	娟子	曾晓欣	2015
100	《我为儿孙当北漂》	温蓉	林妍	2015
101	《想明白了再结婚》	马广源	尹涛	2015
102	《等你爱我》	赵梦 / 郭博雅	张峰	2015
103	《酷爸俏妈》	刘伯翰	丁黑	2015
104	《虎妈猫爸》	申捷	姚晓峰	2015
105	《我的宝贝》	陆江 、裴文 、贺菁	徐纪周	2015
106	《嘿，老头！》	刘东岳 、俞露	杨亚洲	2015

续表

序号	剧名	编剧	导演	年份
107	《北上广不相信眼泪》	沈亢	李骏 、李晓	2015
108	《北上广依然相信爱情》	张建祺	李骏 、牟晓杰	2016
109	《太太万岁》	陈彦	沈严 、刘海波	2016
110	《龙器》	王鹏	李云亮	2016
111	《金水桥边》	苏霆	刘飚	2016
112	《海棠依旧》	张法纯 、周秉德	陈力	2016
113	《小别离》	何晴 、鲁引弓	汪俊	2016
114	《生逢灿烂的日子》	果靖霖	周友朝	2017
115	《一树桃花开》	陈枰	王瑞	2017
116	《平凡岁月》	倪学礼	余淳	2017
117	《正阳门下小女人》	王之理	刘家成	2017
118	《我们的四十年》	庸人	王梓	2018
119	《创业时代》	张挺	安建	2018
120	《北京女子图鉴》	张佳	黎志	2018
121	《暖暖的幸福》	陈冰	殷飞 、王磊	2018
123	《芝麻胡同》	刘雁	刘家成	2019
124	《小欢喜》	黄磊	汪俊	2019
125	《加油，你是最棒的》	极光光、鲁森森	刘新	2019

第三部分
古都记录：北京纪录片创作与都市文化

改革开放以后，中国纪录片逐渐摆脱原有的政治先导的记录形态，逐步进入人文记录的时代，开始关注人和人性。20 世纪 80 年代中后期，中国城市化进程迅猛发展起来。城市的变革为纪录片和纪录片创作者提供了更多捕捉不断变迁的社会现实的机会，记录的影像成为变革时代的见证，这是纪录影像的黄金时期。1990 年，独立制作人吴文光完成了 DV 作品《流浪北京》，标志着新纪录运动的兴起。DV 的普及使个人化的记录与表达成为可能，由此而诞生了一批独立制作人。他们更多地关注那些被飞速向前的历史车轮甩到身后的城市边缘人群，这些影片成为这个变革时代不可或缺的真实影像。1993 年，随着《百姓空间》等一系列纪录片栏目的出现，主流媒体开始以百姓意识和平民视角关注变化中的中国社会。城市是一个具有异质性要素聚合功能的容器，不同要素在容器中相互作用，产生出新的要素，城市空前地吸引并汇集了众多记录者的目光。古都北京作为国家的首都，是国家的政治中心、文化中心、科技中心和国际交往中心，它的城市化进程具有诸多的独特性和代表性，北京的纪录影像从不同的视角真实地呈现着这一切。

第一章　创作：社会空间与集体记忆

法国社会学家列斐伏尔将空间分为三个部分：物理空间、心理空间与社会空间。物理空间指物化了的空间形态，不仅是自然环境，而且包括了人为改造的部分，它们可以直接被感官所感知。心理空间是对空间的一种话语建构，属于形而上的层次，存在于人们的精神生活之中。社会空间介于物理空间和心理空间之中，但不是两者的简单叠加，而是碰撞结合的产物，其中介和核心是人，是群体所体验和生活的空间，换句话说，即社会关系的具体存在。[①]由此可见，在空间生产上，社会空间具有被生产和生产性的二重性。从“被生产”来看，社会空间以物理空间为基础，活动在其中的个人与群体不仅对其进行了结构上的调整和形态上的改造，而且在他们的行为和生活中，社会习俗和文化又以非物化的形式灌注其中，由此产生了社会空间；从“生产性”来看，人与社会空间之间具有互动性，物化的空间随着时间的流逝潜移默化地影响人的观念层面，形成了群体对于空间的集体意识与记忆。

由此出发，本章将从“社会空间”这一概念出发，不仅仅局限于对北京这一城市的地理空间进行梳理，更试图将北京居民的日常生活和社会实践纳入其中加以考察，在北京作为社会空间的层面发现城市与人的互动关系。根据切入点的不同，本章将北京分为共时性的城市空间和历时性的城市空间两个部分，其中，共时性的城市空间对应社会空间的“被生产性”，反映了北京人对他们所处的这一生活场所的改造，而历时性的城市空间对应社会空间的“生产性”，体现的是北京人对于北京的集体意识与记忆。

第一节　共时性的城市空间：北京生活与都市梦想

在这里，“共时性”指的是对北京城市空间进行相对静态的、横截面的关照。许多本土纪录片考察的是北京现代社会，但规避了全景式的记录，选

① Henry Lefebvre. The production of space. Donald Nicholson Smith. Blackwell Publishing，1991，pp11-12.

取了北京居民日常生活的多个侧面，在多元视角、层次分明的声画描述下，拓宽了北京城市空间的广度。其对北京城市空间的展示既包括物质层面，也包括精神活动层面。

一、居住空间的拆迁与重建

新中国成立以后，北京城始终处于不断变化的发展状态。为了在这座古都之上建一座新城，完善作为现代都市的城市功能，北京不断地进行拆除，又不断地着手新建。原来的北京是什么样子，或许只有老人能够告诉你，他们是这座城市历史的见证人，他们的故事只是城市历史的一瞬。观照城市生活的一个微小的视角，却能折射城市变化的轨迹，展现人对城市的眷恋，人与城市的命运在这里交织。

北京作为现代化大都市，其中坐落着许多高耸的现代化建筑，它们是占据着北京城市物理空间的一部分；另一部分，则是老北京的传统居民建筑物。相比于前者，传统民居的实用性在逐渐减弱甚至消失，但在社会文化传播上却发挥着重要的功能。《北京的胡同》（2008 年）聚焦北京人文历史的代表性建筑之一：胡同。这种建筑源起于元代，错落有序地分布在大都周围，历经明代、清代以及民国的时代更迭。如今的胡同在数量和面积上均锐减，被一片片高楼林立的现代建筑所环绕、挤压，胡同的存在一度到了岌岌可危的地步。值得庆幸的是，改革开放后，北京市注重历史文化保护和旅游开发，推出并落实的一系列政策措施使胡同的老枝发出了新芽。《北京的胡同》选取最具有代表性的 100 条胡同，其中不乏如什刹海周边、南北锣鼓巷等蜚声海内外的景点。该片每集时长为 3~4 分钟，主要以胡同实景展示与京腔解说相结合的形式呈现，采用群像式的记录方式来营造一种整体性的胡同文化氛围。纵横交错的胡同不仅构成了北京城的交通网络，关系到北京的城市格局，而且是居民日常活动的场所，是城市生活的依托，更是见证北京历史文化发展演化的重要舞台。这些原生态、老传统的胡同比钢筋水泥修建的高楼大厦更具北京味道，亦承载着更多的文化记忆：中国电影诞生于北京琉璃厂；老北京的娱乐场所位于樱桃斜街的梨园公会；史家胡同留下了诸多文化名人的生活趣事；56 号胡同大院是北京人民艺术剧院创作者的出发地；烟袋斜街是老北京历史深处不可忽视的一道风景……胡同里的石砖石瓦、门框门墩都充满了独特的生活印记，构筑起别样的文化想象，其所代表的不仅仅是一种年代久远的古老建筑，更是北京文化的象征和载体，是老北京人生活方式和民风民俗的体现。在现代化进程日益加快的今天，这些都是老北京宝贵的精神财富和文化名片，是与其他国际化大都市相区别的特殊之处。

纪录片《话说四合院》（2010 年）则考察了中国传统居住建筑的典范——四合院，对其历史与形式做了详细的介绍。该片采用较为传统的电视纪录片叙事模式，其中加入了相关专业学者对四合院建筑科学性的解说与住户在四合院生活起居的体验，不仅丰富了纪录片的叙事角度与再现内容，而且将四合院的建筑构造与中国传统文化结合起来，使得影片在传播科学知识的同时具有人文色彩。四合院有宽绰疏朗、起居方便的中心院落，这种相对封闭的居住方式不但有着高度的私密性，也强调了人与自然的和谐。北京四合院的建筑格局和空间构成也体现着以家长为中心的封建家庭秩序。“规整中有变化，变化中有秩序”的建筑风格，既反映出东方文化的特点，也充满着一种群体的和谐与平衡。该片还着重介绍了北京爨底下村的四合院。在这里，平原地区纵轴展开的四合院布局由于受地形的限制而因地制宜调整为横向并列的结构布局。这种调整巧妙地利用有限的宅基地，将平原地区的大四合院切分为几个相对独立的小四合院，院落中间留有夹道，供家庭成员交往通行，体现了以家族血缘为主体而构成的群体特征。

纪录片《靖大爷和他的老主顾》（2002 年）中，老北京人靖大爷住在景山西街的高卧胡同，这是北京城里最古老的一批胡同。因为靠近什刹海、地安门，靖大爷每天骑自行车去给主顾上门做活，一做就是 20 年，老主顾们都成了靖大爷的老朋友。该片始终贯穿着长镜头与手持摄影的拍摄手法，富有纪实风格。拍摄者的旁观视角不干预人物行为，观者通过靖大爷与老主顾们的对话体悟出老一代北京人的人生智慧与生活哲学。同时影片中保留了大量北京当时的景象风貌，具有影视人类学的价值。在片中，观众随靖大爷走进 2002 年的北京什刹海地区，这里是北京保留的少有的胡同片区之一，它曾经是一片清静的休闲地，人们习惯来此泛舟垂钓，在银锭桥上观西山。靖大爷带我们走进狭窄的胡同和大杂院，走进主顾们狭小的生活空间，这是最普通的老北京人居住的场所，不甚便利却充满了人情味。从叙述中，我们知道靖大爷16岁从顺义来到北京城拜师学剃头，20岁自己开店做老板，到今天已经做了近80年的剃头行当。在最鼎盛的时期他在地安门和清华大学，同时拥有两家理发馆，从傅作义、马占山到梅兰芳以及清华大学、燕京大学的教授，许多官员和戏曲名角都是他的老主顾。后来，他把家里唯一的工人名额让给了老伴，自己开始担着理发挑子上街理发，认识了这群住在胡同深处的老主顾。靖大爷在自己的职业生涯中，见证了社会变迁和城市百态。现在，城市里大大小小随处可见的理发店方便了市民的生活，人们追求时尚流行的发型，担着理发挑子转悠的人几乎没有了，能够像这样二十年都上门服务的理发师，可能也就靖大爷一人了。影片在平实的讲述中，勾勒老北京人的日常起居。眼前的生活，一切都在改变，就像这日渐老去的容颜，无人继承的剃头手艺，还有不再清静的什刹海。近年来，旅游地开发，灯红酒绿、浅唱低吟的酒吧从什刹海的前海开到了后海，从临街的繁华闹市开到了原本静谧的胡同深处。清静没有了，生活却仍旧要继续。在这里生活了一辈子的靖大爷在纪录片完成后没多久离开了人世。恢宏的都城宫殿可以保护修缮，整饬如新，重放光彩；质朴的四合院可以保护修整，供人参观。但是曾经的生活方式和传统文化，却在城市飞速向前的发展中渐渐消失，这是城市化进程中现代都市无法逃脱的命运。

无论现代生活的节奏、求新求变的城市如何令人无所适从，城市中总还有一些人，从未放弃保留住城市中的历史印记与文化记忆的努力。当然，无论是不停地向人们讲述保护传统的重要性，还是努力重振传统的老字号，社会的变迁总是让他们心有余而力不足。2006年的《纪事：前门外》展现了前门外，也就是正阳门外的那一片南城平民区的生活气象。南城曾经是老北京传统民间文化最繁盛的地区，无论是天桥的杂戏还是老字号的铺面，都有悠久的历史。拉三轮车的杨师傅世居南城，对这里的一砖一瓦都非常熟悉，对老北京的掌故了如指掌，把自己知道的故事讲给人听，是他的乐趣所在。廊房二条的小吃一条街，曾经是前门最热闹的传统小吃一条街，这是爆肚冯十多年努力的结果。爆肚冯创立于清朝光绪年间，因其调料独特而誉满京城。中华人民共和国成立后爆肚冯销声匿迹，直到80年代冯广聚从工厂退休后才开始重新经营起祖上的字号。同时他也发起一个宏愿，就是要把一些消失多年的老字号请出来，重振北京小吃的繁荣局面。十多年后，这里聚集了爆肉马、奶酪魏、月盛斋等北京众多的老字号。然而，正当繁盛的时候，拆迁不期而至，爆肚冯和北京小吃协会组织了十余家老字号在后海另开新张——九门小吃，但是生意已经不如在前门那么好做，经营的不景气是爆肚冯最头疼的一件事情。这位老人每天奔波在前门与后海，为传统老字号小吃的出路费尽心思，同时他还要面对拆迁搬家的困扰。该片整体在电视纪录片传统叙事模式的基础上，以三轮车夫杨师傅作为讲述者，通过北京老字号小吃的传承者们的生活经历来展现城市社会的变迁。

北京城市的大规模拆建开始于1954年的城门牌楼拆移，其后断断续续一直延续到今天。2003年，为了响应“新北京，新奥运”的口号，北京又开始了新一轮的建设高潮，努力在2008年前把北京建设成为国际性的大都市，一时间城区内所有破旧贫困的地区都将被拆迁重建。如此大规模的城市建设一方面迅速促成城市外观的现代化，另一方面也带来了一些显著的问题。纪录片《煤市街》(2006年)是对北京城市化进程和城市贫困社区的一次考察。煤市街正是爆肚冯老店所在地，在前门外大栅栏南北穿区而过，评论家史建认为“煤市街有着典型而复杂的意义，对其的关注相当于对大栅栏改造的关注，对大栅栏的关注就相当于对北京未来新城建设的关注”①。《煤市街》比《纪事：前门外》(2006年)更早介入拍摄，早在拆迁进行了九个月的2005年，导演欧宁便带着人员进入了大栅栏地区。片中有三分之二的影像来自于煤市街钉子户李金利，虽然拍摄得很不专业，却直接展现了煤市街居民面对拆迁的种种反应。这种影像的社区参与方式来自于人类学的研究方法，人类学家把摄像机交给某些特定地区的居民，让他们去记录自己村庄或社区里某一方面的生活和文化，藉此发现和确定那些传统事物的价值。“而这里摄像机的使用强调的是它的工具性，而这种方式当中蕴涵的能量是巨大的。令弱势族群和文化意识到自身的价值，这本身即有着强烈的政治性，只是也许比较温和，不那么鲜明；《煤市街》作为一个在完全当代的语境下实行的样本，让我们具体看到了这种能量意味着什么。”② 于是，《煤市街》成为

① 转引自黄安.电视媒体中城市形象的塑造与传播研究［D］.哈尔滨：哈尔滨师范大学，2013年，第30页.

② 张亚璇.摄像机作为工具的力量［J］.当代艺术与投资，2007(5)，第44页.

艺术家和民众同构的影像作品。对于北京城区的大规模拆建，法国纪录片导演 Bernard Louargant 于 2003 年拍摄了一部关于北京城市建设的纪录片《北京的一天》，针对北京因申办奥运而进行的大规模房地产开发，对北京城内的旧社区、胡同和四合院等地区进行的推土机拆屋行动，采访了不同身份的北京市民。影片拍摄方式简单，主要通过采访，却明显地表达了导演的拍摄意图。影片开始，导演便引用了四书《大学》里孔子的一段话：于止，知其所止，可以人而不如鸟乎？联系原文，意思是：连小黄鸟都可以快乐地在小山丘上鸣叫，知道自己要栖息的地方在哪里，人会比不上一只小黄鸟吗？对孔子之言的引用表明了导演对中国传统文化的崇敬。结合纪录片的内容，我们知道法国导演所要表达的：保存胡同，就是保存北京的城市文化。法国导演认为，北京的城市文化根植于胡同中的传统，没有胡同、四合院就没有北京城市文化。当然，片中也有相反的看法，一位年轻人就更希望搬入高楼。学者阮庆岳曾指出，“中国当代建筑正处在那个‘较为快速的物种形成过程’，就像坐在遭遇突来风暴的船上，难免颠簸、眩晕，也刺激，但可能因此到达意想不到的终点，是福是祸难于论断，或者说因人而异……”[①] 传统的都市文化与我们所提倡的现代化都市文化是两种完全不同的文化，人们身处两种差异显著的文化氛围之中，一方面深情怀旧，对过去恋恋不舍，另一方面又充分享受现代化带来的种种便利。在翻天覆地的时代巨变之下，北京的城市文化始终与城市建设进程密切相关，生活在这里的人们对不断变化的万事万物定然有不同的体验与感受，而在这些复杂的情感思绪中，北京的城市文化在形式和内容上也逐步丰盈起来。

2008 年奥运会之前，北京建成许多大型的现代建筑，包括国家歌剧院、中央电视台、水立方和鸟巢。《纪事：鸟巢会成为北京的记忆》(2007 年) 是一部试图将鸟巢与北京城市文化融合在一起的纪录片。该片采用多个角度记录鸟巢的落成，用通俗的语言形象地将所面临的种种挑战讲解出来。片子的科普性较强，能够使观者更加深入地了解鸟巢的设计意图与理念，但在人文性方面仍存在欠缺。自 2003 年 12 月 23 日破土动工开始，鸟巢便始终受到全世界的关注，这部纪录片通过对建设当事人的采访和不同建设时期的照

① 阮庆岳 . 下一个天际线：当代华人建筑考［M］. 北京：电子工业出版社，2014 年，第 31 页 .

片，系统介绍了鸟巢建设过程中的种种难题和艰辛，并且记录下鸟巢的修建场景和鸟巢参观者的不同观点和反应。结尾，它说："'鸟巢'也会成为这个城市的历史。"可惜没有明确说明对于这个城市，鸟巢的意义究竟在哪里？先有文化才有融合，时代要求城市的发展，但如果北京城市文化将不再包容古都文化和胡同文化，我们的文化又将会是什么？

二、城市基础设施建设的延展与突破

北京作为中国的首都，人口数量为全国各市之最，北京地铁无疑在其交通系统中扮演了非常重要的角色，其重要之处不仅在于它是包括三十余条线路、五百余座车站和千余公里线路的世界上最大的地铁交通网络，更在于它已经彻底融入北京市民的日常生活中，塑造着北京这一国际大都市的现代化形象。

1. 城市中的地铁

美国 Discovery 频道曾制作并播出了纪录片《建筑奇观：北京地铁系统》（2008 年），从西方媒体视角分析了北京地铁交通系统，而在中国本土，也有一部纪录片《超级工程·北京地铁网络》（2012 年）把目光投向了这个独一无二的巨大工程。需要注意的是，两部纪录片的呈现对象虽然相同，但是由于西方与中国的视角的差异，其呈现方式也存在相当的差异。《超级工程》并不仅是对工程建设的简单记录，而是全面深入学习和借鉴美国 National Geographic 频道与美国 Discovery 频道的制作模式，探寻中国工程类纪录片的新模式。

首先是在主题上。《建筑奇观》开篇便指出，北京地铁是一项打破世界纪录的工程，是有史以来最大规模的规划案。一组组高楼林立的场景以及一张北京地铁修建的全景图成为主要的视觉符号。"在全景图上，地铁线路像一张大网覆盖了北京全城，向人们直观地传达出北京地铁规模宏大这一信息。现代化的中国，由此在西方媒体的建构中，依然被理解为一个对宏大工程有所迷恋的国家，无关乎高新科技能力与雄厚经济实力。在他们的理解中，大工程成为中国这个国家的一种脸面，中国人希望修建不可思议的工程。在更进一步的层面上，西方人并不将这种大规模视为真正意义上的现代化，而是将其暗讽为东方权威主义的表现。”[①]《超级工程》的开篇展现出恢宏大气的影像风格，不仅有常规视角的镜头，还充分利用特殊视角的拍摄，如超长焦距镜头和超广角镜头、卫星遥感拍摄等多种方式结合，全方位展现北京地铁系统的全貌。开场解说词则设计为“北京，中国的首都，这里有令世界惊叹的建筑奇迹。北京总能让世界震惊，经济的高速发展让这座城市的面貌日新月异”。它解释了中国有能力实施宏大规模建筑的原因在于中国飞速发展的经济提供了足够的资金支持，同时还使观众感受到了一种大国正在蓬勃发展的自豪与自信。与之相比，《建筑奇观》并未明确指出北京有能力建成大规模工程的原因所在。

其次是在叙事上。两部纪录片不约而同地选择了盾构机驾驶员高锐轩作为刻画主体之一，然而最后却呈现出截然不同的叙事模式，形成了一种文本上的呼应。在《建筑奇观》中，在采访高锐轩的段落，镜头为观众展示了他的工作环境——黑暗潮湿的地下，背景声是震耳欲聋的机器轰鸣声。通过采访，观众得知由于工期的紧迫，他不得不全年无休，每天都要和这轰鸣的机器以及黑暗的地下环境为伴。在采访中，高锐轩说道：“工程结束后我们会开庆祝会，一起唱歌跳舞。”然而，影片表现的是，高锐轩并没有如愿以偿地开庆祝会，因为他的工程遇到了难题。解说词说：“高锐轩所计划的庆祝会得再等一等了，从地面上看他们剩余的这一小段可以一目了然，只不过是500公尺，看来离终点似乎很近却又如此遥不可及。”这样的收尾，渲染出了一种紧张又无可奈何的氛围。在《超级工程》中，导演同样重点聚焦高锐轩这个人物。面对这种沉重又一成不变的工作，高锐轩有过抱怨，也曾经想过“干脆卷铺盖回家”，可是和《建筑奇观》中讲述的不一样的是，在片子的最后，他驾驶着中国最大的盾构机成功贯通，脸上洋溢着幸福的笑容，清晨的第一缕阳光和来自远方家人、朋友的问候成为他坚持下去的动力源泉。他告诉人们：“在一般人的眼里隧道是没有尽头的，周边的环境都一样显得很枯燥。但是我很熟悉这个隧道，是我1公分1公分推出的。”在这样的呈现中，高锐轩既像普通人一样，会有对工作的抱怨，但是又是一位平民英

---

① 张梓轩，曹玉梅．现代化中国的不同形象呈现——纪录片《建筑奇观》《超级工程》比较研究［J］．中国电视，2015（2），第81页．

雄，开拓着北京的交通命脉，正是这种奉献精神才造就了北京地铁这一超级工程，他们是推动中国社会进步的重要力量。

最后则是在视听语言上。在《建筑奇观》中，片中一个重点段落是中国的工程师在施工时遇到了非常棘手的问题——他们无法在地下施工时保存好地面上历史悠久的皇家建筑。正在中国的专家学者为此一筹莫展时，一位叫罗伯·梅尔的英国教授拯救大本钟的方法被应用到了拯救中国的古建筑上，北京的颐和园因此完好无损地保存下来。解说员在解释这件事情时说道：“北京的古建能够完好无缺，要感谢来自五千里外英国的原创构想。罗伯·梅尔拯救了大本钟。”它向观众宣告了是英国人拯救了中国的历史建筑，中国要对此怀有感恩之心，因为没有他们的原创思想，颐和园就无法保存下来。另一方面，片子在介绍罗伯·梅尔时，用了有别于介绍其他专家时的拍摄高度——仰拍。该段落的构图中，背景为天空，在其映衬下，位于前景的罗伯·梅尔以仰角呈现的形象越发高大，建构出中国工程陷入困境时像上帝一样出现、拯救工程于危难当中的西方专家形象。《超级工程》同样对地铁建设的重重困难进行了细致地呈现，但是镜头内容中是中国的专家学者奋斗在第一线，兢兢业业地解决各种问题，传递出北京地铁的建设依靠本国专家的信息，建构出当代中国独立自主进行现代化建设的形象。在听觉符号层面，解说词将其明确总结为：他们用每一分艰辛和汗水铸就工程的奇迹，期待有一天惊艳世界。作品通过对中国专家学者解决一个个难题、创造出一种种新方法的呈现，明确地彰显出中国人自强不息、自主搞建设的拼搏精神。

2. 城市中的电力

纪录片《电的故事·北京篇》（2014 年）则通过展示我国电力工业取得的巨大成就和翻天覆地的变化，以“电”为线索勾勒出北京的整体性历史变迁。全片结合解说词与人物采访，以线性叙事的方式描绘了中国电力工业现代化的进程。1888 年，中国的第一盏电灯安装在仪鸾殿，而最早享受电灯照明的则是慈禧太后。很快，“电”由最初的颇受怀疑转变为备受欢迎。中国电力工业自 19 世纪末起步以来，到 1949 年新中国成立，虽然已经有 67 年的历史，但留下的“家当”却是一个电厂凋零、设备残缺、电网瘫痪、运行维艰的烂摊子。偌大一个北京市，能称得上发电厂的只有一个石景山发电所，这种电力情况远远满足不了蒸蒸日上的首都工农业的发展需求。在这种情况下，中国电力人不顾国际敌对势力对年轻共和国的“封锁”和“禁运”，借助于前苏联援建的工程，在北京西郊的高井兴建高井电厂，在东郊八王坟兴建北京第一热电厂。自此，北京电力不断地进行新电源点的建设，且尽量向能源点靠近，而变电站建设则尽量向城市用电负荷中心靠近。这种由输煤到输电的革新，大大改善了北京市的环境。2003 年 8 月 22 日，北京最高用电负荷达到 833 万千瓦，创造了（当时）北京负荷历史最高纪录，却没有出现拉闸限电的现象。到如今，北京已经形成了一个 50 万的环网，并建立了电力安全三级管理体系。

《电的故事 · 北京篇》主要通过老一代电力人讲述的亲身经历，见证了和平解放北平，开国大典上毛主席用电钮升起第一面五星红旗、周恩来总理会见印度总理尼赫鲁等和电有关的历史事件。通过将一些观众耳熟能详的历史事件以电力技术和使用的角度重新讲述，展现大的历史背景。可以说，在影片中，北京电力从小到大，由弱到强，伴随着新中国的发展壮大，这不光体现在数字纪录上，还生动体现于被采访者所描述的许多细节中。通过对大时间跨度的梳理，以“电”为维度，一定程度上实现了不同时期的北京城市空间的串联与整合。

3. 城市的未来

城市迅速发展的过程中，人员流动的基数越来越大，北京城的边缘迅速扩张。为满足人们的基本生活需要，城市的基础建设必须加快步伐，因此北京周边城市的建设，如作为北京副中心的通州地区的发展和建设，受到越来越多的关注。城市的开发和基础设施的建设，使这座古老的都市重新焕发光彩，这都是城市的延展和突破。纪录片《这里是通州》（2018 年）以通州的城市建设为核心讲述这座城市背后的历史和文化，“欲动土先考古”，新城市的建设过程中我们亦发掘出从未认知的历史秘密，也为这座城的副中心定位提供了最好的佐证。该片在长达三年的筹备工作中，积攒了大量的历史影像与文献资料。在展现通州历史文化的同时，还全面、准确地呈现如今的发展变化。摄制组为了能够准确还原通州日新月异的建设进度，无时无刻不在与通州的建设进行“比赛”。每当有新的变化，摄制组都会回到当地进行补拍。当然，在关注通州城市建设变化的同时，《这里是通州》同时也讲述人的故事，用人的故事来记录历史的变迁。他们是通州这座城市变化的最好见证者。

随着城市的飞速发展，城市基础设施的建设也必须紧跟城市建设步伐，满足人们基本的物质生活需求，北京新机场的建设是基础设施建设的重大工程。2019年大型纪录片项目《腾飞的翅膀》将在北京电视台纪实频道播出，这部纪录片从2016年12月启动，2017年开始实施拍摄，影片将记录北京新机场工程的整个建设过程。机场跑道的建设如何克服重重困难、巨大的航站楼设计与顶棚施工等都将容纳进这部纪录片当中，全方位介绍这个超级工程背后的故事，从侧面反映城市建设的伟大之举、基础设施的完善与突破。

三、日常生活的味道与活力

北京是一座国际化的大都市。人们在建构其心理上的城市空间时，总是习惯于从大处着眼，长城、故宫早已成为北京的标志与符号，但北京的城市形象还需要通过那些流动在日常生活中，充满活力又承载着传统的色彩来表现。

1. 美食生活

对美食的呈现有助于城市空间的建构。《北京味道》（2013年）的创作者们不同于《舌尖上的中国》（2012年），将目光投向了漂泊于城市、远离家乡、失去孩提时味道体验的城市人，关怀一座城市2000余万人的味蕾记忆，探寻人与城市、美食的和谐之道。从食材运输到制作，从中华老字号到国际创意美食，从主厨的手艺到厨艺的传承，创作者们通过对美食各个环节的记录来展现城市中人与美食的微妙关系，观照北京当下生活中的美食文化，从不同人的角度挖掘北京独特的美食记忆，这些美食的传承和变化，同样记录着北京城的发展与变迁。

2009年，美国《福布斯》杂志评选全世界最受欢迎的美食城市，北京毫无悬念地入选世界十大美食城市。每天，全国乃至全世界各地的成千上万吨不同食材，浩浩荡荡地进入北京。它们的目标，是满足生活在这里的不同口味的庞大人群。诚如《北京味道》所言："北京的滋味，也许已远远超越了它的饮食文化，而融化在它的历史与现实之中。品尝北京的滋味，也正是向它靠拢的一种方式。"北京的美食不仅有悠久的历史还有广大的包容性，其背后所反映的城市空间也被赋予了极大的广度。无论是本地人还是外地人，美食都激发了人们对于“北京人”的身份认同，其在心理层面上的涵化作用非常突出。

2. 体育北京

随着2008年北京奥运会的举办，本就有着广泛市民基础的北京体育运动，发展得更为迅速。反映北京体育现状的纪录片，其重点关注的并非体育的类别或具体的运动项目，而是聚焦人物，包括体育迷、各项运动的业余爱好者及职业运动员等人的生活经历。

《冠军球迷》（2008年）是一部讲述北京国安队球迷的纪录片。影片的导演当时还是一名在校大学生。2009年，北京国安队夺得了球队职业联赛历史上首个冠军。在国安队一个赛季的征战中，北京球迷意志坚定，不离不弃，他们高唱“国安永远第一”的歌声，高喊“国安是冠军”的口号，一路陪伴心爱的球队最终捧起了等待了16年之久的冠军奖杯。《冠军球迷》始终聚焦于这群可爱的球迷，完整记录下2009赛季北京国安队的每一场主场比赛。《体育的力量》（2012年）第一集《从北京到伦敦》首先表现的是由大连自由撰稿人曲丽、湖北江汉油田家庭破碎并健康恶化的单身母亲林群、曾在生存的边缘线上挣扎的下岗职工田玉桥三人组成的民间马拉松爱好者群像，他们受到北京奥运会的感召，开始用奔跑的姿态甩开人生的阴郁和灰暗，用奔跑改变自己、改变命运，也激励和改变他人，在奔跑中感受运动的力量和生命的灿烂。《体育的力量》第三集《职业之路》记录了李娜、姚明、王伟三个在中国竞技体育中职业化程度最高的运动员们的职业运动生涯和生存状态。前两位是备受关注、灿烂耀眼的国际体育明星，而中国唯一一位在美国职业棒球小联盟中顽强生存的球手王伟，则是普通职业运动员的代表。“体育和竞技在他们身上不再过多承载国家荣誉或使命，而成为一份安身立命的工作、一个为之狂热献身的职业、一种承载个人梦想和追求的事业，他们的成功和辉煌无须神化，也无须政治化。”①

不难发现，这些纪录片所折射出的是一种对待体育的方式，即体育不再仅仅是存在于电视直播中的竞技节目，也不仅仅是少数职业人员的工作，无论是观看赛事还是亲身体验运动项目，都已经成为北京城市生活方式的一

① 王黎燕.《体育的力量》：为体育精神“画像”[J].中国电视，2012（12），第70页.

部分。

3. 公益北京

伴随着城市经济建设的飞速发展，人们的生活水平及社会参与意识都有显著提升，越来越多的人参与到公益活动中。反映北京公益活动的纪录片特别聚焦、观察、记录北京一些新型的公益组织，从侧面反映出北京城市日新月异的变化与现代化进程。

《爱的联想》（2011 年）是中国首部记录草根公益团队发展历程的公益微电影。影片共分为三部，每部 15 分钟，由贾樟柯担任监制，分别由三位青年导演王晶、魏星和陈涛执导，该片主要采用纪录片的手法与风格，真实再现了这些草根公益团队的成长历程和感人至深的事迹。《科学松鼠会》介绍由姬十三发起的同名民间科普作家交流平台，其成员多在科研院校工作，通过举办一些公益讲座，放映科普电影，以翻译一些国外的科普文章以及出版科普书籍等方式，尝试揭开科学神秘的面纱，让人们认识科学的真面目。《多背一公斤》（2011 年）是关于同名公益组织的纪录片，该组织号召旅行者在旅游时多背一公斤，把图书文具等送给乡村小学，呼吁旅行者走访、了解进而帮助贫困学生家庭，与他们一起成长。在观光旅游越来越普及的社会里，把旅游与公益结合起来，能够发动更多的人参与公益事业。资助者能够和被资助群体面对面地交流，实现真正的沟通交流进而建立理解与信任的关系，不是简单的施舍和被施舍，而是一种平等的帮助。《十二邻》（2011 年）是由十二邻社区发展中心的团队真实演出，它通过社区剧场这个平台把老人讲述的故事经由社工和志愿者的表演，实现艺术化的表达，通过这样的形式，用戏剧陪伴老人，用倾听排解孤独，关注弱势群体。

从这些以公益活动为拍摄对象的纪录片中，我们可以看到，这座古老城市在经济快速增长的语境中，心灵空间也在不断成长，越来越多的具有现代公民意识的市民在不断成长，这些质朴的影像为我们留下了关于这个城市精神成长的宝贵记忆。

4. 北京故宫

在人们的心理认知上，故宫早已和北京这座城市紧密相连，作为北京乃至中国的历史地标建筑，它的神秘庄严使人们对其产生好奇和敬畏。2016 年，一部揭开故宫神秘面纱的纪录片在 CCTV–9 播出。《我在故宫修文物》

（2016 年）不再单纯记录故宫的恢宏历史，这部纪录片第一次将故宫文物修复专家的内心世界和日常生活展现在银幕之上，用这一特殊群体的日常生活来展现这座古老城市的厚重历史和岁月变迁。这部系列纪录片重点讲述青铜器、宫廷钟表、陶瓷、木器、漆器、百宝镶嵌、织绣、书画等国家级文物的修复过程，但区别于其他故宫类纪录片的是，这部纪录片以普通平凡的工作者为核心，以他们日常的工作为线索展开讲述，他们的工作因为在特殊的岗位而彰显出不平凡，但其实这就是他们日常生活的一部分。该纪录片在拍摄手段上并没有太多花哨的镜头语言，整体的视觉效果质朴而真诚。使用大量近景和特写镜头清晰地表现了文物修复工作者们的认真严谨，也展现出修复文物这项工作的精细与复杂。影片最大的亮点还在于手艺的传承和工匠精神的展现，在城市的变迁和时代的发展中，手艺的传承、历史的延续需要注入更多年轻的力量，这亦是城市发展所必然要面临的问题和挑战。

同样是以故宫文物修复为主题的纪录片《故宫新事》（2017 年）以养心殿文物的修缮为线索，讲述故宫博物馆修复师们的日常工作，将文物修复、展览背后的神秘故事展现给观众。对于生活在北京的这一特殊人群来说，这就是他们的日常记忆，与故宫的故事，就是他们对北京的特殊记忆。在叙事风格上该片采用女声解说，客观记录跟踪拍摄养心殿的修缮过程，拍摄者不干预被拍摄者的行为，并用大量长镜头来还原真实感。值得一提的是，养心殿文物的修缮工作持续了 5 年，《故宫新事》这部纪录片也跟拍了五年，每年更新一集。这些以故宫文物修复为核心的纪录片，通过讲述修复师的日常工作来回顾历史，追溯发展历程，对这些文物的勘察揭露着历史的印记，片中多次提到文物的修缮，为判断历史建筑的变迁提供了很好的依据，每个物件都是历史的记载，都记录着滚滚历史长河中的城市发展。

四、国家与个体的奥运视角

奥林匹克运动会不仅是全球竞技体育的盛会，更是每一届主办国家彰显国家实力、拥抱全世界文化交流的重要机会，是承办城市向全世界显示城市形象、展示市民精神风貌的舞台。2008 年的北京奥运会，就是举国上下齐心协力，历时七年精心准备的一场体育文化盛典。从 2001 年 7 月 13 日北京申奥成功的那天起，以北京为窗口的全中国，就开始着手准备这次来之不易的机会。从奥运场馆的基础设施建设等硬件设备、市民的精神文明建设等文化软实力，以及运动员、教练员等参与主体的努力备战等方面入手，共同构筑起 2008 年北京奥运会的前景图。

2008 年北京奥运会，是中国的盛事，也是以北京为代表的全中国人民的狂欢。北京申奥的成功不仅表明中国国家实力的增强和国际形象的提升，同时，作为 2008 年奥运会举办城市的北京也享受着奥运会给这个城市带来的变化。从市政开发到精神文明建设，每一个发生在北京城内的变化都给生活在这个城市的市民们带来了重要影响，他们与北京奥运有着千丝万缕的联系，奥运梦不仅是国家的奥运梦，同时也是千万中国人的奥运梦。

1. 国家宏观视角下的奥运会

为了记录这次体育盛会，分别有《我们赢了——北京申奥纪实》（2001 年）、《2008 年北京奥运会全纪录》（2008 年）、《永恒之火》（2009 年）等奥运会纪录片，这些纪录片均从国家奥运出发，记录北京申奥成功、圣火传递、运动员训练、场馆建设等重要内容，形成国家宏观视角下的北京奥运会全纪实，体现国家形象，彰显奥林匹克精神。《永恒之火》作为北京奥运会官方纪录片，不仅承担了对本次奥运会的记录功能，并且在同期纪实拍摄、纪录片叙事结构等方面都有突破，是一部同时兼备官方记录和艺术价值的优秀纪录片，获得第 33 届蒙特利尔国际电影节评委会特别大奖、第 27 届米兰国际体育电影电视节绝对佳作奖和奥林匹克精神大奖。《永恒之火》作为最权威的影像资料之一，被奥林匹克博物馆永久收藏，是一部重要的历史文化遗产。这部作品的突出特征体现在以下三个方面：

首先，同步拍摄突出事件进程感。奥运会官方电影作为国际奥委会委托举办城市的奥组委制作的，对该届赛事最全面准确的记录，是最权威的官方影像资料，因此在真实性和艺术水平上有很高的要求，既要彰显国家形象，又要体现奥林匹克精神。20 世纪 80 年代，因为受到奥运会商业化运作模式和奥运会电视转播的冲击，奥运会官方电影仅限于表现体育赛事本身的制作模式受到了巨大挑战，因此美国导演格林斯潘用好莱坞式的充满戏剧冲突的叙事手法重新构造奥运官方电影的拍摄模式，不仅强调竞技体育本身，而且注意挖掘体育人物背后的故事，通过人物的故事性体现奥林匹克精神。《永恒之火》的导演顾筠在格林斯潘的基础上又有所创新，格林斯潘模式的做法是所有拍摄都在奥运会开幕式后进行，周期较短，而对体育人物的采访及相关故事的展现主要依靠事后采访及以往影像资料的补充，这样在真实感和进程感上有很大折损。而《永恒之火》则改变了这一做法，从纪录片的筹备到拍摄完成总共花费了两年多的时间，团队120人横跨五大洲，包括美国、德国、希腊、巴西、伊朗等近10个国家，同步拍摄运动员的训练和生活状态以及北京对本次奥运会的准备情况，都采用同期录音、同步记录，素材累计时长达400小时。最大限度地还原人物和事件本身的真实性，并且在对体育人物训练和北京奥运会准备的进程感上都做到了最大化，体现了中国作为主办国，努力准备本次奥运会的强大国家实力和积极正面的精神面貌。

其次，真实记录还原普通人本来状态。克拉考尔说："纪录片电影的故事是找到的故事，是被发现的而不是构想出来的。但由于找的素材很少有可能发展成为独立的具有典型性的整体。一方面我们从时间的推移中感受事件推进的魅力，另一方面我们还需要进行有意识的选择和重构。"[①]《永恒之火》主要包括采集火种、火炬传递、开幕式、运动员人物、闭幕式，而运动员人物故事的部分占到了60%左右，其中包括德国皮划艇运动员托马斯、美国小轮车运动员凯尔、跆拳道运动员洛佩兹、牙买加短跑运动员博尔特和队友鲍威尔、埃塞俄比亚长跑运动员海利格、伊朗跆拳道运动员萨尔·霍什·贾麦勒和哈迪·萨伊，以及中国男子110米栏运动员刘翔和国家女子体操队八个故事，共100多位人物出场。这些故事都是在拍摄过程中还原了运动员的真实面貌，在拍摄中找故事，并且很多情况是意外发生被捕捉，没有被预料到的，当意外的结果和之前的记录放在一起形成对比，记录的力量就凸显出来了。这八个故事中，德国皮划艇运动员托马斯最后累得晕倒在终点，也只获得了银牌；美国小轮车运动员凯尔在意外受伤情况下坚持比赛；中国的刘翔意外退赛，以及他退赛前矛盾纠结的状态也被记录下来；牙买加短跑运动员鲍威尔的失常发挥而他的队友博尔特作为短跑新秀出现在全世界人们眼前，赢得了100米和200米田径比赛的两枚金牌。可以看出，区别于以前的奥运会官方纪录片对于运动员的英雄化塑造，《永恒之火》记录了运动员

① ［德］齐格弗里德·克拉考尔．电影的本性［M］．南京：江苏教育出版社，2006年，第36页．

面对竞技体育训练下各种真实的生活状态，包括对自身极限的挑战和作为真实人类的多种情绪，特别是摄制组特地前往牙买加拍摄鲍威尔、博尔特平时的训练状况，之前鲍威尔对冲金的信心满满和博尔特对于比赛的参与感与最后完全相反的结果，让这部纪录片整体饱含真实的生活状态，同时也因为种种意外和惊喜的发生，让整体充满戏剧冲突和故事感。另外，从故事构成来看，除了美国和德国两个运动员的故事是属于发达国家，其余均是亚非拉的发展中国家，这种选择也符合奥运会的真实参赛结构。可以看出《永恒之火》区别于以往悉尼奥运会、雅典奥运会等纪录片，有鲜明的东方文明色彩，同时也符合中国文化特质。

最后，对纪实美学的追求彰显国家形象。每一年的奥运会官方纪录片不仅是这届奥运会赛事整体、客观、全面的记录，同时，这部纪录片的拍摄质量与艺术水准也体现了举办国家的国际形象与文化软实力。《永恒之火》的整体拍摄是对纪实美学的追求，在此基础上，影片对每一个画面的元素、构图都尽量做到精致。从开头 NASA 拍摄的蓝色地球图景、希腊少女在古奥林匹亚赫拉神庙前点燃圣火到北京各个体育场馆航拍图像的景象之美；从小轮车运动员在夕阳下高高跃起的弧线、博尔特冲刺时的慢动作画面到伊辛巴耶娃创造新纪录的运动力量之美，每一个画面都充满勃勃生机与运动精神的力量，让“同一个世界，同一个梦想”的口号浮现在人们面前。此外，影片还有对北京城的介绍，其中有张艺谋在鸟巢中指挥奥运会开幕式排练的场景，表现了北京作为 2008 年奥运会举办城市积极准备的良好正面形象，同时中国作为一个古老又现代的国度，其悠久的文化历史和不断壮大的国家实力也通过这部纪录片展示在全世界人民面前。

奥运会开幕式是奥运会官方纪录片中重要的部分，与里芬斯塔尔时代不一样，现在的奥运会开幕式机位都是商业化运作，留给公益性质的官方电影拍摄的机位是很少的，为了保证纪实美学理念的延续，《永恒之火》要在利用部分 BOB 机位画面的基础上，积极申请机位，在自己架设的机位上寻找新的角度与创意，拍摄自己需要的重要内容。此外，拍摄记录比赛过程也是奥运会纪录片中重要的部分，在拍摄奥运比赛过程的时候，有一些公共信号拍摄不到的未能表现出色的选手，《永恒之火》摄制组就要有良好的随机应变能力，抓拍自己影片中涉及的需要出现的人物。

《永恒之火》对此次北京奥运盛事整体的拍摄，是在纪实美学理念基础上，对中国整体强大国家实力的印证和记录，是对人性的重视以及对人类历史的记录，是对传递世界运动、友好、和平的希冀，同时也是对人类追求自身突破的尊重。

2. 微观视角下的市民奥运

对于2008年北京奥运会这样一件全民盛典来说，不仅有从官方角度的宏观视野出发的纪录片，还有从微观市民角度出发，描写人们在奥运大背景下生活状态的纪录片，主要有《筑梦2008》（2008年）和《2008纪》（2008年）这两部作品。它们分别从北京市民的工作、生活等事件出发，紧扣奥运大背景下的时代脉搏，让人物命运与奥运会的准备进程息息相关，从平民视角出发，紧扣市民奥运讲述故事，表达了“人文奥运”的理念。

《筑梦2008》由奥运会官方纪录片《永恒之火》的导演顾筠拍摄。2001年北京申奥成功以后，中央新闻纪录电影制片厂决定拍摄一部跟踪北京奥运会准备过程的纪录片，这部纪录片拍摄了七年，作为有史以来第一部拍摄奥运筹备全过程的电影，拍摄累积了50个小时的素材、10000多个镜头，并作为奥运会官方电影《永恒之火》的前奏曲呈献给观众。《2008纪》是纪录片导演雷建军策划拍摄的一部纪录片，讲述了2008年奥运会背景下，原中视金桥传媒公司的纪宁，辞职下海经商创业的故事。下面从三个方面总结这两部作品主题、拍摄方式的特点。

第一，以小喻大：从市民生活梦到国家奥运梦。

《筑梦2008》以国家主体育场鸟巢从设计到竣工的七年为线索，从平民视角出发，串联起四组故事，分别是洼里乡拆迁户高大妈家的故事、我国国家女子体操队选拔训练小运动员的故事、110米栏运动员刘翔训练备战的过程、奥运安保特警训练的情景，并以平行蒙太奇的手法将四组故事分别穿插到鸟巢建设的过程中。鸟巢的建设代表着一个国家的奥运梦，而《筑梦2008》选取的四组故事分别代表四组人的个人梦，他们的梦想又是与国家的奥运梦紧密相连的，生动诠释了“同一个世界，同一个梦想”的理念，也体现了“人文奥运”的口号。

鸟巢的“建设”涉及很多户人家的“拆迁”，这本是一个看似充满矛盾的故事，然而，影像深处却萦绕着殊途同归的梦想。影片中，高大妈一家是一个特殊的“拆迁户”群体，是从三千多家拆迁户中挑选出来的拍摄对象，因为她家有一个正在孕期的儿媳妇。高大妈一家的梦想是对新住宅的期待和对自家孕育的新生命的期待，而建设中的鸟巢是对于奥运场馆的期待，个人的生活梦和国家的奥运梦在此交汇。国家女子体操队选拔小运动员和刘翔训练两组故事都是运动员的故事，他们的梦想与奥运梦的联系更为直接，选择女子体操队选拔作为拍摄对象是因为体操项目的特殊性，一个运动员的选拔训练基本从三四岁就开始，训练十多年到十六岁左右可以参加比赛，而由于比赛的特殊性，她们的职业生涯时间相对短一些，参加奥运会的机会也更少，因此她们的奥运冠军梦也显得更为迫切。自从刘翔在雅典奥运会上夺得金牌，他就成了国人心中的英雄、跨栏王子，其身上肩负的压力就更加巨大，所有人都注视着他是否能在北京奥运会中勇夺金牌，为国争光。他的训练、平时成绩，一举一动都牵动着大家的心。可以看到，这两组运动员在承担自身奥运梦的同时，也构成了国家辉煌奥运梦的基石。作为奥运会这样一场重大的国际比赛，安保工作是重中之重，影片中呈现了特警们克服心理障碍，认真训练的情景，不仅是对这场奥运会的守护，更是对中国国家声誉和形象的护卫，因此他们努力工作的梦想和国家的奥运梦汇合，为了守卫美好的国家奥运梦而努力着。

《2008纪》这部片子同样涉及个人梦想与奥运梦的关系。2008年这个特殊的年份让很多想经商创业的人都看到了商机，他们把2008年的北京看成实现他们梦想的地方，用各种方法推销产品，推出新理念、新思想，片中的纪宁就是其中的一位。原来在奥组委做策划的他，看准了奥运的商机，于是做起了户外体育策划业务，到处寻找投资商合作。可以看出，北京举办奥运会的大背景引发了经济、环境等多方面的变化，而作为生活在北京城中的市民们，他们的生活梦想与奥运梦共同构筑起对国家美好未来的期待。

第二，以戏剧化方式展现细节生活。

纪录片大师伊文思说：“一部影片如果对基本的戏剧性冲突不予重视，这部影片就会缺乏光彩，而且更可悲的是缺乏说服力。有意背离戏剧冲突就是走向形式主义和神秘主义，对摄制组的每个成员的工作都有害，只有那种使题材与戏剧性的现实紧紧联系起来的影片，才能成为一部好的纪录片。”[①]从《筑梦 2008》的整体结构构成来看，四个平行发生的故事与鸟巢建设的线索平行进行，充满戏剧感。而对其中每一个故事的追踪也充满戏剧冲突，有很强的故事性。

高大妈的故事中，小女孩瞳瞳与奥运建设共同成长，在片尾用英文说出“同一个世界，同一个梦想”充满美好寓意。在女子体操训练故事中，艰苦的训练伴随着许多精彩的生活故事，在跟踪的三名小体操运动员中，若愚因意外伤病不得不退出比赛，她因此一度拒绝观看和体育比赛相关的节目，后来在大家的帮助下，她重新关注队友的训练情况，表现出令人欣慰的成长。在刘翔的故事中，最充满戏剧化的就是刘翔的伤病，作为一个被推上神坛的运动员来说，严重的伤病是自身最无能为力的痛，影片向我们细致地展现了刘翔努力备战和承受伤痛压力的情形，当这种训练过程的痛苦与比赛前刘翔无奈退赛的不甘形成对比后，产生了强烈的戏剧冲突。此外，影片还呈现出刘翔和教练之间亦师亦友、真实自然的生活细节。在奥运特警安保故事中，选取了一位有恐高症的特警，影片把他努力克服恐高心理、顽强训练的情形及训练中的每一次失误都真实地记录了下来。这些故事在追求戏剧化讲述方式的同时，努力捕捉真实的生活细节，让观众在充满起伏的讲述中感受到生活的真情实感。

《2008 纪》记录了纪宁试图借力奥运带来的商机下海经商的过程。片中呈现了许多工作和生活上的细节，如刚刚“下海”时的踌躇满志、希望与隐隐的不确定，在困窘的时候被房东赶出的尴尬境地，在资金断流时的无助和面临离婚的痛苦等，真实地呈现出了在奥运大背景下，一个本想趁奥运商机下海创业，反遭遇金融危机的创业者的艰辛经历。作为一部记录个人经历的纪录片来说，该片是成功的，但遗憾的是这部影片在 2009 年春节前后金融危机进一步扩大的时候，对纪宁的拍摄就结束了，使影片略显单薄。

总体看来，上述纪录片在讲述方式上注重突出故事的戏剧性和可看性，而在描述上又注重了细节的讲述，使影片整体充满质朴的生活气息，与“人文奥运”的内涵相契合。

---

① ［荷］尤里斯·伊文思. 摄影机和我［M］. 北京：中国电影出版社，1980 年，第 196 页.

第三，城市空间改变带来的市民心理变化。

城市空间与市民的生活紧密相连，城市生活空间的变迁最直接影响的就是日夜生活在其中的市民们。《筑梦 2008》中高大妈所代表的“老北京拆迁户”一家是典型代表。“新北京，新奥运”的城市建设必然要涉及许多老住户的迁离，这是城市建设中必须要面对的问题。鸟巢的建设要涉及三千多户人家的搬迁，高大妈作为老北京的代表，在城市建设要求她离开“故土”的情况下，她的心理变化历程也是有代表性的。离开原来的居住地不仅意味着居住环境的改变，还意味着心理情感的变化，这不仅反映在城市空间的改变对于市民心理情感的影响，还体现在城市空间的变化对于不同年代人的不同心理影响。影片的精彩在于它并不停留于对年青一代与以高大妈为代表的老一代之间的观念冲突表现，而是对高大妈这一代人，在作为市民参与奥运建设的过程中心理变化过程的细致呈现。随着鸟巢的建设和自己小孙女的成长，高大妈对于离开“故土”从不舍到渐渐习惯，并且自觉参加到市民志愿服务中。影片结尾高大妈在社区忙碌工作，儿子和儿媳成为奥运会志愿者，全家人都积极参加到市民奥运的火热大潮中。影片以自然质朴但带有戏剧性的方式，讲述了微观视野下的北京市民奥运，细致地记录了奥运会给市民们带来的工作、生活、心理上的变化以及市民们对于奥运会的理解与付出。

第二节　历时性的城市空间：社会变迁与历史记忆

当传统都市空间急速转换与变迁，或者说空间生产过度的时候，空间的“被生产”与“生产性”失衡，人们相对稳定的集体意识和文化认同无法紧跟快节奏的生产速率，就会发生精神失落，即精神空间无所寄托，找寻不到它的载体。因此，媒介传播为空间提供了超越时间的历史记忆，为这些静止的空间进行精神填充，同时也就具备了生产性和再生产性。具体地说，生活在北京的人们所感受到的“北京”这一城市空间，是相对静止而短暂的，只有当空间在时间上的匮乏被填充，才能“生产”出他们的集体意识和文化认同感。作为城市纪录片常见的创作策略，符号化叙事并不鲜见。符号来源于社会生活的映像，被赋予了象征性内涵，从而在时间性上挖掘了北京城市空间的深度。象征性符号在这里被分为“城市环境”和“城市人物”。

一、城市环境——多侧面的空间生产

新中国成立前的北京是怎样的？如今只有一些高龄老人亲身经历过。对于大部分中青年人来说，这一段历史只是一些文字记载而已，因此通过媒介的方式来建构人们心中“新中国成立前的北京”，就显得尤为重要。

1. 历史发掘

2009年新中国成立60周年之际，以解放战争为题材的《1949：城市的记忆与重生》（2009年）系列纪录片在中央电视台第七套播出。该纪录片放弃了对解放战争进行宏大叙事的讲述，而是截取了“黎明前的黑暗”和“曙光初现时”两个横断面，选取不同区域的九个代表性城市，如北京、南京、广州等，以每一个城市几天内发生的事件，折射出这座城市的人民和前来解放这座城市的解放军为争取自由独立所做的漫长而艰辛的努力。其中，系列片的北京篇即其结篇《解放北平》，讲述了1949年北京和平解放的历程。而该篇的第一人称讲述人则为抗日英雄张自忠将军的女儿张廉云，她作为中国共产党地下党员，1949年前后在北京做地下工作，亲身经历了北京解放前夕的那一段历史，“作为第一人称的讲述者都是普通人，但他们身上却都有着不平凡的故事，鲜活地刻画出解放战争的历史侧影”①。

城市历史是城市空间中的事件流动，也是城市实体空间的历史演变。纪录片《筑造北京城》（2017年）用纵贯古今的视角梳理北京城市演变的脉络，从日坛修葺延展至古代的北京城建设。影片中，建筑师周榕探访着紫禁城建造的秘密，美国军事历史学家凯利·德弗里斯教授挖掘古代京城巨大的防御工程，景观设计师吴宜夏走街串巷地勘探着北京的城市规划格局。在紫禁城即将迎来六百周年华诞之际，专家们从紫禁城、日坛、天坛等古老建筑出发探索，揭示其在设计和建造中的诸多奥秘，从而发掘北京这座古老都市集宫殿、庙宇和城防于一体的城市规划之谜。影片通过电脑绘画、实地拍摄、情景再现，结合专家访谈，揭示了一座依照古代密码所设计的、有着特

---

① 高鑫，潘婷婷 . 以小见大，以一当十——评纪录片《1949：城市的记忆与重生》[J] . 电视研究，2010（39），第66页 .

定用途的城市的秘密。如今北京城的胡同格局和 13 世纪的城市规划并没有太大的差别，老北京特有的胡同小巷正是历史雕琢的痕迹。

一个有历史的城市才是有温度的城市，这部纪录片以一个个小的历史建筑为支点，以小见大回溯北京的历史风范，用历史故事搬演和现代研究者的采访交叉在一起，形成历史与现代的对话，一来一往中更容易让观众铭记北京城的筑造历史。随着现代化的城市建设，21 世纪的北京拥有壮观的现代建筑，但其背后埋藏着一幅古老的城市规划蓝图。社会的发展变迁离不开历史的根基，未来北京的城市规划必须在历史与现代之间做好平衡。

2. 集体记忆

空间理论认为，每个地方都是由不知名的、陌生的“他者”变成家园，变成生活记忆的。在这个过程中，关于这个地方日常生活场景的集体记忆，直至上升到地域性的认同感，都是随着居住时限、生活经历的增加不断堆积而成。

系列纪录片《一个人与一座城市》（2002 年）在十个城市选择十位作家分别讲述他们与城市的故事，这里的城市饱含着个人的印记，作家笔下的城市又是另一番沧桑。从八岁开始，在北京生活了 52 年，习惯了北京豆汁的味道，熟悉北京的生活气息，老北京人刘心武的《抚摸北京》（2003 年）以自己北京城内的生活轨迹，细细回味了从八岁到六十岁的北京城变迁。影片中，小学居住的东四钱粮胡同的四合院变成了大杂院，附近的隆福寺重建成了日本样式的庙宇，还讲述了东四牌楼的故事、北京街道名称的由来，等等。曾经熟悉的地方，现在都改变了模样，有的已经不忍看，比如什刹海；有的却能够很好地表现老北京与新北京的文化传承，比如北京皇城根遗址公园。在刘心武个人讲述与镜头前北京的对比中，历史与现实在碰撞，这是一个人眼中的城市蜕变。

“《北京记忆》（2008 年）作为一部反映改革开放 30 年北京社会生活变迁的纪录片，通过公共空间与私人（家庭）空间两个领域，表现出老北京人关于日常生活集体记忆的深刻性，以及由此所形成的文化归属感。”[①]《北

① 周怡，刘敬华 . 城市空间的“镜像表现”——电视纪录片《北京记忆》的“空间性”生产分析［J］. 当代文坛，2011（1），第 125 页 .

京记忆》在屏幕上呈现出来的基调可以用两个词语来概括："怀旧"和"物质进步"，而这两方面又借由采访的人物的回忆来体现。如第六集《北京记忆·生活是多么广阔》中，舒乙回忆道："当时蔬菜就是大白菜，没有这么多菜棚子、暖洞子，老百姓吃的就是大白菜，冬天得储存大白菜，你得吃一冬啊，自己想办法在家里储存，每天还得翻动它，要不然烂了，这是冬天很大的一活儿，得借车，集体出动排队，去买这个。这刚多少年？三十年，大白菜下来根本没人排队，说你储存吗？不储存，干嘛不储存，要的话去买嘛。我昨天买一棵吧，虽然涨了好像十几倍，但仍然是非常低的价位，而且供应极其充足。"

如果说《抚摸北京》和《北京记忆》仍然可视为一种个人记忆的表达，那么《消失的柜台》一集，则充分体现了北京作为城市空间生产的集体记忆。回想往昔，人们对久远的"社区副食品店"中的所有细节依然如数家珍，因为在凭票供应的年代，街区副食品店也是一个人际交往的重要场所，他们每天的生活都在这里"被安排"，成为那个时代特殊的公共空间和社区生活方式。解说词这样说道："一进门，一般就是一个大柜台，那柜台是木制的，黑色的，用漆给漆黑的，后边就搁着大缸，比如说，卖黄酱的，一个黄酱缸，麻酱有麻酱缸，醋有醋缸，酱油有酱油缸。"柜台代表着计划经济时代的经营方式，同时也形成了一整套独具时代特性的人际关系和日常生活的集体记忆，汇聚成北京人独特的地域性格与都市文化。

2018年，为纪念改革开放40周年，《为民而商——北京商业服务业四十年纪实》（2018年）延续了《北京记忆》的历史叙事。以改革开放为出发点，回顾改革开放40年来北京商业服务业的发展与变化。时代的发展带来人民对物质文化需求的提升，引发商业模式的创新和商业服务理念的更新，这部系列纪录片以商业服务业的发展为切入口，以时间为线索，将北京人民生活方式的变迁表现得淋漓尽致。从粮票到电子支付，从囤积大白菜到便民超市，从非典到奥运，《为民而商》整个展现的是北京人民生活的共同记忆。整个纪录片的真实借由历史发展事件和参与事件的人物采访来体现，每一段历史故事都由一个典型具体的人物来承载，故事的讲述与真实的人物采访紧密结合，将北京人的集体经历与回忆整体呈现在银幕上。这不仅是对改革开放40周年的纪念，更是人物对历史的集体回忆。比如，在食物紧缺的年代，每到冬天北京人民如果不储存足够的大白菜，那日子可能没法踏实，一到冬天，抢购大白菜成为每位老北京人的共同经历，加上原北京第二商业局局长孙毓楼对当时亲身经历的介绍和感想，使历史记忆呈现得更加清晰。解说词如是说道：“老北京人曾经有过这样一个比喻，北京人一生吃掉的大白菜，堆起来大概要有北海白塔那么高。”1988 年的《人民日报》上记载着这样一条新闻：临近春节的日子是北京一年中天气最冷的时候，那一天，一架飞机载着一位特殊的“客人”缓缓降落在北京南苑机场，这些“南方来的客人”就是黄瓜，这些都是独具时代特性的俗语和记忆。再比如，为了使北京服务业水平与国际接轨，北京市政府加紧整顿提升服务行业人员的服务意识，各大商场人员学习深造，打造微笑服务理念，服务业的发展老百姓们的感受最为明显和直接，这真实地反映着整个北京人民生活水平的提升。商业服务业的发展与人们的生活息息相关，因此北京 40 年商业服务的巨大变化是一个时代的缩影，是一座城市发展的折射面。

3. 社会变迁

北京作为一个不断变动发展的城市空间，纪录片所要回答的不仅仅是关于历史与记忆的过去时问题，还需要回答的是现在时问题，即进入现代，北京社会发生了什么变化、出现了什么问题。《社会时代》（2014 年）正是从这个角度反映社会发展、时代变迁的。该片以中国社会转型为背景，以将小人物和大时代相互映衬的表达方式，展现了政府组织、市场组织和社会组织对社会治理多角度、多层面的探索和创新。需要强调的是，虽然《社会时代》的立足点是北京这一城市空间，其直接记录的也是北京社会的变化，但从宏观的层面看，它所展示的对象具有极强的社会代表性，因而能够在短短三个小时从多个侧面展现整个中国社会的变迁。《社会时代》共分六集，第一集《城市化》以改革开放后人口流动潮为观察角度；第二集《幸福圈》真实记录了基层街道社区积极的社会探索；第三集《活力源》走进几个现实生活中的社会公益组织；第四集《社工情》展示了一个全新的社会工作岗位——“社工”；第五集《公益行》聚焦几个公益人、公益组织创业和发展的感人故事；第六集《和谐梦》作为结束篇章，反思了中国经济高速发展的同时带来诸多社会矛盾的现实。

《社会时代》不是纯粹的社会工作宣传片，而是通过讲述小人物的故事，以夹叙夹议的手法，从纪实的角度反映了社会治理的现状。如第一集《城市化》，聚焦几位在北京打拼的外地人的故事：胡来宏从一个“盲流”成为朝阳区高碑店古典家具经营商、“北漂”青年庞迪从“蚁族”成为社区“青年汇”骨干、福建人阮兰桂的企业得到商会党组织帮助后健康发展。讲完他们的故事，片子没有结束，通过对专家和管理者的访谈以及编导的阐述，力图传达这样的信息与理念：城市化不仅仅是一个经济上投资和物质环境上改善的问题，同时还是一项深刻的社会规划和社会运动，要走人口、资源、环境协调发展和区域协同发展的道路，是社会时代的大考题。从这个角度来看待《社会时代》，该片不仅呈现了北京的现在进行时的状态，更基于抛出的社会问题而对北京城市空间在未来的变化提出了前景期待，这也印证了本部分试图体现的空间在时间上的延伸性问题。

二、城市人物——多类型的人文关怀

城市是一个具有聚合异质性要素的容器。作为地区的经济文化中心，相对活跃开放的经济和文明自由的生活方式吸引着各种各样的人涌向城市，城市化进程将种族、习俗等元素融合在一起，又形成不同的阶层和社会差别，城市成为“文明的风暴中心”，这里给了人们更多成就梦想的机会，也在途中设置了更多的诱惑和艰难，左拉和德莱塞形象地把城市描绘为人类欲望和意志搏斗的战场。作为四个中心的北京，自然汇集了来自全国各地的寻梦人，他们的梦想各不相同，却生活在同一个城市，当梦想遭遇现实，现代的北京城会带给他们什么？

1. 全景记录众生相

全景式的影像记录是北京影像中的重要部分，虽然影片没有主角，每张在镜头中出现的面孔都是与镜头的偶遇，但是各种各样的表情、动作和回答，展现了一幅鲜活的现代北京世俗风情画。这种拍摄方式主要来自1960年法国街头，让鲁什的一次真实电影试验《夏日纪事》，但不时也会有直接电影“壁上蝇”的冷静旁观视点。这种方式在雎安奇的《北京的风很大》（2001年）中有着淋漓尽致的体现。影片中雎安奇手持话筒，突兀地闯进各种场所，强迫性地追问一个问题“你觉得北京的风大吗？”，这种粗暴的方式、恶作剧般的问题、突然且直接的镜头，引起人们各种不同的反应，也接收到各式各样的回答。他在展馆前、街道、饭店、宾馆、医院、工地等十多处不同地点，甚至在男厕所都发出了提问。其间，他也会因时因地改变问题，在天安门广场，他问游客：“站在天安门广场，你有什么感想？”大部分人表达了主流的感慨，也有人在回答之后居然哭了起来。采访的人包括民工、小贩、民警、老师、美容小姐等，对街头的老少配，他问：“你们觉得幸福吗？”平常的地方，普通的人，展现的却是主流影像中完全不同的北京，是同样拥有梦想的平民北京。这是一部用 13 本 100 英尺规格的柯达·伊斯曼 16mm 胶片（其中 7 本已过期 8 年）拍摄的 50 分钟纪录片，它虚焦、镜头摇晃、画面偏色有划痕、剪辑生硬，还有大段黑底或白底叠字幕的同期声，声画比为 3∶2，片比为 1∶1，也就是说完成的影片包括了全部的拍摄素材。其中，质量粗劣的全部胶片只够拍摄一半多一点，另一半完全是黑底或白底叠字幕的同期声。这部实验性的影片之所以被称为极具“颠覆”性的影片，在于它的拍摄方法和视角。这里，摄影机和话筒本身构成了影片的重要角色，这种组合已经成了一种约定俗成的社会符号，与问题和提问方式一起构成了一种媒介暴力。对此，雎安奇个人的解释是：“我想做的是对现实的放大。我们看到很多新闻采访，看上去很柔和很客观，但看那种东西对我来说是一种伤害，那种东西才隐藏着一种暴力。我很反感传统意义上的新闻采访或纪录片所强调的令人生疑的客观性，我想解构它们，如果说我的问话手段或方式破坏了一些什么东西，那它肯定也建立了一些东西。”①

2007 年，中央电视台新闻频道《纪事》栏目的《浮尘 浮城》，是《夏日纪事》的一次温和运用，走上北京街头、中央电视台发射塔、后海、高级住宅区、大厦电梯、溜冰场等十多处不同的地点，用沙尘暴或者各种随意的话题与各种偶遇的人搭话，在看似漫不经心的几句闲谈中，透露纷繁零散的社会信息，在各种片段场景中透视人生百态。在后海，遇到了刚来北京二十天的手艺人，来北京有自己的想法：第一，给孩子挣学费和老人的抚养费；第二，北京奥运马上开始了，来参加奥运。在高级住宅区，碰上了出来晒太阳的白领，已经不为自己的下半辈子担忧，只考虑孩子的未来。在医院，一位

① 朱日坤.《独立纪录：对话中国新锐导演》[M].北京：中国民族摄影艺术出版社，2005 年，第 61 页.

刚来北京打工的河南民工因事故受伤，不得不返回家养伤，还对摄影机充满了好奇。这里，尽力表现北京社会不同阶层的生活状态；而《纪事：后海浮生》（2005 年）采用了相同的结构方式，不同人的生活拼贴出了一幅后海众生图，影片不着重表现社会全景，而是以自我的视点游移在后海周围，寻找到几个有故事的人，以弹奏古筝谋生的送寒、练太极的金大妈、组织乐队的刘洋、四合院房地产中介赵岩俊、酒吧老板张莉莉等，他们有不同的昨天故事，却同样选择了后海作为生活和奋斗的地方，成为后海文化的一部分，折射出北京奋进的城市文化。

《我们在北京》（2015 年）是一档网络微记录作品，以简短精练的内容，表现一个人物、一件事、一个故事。作品以北漂者的故事为线索，将镜头聚焦记录北漂群体的生活、工作和心路历程，整体以“只要精彩，不求辉煌”为拍摄主题，通过精练纪实的镜头语言展现北漂群体的迷茫与自信、颓废与努力、哀愁与欢乐、失败与成功等。整体而言，本片的人物设置有着非常丰富的层次，镜头中有通过奋斗开始创业的年轻人，有辞职来北京完成演员梦想的北漂者，有在北京卖煎饼、摆水果摊的小商贩，有分捡垃圾的环卫工人，有为梦想而拼搏的录音师、诗人，等等，这系列影像试图用微记录的方式描绘出一幅北漂群体有色彩也有风雨的生活影像。北漂群体虽然被定义为外来人员，但这一庞大群体因各种不同的原因，努力地想要融入这座城市的生活，他们在实现梦想的同时见证并参与着北京的发展与变化。这座古老的城市也彰显了它极大的包容性，为有梦想的年轻人提供舞台，为谋求生计的外来者提供商机，北漂者们在这里找到了自己生活的意义和人生的价值。

2018 年的北京，全景式纪录片中的人物形象更加多元，是城市发展包容性的一种体现，也塑造着多元包容的城市。“城市以其独特的价值和气质影响着人，同时城里的人用自己凝聚一身却又毫不知情的影响力去塑造城市性格”——纪录片《我的城 · 魔丽都市》（2018 年）开头的序言凝练了整部片子的主题。生活在北京的人们，无论是北京土著还是追梦的北漂，每个人都塑造着北京的魅力，北京城也因此成为他们心中独一无二的北京。爱洋车的本地市民任子龙、居住在胡同里的日本建筑师青山周平、因拆迁而聚在一起的街坊邻里、享受四合院生活的比利时建筑师戈建一家人、坚守老店的前门餐馆老板贾爷、努力想要融入北京的北漂双胞胎姐妹、中关村一批有激情的创业者、疯狂的国安球迷……这些人都是这座城市的一部分，是这座城市的建设者。该片将镜头聚焦北京城不同阶层、不同职业、不同国籍的人，将不同人的生活拼接在一起，从老北京讲到新北京，这些人的生活片段或多或少地反映了北京城的变化。这部片子里的每一个人物都没有被刻意塑造为某种形象，展现的就是最本真的生活方式，他们遵从内心，选择最舒适的生活方式，他们见证着北京的变化，但是每个北京人心里都有自己定义的“北京”，这是任何建筑、地点的变迁无法替代的，众生的生活影像共同折射出的北京魅力。

2. 追梦而来的艺术家

艺术家生活境遇的变迁体现着城市的自由包容度和国际化程度。艺术追求自由的表达，如果城市能够包容并且接纳和欣赏，体现着城市自由度的提高；而作为一种无国界的表达，艺术能被更多国际朋友接受，体现城市国际化程度的提升。

纪录片《流浪北京：最后的梦想者》（1990 年）讲述 20 世纪 80 年代末漂在北京的五名自由艺术家的生活。张大力和张夏平画画、张慈写作、高波自由摄影、牟森做先锋戏剧导演，因为想做自己喜欢的事情，他们放弃了安稳的工作，选择在北京当“盲流”，这在户籍管理严格的 20 世纪 80 年代末，意味着许多的不便。影片主要通过采访五人对不同问题的观点，突显五人各异的性格。访谈问题分为四个部分：来北京的原因、衣食住行、事业梦想和关于出国，影像主要是五人日常生活的片段，较为完整的场景只有张夏平发疯和牟森排演《大神布朗》两个部分，采访占全片三分之二的时长。在 20 世纪 80 年代末，这是一群处于北京城社会边缘的人，他们大都居住在便宜的出租房内，由于没有稳定的收入，生活没有保障，还积累了一套蹭吃蹭住的经验。北京城对他们来说意味着梦想和自由，也意味着漂泊与窘困。精神追求与物质匮乏在城市中一次次地碰撞，考验着五个人的意志力，最后五人中四人出了国，只有牟森留在国内。完成于 1990 年的《流浪北京》被誉为新纪录运动开始的标志性影片，它呈现出完全不同于主流影片的极端个人化视点：没有解说词、摇晃的镜头、虚焦、完全自然光，甚至有些段落昏暗看不见人影，这在当时的主流影片看来是完全不可想象的，这种 DV 的个人纪录标志着中国民间影像的兴起。不同于主流媒体，城市边缘人和底层民众成为个人纪录关注的主体，这种方式和主题一直延续到现在。1993年，蒋樾《彼岸》里有一群特殊的“艺术爱好者”，他们是全国各地到北京来寻梦的十八九岁的农村孩子，普通话还说不标准。《流浪北京》中的主角牟森要排练和演出一个实验剧《彼岸》，由从社会中招来的短期训练班成员来完成，为期四个月，在电影学院的一间教室里，牟森带着他们一起摸打滚爬、欢笑嘻闹。虽然条件艰难，孩子们却都充满了激情，实验剧《彼岸》获得了空前的成功。孩子们爱上了话剧，但是牟森凑不到资金，他们只能回到现实中，有的靠打工维持自己的生活，有的回到农村还为村里人表演。这群孩子的表演梦想，被残酷的现实摧毁，只能怀着对话剧的热爱为生存而奔波。

拍摄于2005年的《纪事：迷失798》是十五年后，对北京艺术家生活状态的再记录。影片中画家郝光和他的朋友们，大都是从国外回来的自由艺术家，在一个50年代老工厂798里，有自己的画廊，沉浸在自己的艺术创作中。郝光靠卖画和举办各种商业活动，维持着画廊的生存，虽然他在纯艺术和商业艺术上仍然存在着困惑，但是自由艺术家们已经逐渐走向城市主流，他们有自己自由创作的空间，有更多成功的机会。自由艺术已经成为北京城市文化的重要组成部分。在《流浪北京续集：四海为家》(1995年)中，高波和张大力也带家人回到北京定居，牟森已经拥有自己的剧团，成为北京先锋戏剧界颇有影响的人物；郝光的助手，从外地来到北京追求自由艺术生活的肖涛，却厌倦了这里，返回了家乡。或许现在的梦想者都不是那么的坚定，或许这个社会让梦想变得那么脆弱。然而，21世纪初的北京仍然存在着这么一批执着追求摇滚音乐的梦想者，因为摇滚的反叛精神与追求自由的宗旨，他们总是以独立的姿态出现，不愿为商业做过多的牺牲，他们的生活与十三年前的北漂没有太大的区别。张扬、罗拉的《后革命时代》(2005年)展现了在北京郊区树村聚居的摇滚音乐人的生活。他们年轻真诚，怀着对摇滚音乐的挚爱，在这里组建乐队、排练，参加一年一度的“迷笛音乐节”，但是他们同样也要面对生活的窘迫。导演张扬本人就是其中一个乐队的主唱，所以影片拍摄真实自如，时刻能感受到镜头前后人物之间的交流。2013年的《游走北京》则采取了电影拍摄手法和纪录片讲述相结合的方式，影片一开始就是一组关于北京公路的空镜头。除去带有“表演”性质的女性游走北京都市的“抒情”片段外，该片交叉叙述了餐厅歌手袁思远和自由演员胡鑫在北京的日常生活，他们一边忙于生计，一边努力进行专业的自我训练。影片旨在通过电影透过真实，捕捉追梦者们的心路历程。影片中，在北京漂泊的人们，游走在这里为梦想拼搏，真实而动人。

3. 进城打工的农民

20世纪90年代初，怀揣着对美好生活的渴望，大批的农村劳动力南下北上，进入大城市寻找工作机会，加快了中国城市化的进程。美国经济学家斯蒂格利茨说："作为世界上最大的发展中国家，中国的城市化与美国的高科技发展，将是深刻影响21世纪人类发展的两大课题。"我们有八亿多的农民，在以后的二十年间，会有三四亿的农村人口进入城市，而迅速发展的北京城对劳动力需求日渐增长。90年代初，打工潮刚刚兴起的时候，去北京城打工的农民工人还是少数，他们曾经是社会最为弱势和底层的群体。北京城的纪录影像从一开始就关注着这样的一群人，从1993年陈晓卿拍摄的《远在北京的家》到1998年朱传明的《北京弹匠》，再到2002杜海滨的《高楼下面》、2013年张德宏的《进城》等一系列的电视台纪录片集。镜头前，不同年代的农民从事不同的职业，有着不同的生活状态和个人故事。影片以一种平视的角度接近并记录他们的生活，虽然用影像来讲述社会学的内容是力不从心的，但在这个社会急剧变化的时代，影像没有遗忘北京城的这群人，他们是这个时代、这个城市不可分割的一部分。

《远在北京的家》跟踪拍摄了几位女子从安徽无为县农村到北京做保姆一年多的变化。在平淡的叙事中，展示了复杂多味的人生图景：谢素平离别双胞胎儿子去异乡，在这种近似悲壮的悲哀中，饱含着挣脱贫困和自我拯救的勇气；张菊芳凌晨4点赶早买菜、做早点、带孩子、当临时工，虽然受苦受累，仍自强不息，体现出勤劳倔强的农家少女的奋斗意识；"三八"服务公司里，被辞退的小保姆哭诉所遭遇的人格屈辱，显现人与人之间地位的不平等、生存的艰难，追求尊严的完整人格；谢素平被迫离开别人的孩子而泪流满面，足见母爱的深广与情感的真挚，种种无奈、悲哀、羡慕、骄傲、失落……《北京弹匠》讲述了一位来自湖南农村的20来岁小伙子的北漂经历。他和哥嫂及小侄子在北京的一个很脏的街角就地搭了窝棚住下来，以为周围的居民弹棉絮为生。影片记录下他平日琐碎的生活细节，表现了弹匠在大都市贫穷生活中的沮丧和孤独。最后，也为北京弹匠和顺、善良的天性而悲哀。影片令人深切地感受到大变动时代的社会重新分层。主人公在社会分层中处于劣势：农村人、教育低下者、外省人都于他不利。他选择来到城市，靠弹旧被褥与城里人建立了一种商业关系，心存卑微的梦想——赚点钱回去，但奇迹好像永远不会发生。《进城》里，杨仕举为了生活，跟着乡亲到北京打工，其间遇到了妻子，两人相爱结婚并生育一双儿女。由于负担较大，孩子被送回了老家，每年只能见一次面。女儿由于很小就被送回了老家，与父母之间感情冷漠，见面也无话可说。2013 年春节前，他们卖猪肉的菜市场面临拆迁，妻子厌倦了这样的生活想回老家，但是回家后依然面临许多问题。

《高楼下面》记录了高楼下保安阿彬和阿毅的生活。他们在一座豪华大楼做保安，住在地下四层的宿舍，没有频繁更换工作的艰难，没有居住地的麻烦，工作清闲规律。他们的生活单调、乏味，平淡无奇，连回家的旅途都没有任何意料之外的故事。阿彬和阿毅这样的人遍布整个城市，普通到没人能够注意，或许正因为如此，他们代表着一种大多数。他们的农村背景与在城市的微末生存构成了这个时代的一处典型情境：无数像这样的人，为了生计选择另一种生活，却在这种生活中始终尴尬；因为城市只给了他们有限的接纳与认同，城市中听不到他们要求的声音，属于他们的只有地下四层。于是“高楼下面”成为一种隐喻，从空间的角度触及目前中国各个阶层迅速分化的现实，这样的现实构成了片中两个小人物的生存底景并在他们琐碎的日常活动中折射出来。

《我在北京卖白菜》将镜头对准北京新发地菜市场的蔬菜批发商，他们为了生计往返于北京和老家。娃娃菜批发商胡先生同大部分的菜商一样，为了不让菜冻伤，也为了能早起迎接第一批顾客，可以早点卖完早点回家，他们和菜品一起住在车里。菜商们坦然地说着自己的日常，菜卖不出去时，有些商贩会直接丢弃。北京对于他们来说是福地也是困惑之地，这里给他们带来商机，但在这里他们与亲人孩子分居两地。他们的梦想便是能在北京多挣点钱，让孩子的未来能有更好的生活。

北京，一座在空间维度上正向周边和上空高速生长膨胀的城市，同时也是一座在社会维度上正努力尝试扩容的城市。《北京蜘蛛人》（2017 年）试图通过描摹特殊职业高空清洁中的普通蜘蛛人的工作和生活状况，呈现一个急速发展中的新北京社会形态。片中来自辽宁铁岭的赵新春，北漂12年，努力工作、拼命攒钱，就是想要能出人头地，早日成家立业，但北漂的生活状态让十分要强的他在个人情感生活中面临重重危机。蜘蛛人岳刚峰孤身来到北京想要挣钱买房，希望早日能接老婆孩子一起生活，“两年能买个好楼房”是岳刚峰面对怀有身孕的妻子许下的承诺，但他们彼此都知道这句话背后的分量。

2017年，首档以农民工生活为主题、以真实记录为手法的电视节目《城市梦想》在中央电视台财经频道播出。《城市梦想》是一档专门展示农民工、服务农民工的节目，体现了城市经济发展过程中，普通人的劳动过程和梦想，展示了基层劳动者勤劳、坚韧的形象以及积极、乐观的人生态度，向社会传递了不同劳动群体相互尊重、相互关爱的价值观。作为中央电视台自主研发的原创类新节目，《城市梦想》的节目形态有别于传统纪录片和真人秀。主创团队在大量走访调研和广泛研究国内外多种节目模式的基础上，邀请国内外资深专家参与策划和研发，最终形成了“隐藏身份、真实体验、纪实拍摄”的全新节目形态。10位知名企业的企业家以隐藏真实身份的方式，分别深入10位农民工的家庭，与他们同吃、同住、同劳动，通过近距离观察和亲身体验，真切体会到农民工工作的辛劳与不易。节目也关注了农民工融入城市过程中遇到的困难，并动员社会力量，向农民工伸出援手。《城市梦想》第二季（2019年）摄制组先后前往广东、福建、贵州、江苏等多省市农民工原籍进行调研和拍摄，从前期策划到拍摄制作完成历时两年。2017年，《城市梦想》第一季播出后反响强烈，十集节目平均收视率为0.24%，超出预期收视目标20%，创同时段收视历史新高；其中单集最高收视率达0.35%，排名CCTV-2当天收视率第一。《城市梦想》第一季网络传播的影响力也同样突出，豆瓣综合评分达到8.2。其中《北漂故事》讲述了在北京干了八年送奶工的李根建的北漂故事。他与妻子一家人居住在不到十平米的房间里，他们每天早出晚归、挨家挨户地送牛奶，梦想便是能让孩子在北京上幼儿园，能让留在农村的大女儿过上好的生活。像他这样的送奶工北京就有几千人，他们漂泊异乡的最终目标是和普通人一样，全家团圆，过上幸福的生活。参与本集体验的是中国上市公司最年轻的CEO白云峰。

改革开放以来，农民工为中国经济的发展做出了巨大的贡献。据统计，目前全国农民工总量已达2.8亿人，他们用双手建设了城市，也渴望融入所服务的城市，他们需要更多的关注和尊重。纪录影像用特别的方式，留下了他们的喜怒哀乐，也尝试着改变他们的生活。

4. 生活在北京的外国人

不同于来自国内的北漂一族，在相关纪录片中，生活在北京的外国人则呈现出一种更为积极乐观的形象。

《望京》（2012年）讲述的是在京韩国人的故事，北京的望京地区是他们的聚居地。“7080”乐队的成员朴圣镐是一位烧烤店店主，他与一位从事服装销售的中国女孩姚姗交往，影片记录了两人的感情、事业，并展现了很多生活细节，如朴圣镐第一次随女友回家去见家长、朴圣镐的生日聚会，以及他在岁末音乐会上向姚姗求婚等。乐队的另外两个成员李汉春和宋昌姬，他们的孩子都在中国留学，为了陪伴孩子，他们在北京找到工作并努力学习汉语。朴良淑是最早在北京望京开餐馆的韩国人，经过十多年的发展，她已经在中国开办了多家餐馆。此外，片中还记录了北京现代汽车有限公司的总经理卢载万在华工作的状况。《在北京》（2009年）的讲述对象是两个来自美国的男生——贺忠和金日子。他们都因留学项目来到中国，在学习汉语中遇到了很多问题和困难。因为都非常喜欢汉语和音乐，他们就决定待在北京，组成一个说唱乐队——唱中国歌的外国乐队。在这两部纪录片中，尽管这些生活在北京的外国人面临了诸如语言、融入当地生活等问题，在片中都在逐步解决中，他们所展现的状态是乐观积极的，生活是丰富多彩的，由此映射出北京这座现代都市的多元和包容。

为纪念改革开放40周年，《40位老外看北京变迁》（2018年）系列纪录片以拥有不同文化背景的长期在北京生活和工作的外国人的亲身经历为线索，用他们不同的视角来讲述北京的发展与变化。非洲姑娘周埃乐在中国找到了自己喜欢的事情，上了春晚，当上了主持人，实现了在非洲想都不敢想的事业梦；日本建筑师青山周平同样在北京找到了自己觉得舒适的生活方式，北京的胡同建筑深深地吸引着他；塔吉克斯坦的留学生米禄因为对汉字的热爱与北京结缘。作为异域文化的承载者，他们因不同的目的生活在北京，他们用不同的心态和角度观察着北京的变化。

5. 还乡的老人

无论是北漂一族还是外国人，他们都是北京这一城市的外来者，这也是大部分纪录片所关注的人物，然而也有纪录片捕捉到了一个更为边缘的群体——知青，他们作为北京的异乡人，“北京”对他们来说不是目的地，而是真实的故乡，因而其在纪录片中的形象极富象征意义。

《再见北京》（2009 年）的主人公龚凤海于 1949 年出生，是一名留守在延安地区的北京知青。他在黄陵县孤身一人待了四十年，无儿无女。到 2009 年 4 月，正好六十岁的龚凤海就要退休了，他听说北京对退休返京的孤寡老人有廉租房的政策，于是打算在春节期间回一趟北京，到他的兄弟姐妹家看看，顺便了解一下申请廉租房的手续。2009 年 2 月 5 日，龚凤海踏上了西安开往北京的火车。影片所展现的回乡老人是一个时刻考虑公平正义问题的理想主义者。作为政治人口大迁徙中的移民，龚凤海所代表的异乡人经历过无根的漂泊与彷徨，试图回归故乡，寻找自己的精神家园。影片记录了他再见故乡的过程，真实细腻地呈现出一位还乡人的急切、激动却又有些茫然的复杂心态。渐行渐远的历史记忆伴随着他的归乡之旅再次浮现，使人们不得不重新审视这座城和人的过去，努力与当下获得一种和解并勇敢地面对未来。

6. 老北京人

谈及北京的发展与城市的变迁，土生土长的北京人对此感悟应该是最为深刻的。不论是可见的、现实空间的变化，还是看不见的生活理念上的变化，北京对于这些土著居民的情感意义都不尽相同。

当古老的北京城随时代巨变，成为今天的国际型大都市，高速的现代化、国际化的繁荣景象使“老北京”成了“再北京”，如今的北京和过往呈现出翻天覆地的变化，如同一位古老的贵族获得新生，再度风华正茂。《再北京》（2016 年）围绕几位土生土长的北京人，通过他们对“老北京”的坚守来表现北京城的变化。爱摇滚的雷骏，在北京胡同开着一家新派个性的面馆；现代舞者用身体的舞动，表达着内心的情绪，用手中的相机，记录着老北京的胡同文化；昆虫研究者刘彬，对天牛情有独钟，跋山涉水地收集各种类型的天牛制成标本并潜心钻研；在时代的浪潮中，左志江重洗照片的手艺渐渐失去了发挥的空间，但他在生活中寻找到了自己新的价值——学习酿酒。这些人的故事似乎和老北京的发展并无紧密的联系，但是我们从他们的身上看到同样的东西，那就是“老北京”人身上的那股“轴”劲，他们在时代的洪流中选择坚守。这些北京原住民脚下的城市飞速发展，但他们用不同的方式纪念着北京，传承着那些即将被时代淹没的文化，他们身上的精神才是“再北京”真正的寓意。

同是老北京的土著居民，在胡同里长大的老伍亦用自己手中的画笔，描绘着遗迹和古老的文化。纪录片《老伍·老北京·老门联》(2016年)以热爱写生的老伍为主人公，讲述他对老北京胡同文化的记录和传承。他认为一家的门是四合院的一部分，当这扇门被拆的时候家也就散了，他用画像记录下那些被历史碾压过的斑驳的木门，尤其是那些带有门联的老门。每一扇门的背后都记录着往日的故事，这些不同的门联便是老北京家风家德的体现。如今的胡同早已不是昔日的模样，老伍用行动记录着这些随时可能遗失的文化。老伍并不是画家，亦不是教授，他就是一个纯粹的“老北京”，这既体现了老伍身上对于记录胡同文化的坚守，也透露出在高速发展过程中老伍作为土著北京人的无奈。

第三节　城市空间生产的双重性体现：历史古迹与文化记录

上述两个部分中提及的纪录片并非对北京机械的、纯镜像的反映，这些作品中自然而然地渗透着创作者对城市形象的主观建构。在纪录片拍摄过程中，创作者相对处于一个“旁观者”的位置，并不是从主观上要对事件和个人进行参与式的介入，但在聚焦北京历史文化的内容时，纪录片制作者则要相对更主动地进行文献的梳理和故事的讲述，使得城市空间历史发展的呈现更为全面。历史古迹同属于城市环境的体系构成，它们是北京城市空间形象建构的重要组成部分，只是从时间节点上可将其与现代城市生活分离开来。历史古迹对北京城市形象奠定文化底蕴、增添历史厚重感具有极其重要的意义。

2003年，北京城迎来了建都850周年的纪念。1153年金在此建都，称为中都，从此历经金、元、明、清四个朝代，北京作为世界文明古国中最完整的都城，保存至今。我们现在看到的北京城古迹几乎都是明清时代的建筑，金元时期的遗迹已几近消失，而北京城的建立远在公元前一千多年的西周。2003 年，零落散布于全城的金中都和元大都遗址修整一新，“北京建城纪念阙”耸立金中都大殿遗址之上，三十集大型系列电视专题片《北京发现》（2003 年）便完成于北京城建城 850 周年之际。其后，关于北京历史人文的电视纪实片和电影纪录片陆续推出，《古都北京》（2003 年）、《老北京印象》（2006 年）、《正阳门外》（2002 年）、《这里是北京》（2007 年）、《故宫》（2005 年）、《圆明园》（2005 年），在飞速变化着的北京城，古都的身影已经越来越模糊，这一系列的影片带我们重温古都的人文历史。

《北京发现》与《古都北京》两部纪录主题片仿佛北京时间和空间的经纬线，编织成一幅生动的北京历史古迹图景，呈现于观众眼前。《北京发现》是北京城的一部大事记，它以北京城历史发展为线，从“追逐原始的足迹”到“古都北平焕新生”，讲述北京从最初建城到新中国成立近三千年的城市变迁，既有朝代变迁的轰轰烈烈，也有城市扩建和修筑长城庙宇的艰辛，讲述了北京城每一个变化背后的故事；《古都北京》从分布于北京城各处各具特色的古迹开始，园林、庙坛、胡同、故居、陵墓、会馆、古渡、文苑、老字号，一切可见的遗存都开启了一段历史的讲述，一切相关的古迹都在镜头前细细地展示。这两部系列纪录片是对北京城古老历史的追寻，以一种严肃经典的口吻讲述着北京城的大事情、北京城里的宝贝，影像缓慢、旁白庄重，让人肃然起敬。而同样是电视节目，北京电视台《这里是北京》栏目选择了更加灵活的表达方式，栏目定位探寻古都风物、传承人文风情，所以只要与北京相关的话题故事，都能徐徐道来。与《北京发现》和《古都北京》的叙述经典和经典叙事的策略不同，栏目不仅探访北京的人文古迹，还有巷陌民风；不仅反映北京的历史、文化，还有名人掌故等野史趣事。栏目引入北京人阿龙作为主持人，代替旁白，引领大家进入有趣的北京历史文化之旅，具有栏目特有的人际传播亲和力。作为 2007 年年初开播的一档北京电视台唯一的本土文化栏目，依托丰富的北京历史文化资源和高频率的栏目播出，成为“一幅北京精神地图”。

《老北京印象》和《正阳门外》是中央电视台科教频道《见证》栏目 2003 年制作播出的两套关于北京历史的系列纪录片。这两部影片在某种程度上综合了以上两类电视节目的优势，形式仍旧是旁白解说，却不再是宏大的经典式叙述，而是更加细致细腻、低沉厚重。《正阳门外》可以看作《老北京印象》的片外片，拍摄理念和风格都很相似。这两部影片将镜头转向了老北京城里人来人往于其中的普通建筑，细细讲述这些建筑前世今生的相关故事，并且使用了大量的老照片，仿佛这些建筑也具有了年龄和生命，居住其中的普通人的喜怒哀乐更为它们增添人文沧桑。《老北京印象》回顾城门、天安门、动物园和天桥的往事，讲述梁思成与北京城的故事，以老舍的作品为线索，讲述老北京人的悲欢离合。而《正阳门外》，选择了在北京历史上很长一段时间内的一个特殊的区域——正阳门。清朝时，正阳门是内城和外城的界限，所有的商户和娱乐场所都集中在外城，高高耸立的正阳门隔绝了皇家的威仪和寂寞，也成就了百姓的天地。在正阳门外讲述深巷中妓女改造的故事、老字号的命运，里面同样有天桥的故事，却比《老北京印象》拓展了时间的纬度，突出了新中国成立前后的对比，天桥与在此求生的艺人都感受到了命运的无常与多变。

纪录片《故宫》《圆明园》与《老北京印象》《正阳门外》不仅拍摄对象和内容各不相同，而且在拍摄理念和制作方式上都有很大的差异。《故宫》和《圆明园》的主角不再是这座城市，而是这座城市的中心——故宫和城市园林——圆明园，它们是这座城市主要特质的体现——皇城。《故宫》和《圆明园》讲述建筑的发展变迁，它们是这座城市的主人。其次，《故宫》和《圆明园》在拍摄理念上突破了传统纪录片的限制，大量采用再造时空和再现情景的方式，虚拟当年皇城景象，重现当年皇家故事。

一直以来，纪录片领域存在着一种争议，有人认为纪录片就应该真实地再现现场的时空，认为搬演等违背真实时空的做法都是虚假的，这种理念极大地限制了历史人文纪录片的拍摄，因为这一类纪录片中所有叙事的历史时空和场景都已经成为过去，无法拍摄。其实，早在1916年，弗拉哈迪拍摄的《北方那努克》就采用了搬演的方式，请爱斯基摩人重演了他们祖辈的生活方式，造冰屋、凿冰钓鱼和用刀群猎海豹，而1916年的爱斯基摩人已经不那样生活，连猎海豹也直接用猎枪，但这并不影响这部影片成为国际公认的第一部完整意义上的纪录片。今天，科技为我们提供了更多再造时空的方式，这是历史人文纪录片的一次突破。

《故宫》和《圆明园》则集中体现了这种电脑特技和三维动画再造时空的能力。《故宫》中动画特技制作长达50分钟，包括三大部分，故宫建筑的各角度透视、文物原始空间再造以及战争等大场面的再现，成功地解决了历史时空的叙事，虚拟的故宫创造了新的空间角度和空间运动，具有很强的视觉冲击力，这是我们从没有见过的北京城。《圆明园》作为中国第一部数字史诗纪录片，也是少有的走向影院的纪录片之一，其信心来自于奇特的视觉效果和精彩的叙事。如今的圆明园只剩下残垣断壁，如何重造曾经辉煌的万园之园，影片实景部分借用与圆明园同系列的承德避暑山庄建筑，而其余则使用电脑仿真动画技术，模拟当年的宫廷画家唐岱、沈源的圆明园四十景图，将一个瑰丽辉煌的圆明园重新带到观众面前。90 多分钟的电影，超过三分之一的时间属于梦幻影像世界，比如大水法的建造过程、清王朝鼎盛时期的圆明园盛景等。其中除了特技动画，还采用了情景再现，比如圆明园内祖孙三代牡丹园相聚等，各种各样的视觉奇观展现，让观众经历了一场从未有过的视觉体验。影片的叙事视角来自于圆明园里两个外国人的观察与记录，既历经康熙、雍正和乾隆三代皇帝，又亲身参与建设圆明园的意大利传教士和宫廷画师郎世宁以及英军牧师麦基的日记，两个外国人讲述的故事充满了悬念。如导演所说，《圆明园》更像一个故事片，观众看到的是像美国大片一样的电影《圆明园》，它有视觉奇观，有曲折离奇又充满悬念的故事。

可见，古都北京在影像中的呈现千姿百态，不断尝试着最大限度地去突破时空限制，更加真实生动地讲述古城过去的故事。电视系列电视专题片《北京发现》《古都北京》按照不同的主题铺陈，电视纪录片《老北京印象》和《正阳门外》符合了纪录片栏目《见证》的风格，而历史人文纪实栏目《这里是北京》则体现了亲和与灵活，高清大型电视纪录片《故宫》凸显了特技的视觉元素。而唯一的电影纪录片《圆明园》纪录理念的突破，是休闲消费文化和城市商业文化共同作用的结果。

电影院是城市主要的休闲场所之一，城市人丰富的观影经验带来了丰富的视觉体验，他们已经不满足于传统本分的影像叙事；城市的喧嚣和工作的繁忙，让城市人精神紧张，无论是坐在电视机前还是走进影院，他们更愿意放松娱乐，而不是正经地谈论严肃的历史人文；而电影本身的商业化运作，需要电影制作者不仅仅考虑艺术还需要考虑票房，于是视觉奇观和有趣而充满悬念的故事成为纪录片导演吸引观众的手段，形成了电影纪录片的娱乐化倾向。

人民大会堂是新中国成长的见证，既是人民参政议政、处理内政外交事务的殿堂，又是一座历史丰碑，其政治重要性不言而喻。以往关于人民大会堂的影片，大都着眼于建设的奇迹，即如何在十个月里建成一座17万平方米巨型建筑的故事，而这座建筑设计的过程却鲜为人知。这一点便是纪录片《人民大会堂》（2011年）令人瞩目之处。创作者们通过对文献的搜集，找到了一些设计草图，从而发现当时的设计师们对大礼堂布局有着不同的理解。每一种设计不但要装下一万人，要让每一个人看得见舞台、听得清讲话，还要体现新社会新时代的政治要求。究竟哪种样式才是“人民的万人大会堂”？通过三维复原，该片清楚地反映出随着设计的逐步深入，众多方案逐渐向现在的思路靠拢：即主席台设计得很大，能尽量容纳更多的代表。台口也很大，台上台下融合成一个椭圆形的整体。《人民大会堂》运用三维技术将平面的历史进行立体化的呈现，暗含了一种空间意识，与《圆明园》不同，它突出强调的是空间的“被生产性”：人民大会堂自其建立伊始，便不仅是一个物理概念上的空间，它更是一个承载了集体历史记忆的意义空间。

如果说历史古迹是城市空间“生产”的双重性体现，是物化了的历史，那么艺术文化则体现在北京历史的精神层面，它在凝聚认同感、塑造北京形象方面具有重要的作用。在这一点上，人文纪录片《人民的艺术》（2012年）是典型之作。在《人民的艺术》中，“人民”是全片的总主题，而把握北京人艺与人民、与时代、与国家之间的关系则是全片的总体逻辑线索。在这个总体线索下，全片按照编年体与主题相结合的方式来设置剧集，在体现时代发展的每集主要剧目中，深入剖析北京人艺60年发展历程中涉及的基本戏剧问题，并在这个过程中融入对人情、人性的思考。这种设置方式既体现了历史发展的时间脉络，又呈现出其中包含的思想内涵。片子聚焦人艺发展过程中至关重要的两个历史时期，即从建国到“文革”以前和从改革开放到当下，分别按照年代顺序选择了典型剧目，从而探讨北京人艺乃至我国戏剧发展历史中的重大事件。

第四节　外部视角：日本NHK拍摄的北京纪录片

城市形象的感知来自于对立体的城市物质空间的呈现，对存在于人际交往系统中的社会空间的体验与感知，以及对物质空间和社会空间之下的居民心理空间的展现。纪录片以镜头穿梭于城市空间，真实记录下城市和其中的人与事，构建“真实”的城市立体空间形象。然而，这种“真实”的构建会因视角的不同而呈现完全不同的城市形象。在外国媒体视野中，对“异域风情”的感知来自于意识形态、文化理念、社会背景等综合因素，而在这些因素的影响下，不同国家对于中国——这个他们眼中古老神秘而又迅速崛起的国家也有不同的感知方式。纪录片作为纪实类影像，是外国人了解中国的一面镜子，而通过不同表现题材、镜头语言、画面塑造等方式的呈现，又会给外国人呈现完全不同的中国形象。本节聚焦日本著名的传媒机构 NHK 拍摄的关于北京城市建设与生活的纪录片，这些来自于“他者”的关注与想象会给我们带来不同的观察角度与思考方式，也是对北京都市文化研究的一种补充与参考。

2008 年前后至今，日本 NHK 先后制作了七部关于北京城市与北京人的纪录片，包括《北京水危机》（2007 年）、《愤怒的小区》（2007 年）、《北漂一族：北京，彷徨的年轻人》（2007 年）、《松四爷的奥运年——北京三轮车夫的苦与乐》（2008 年）、《北京鼠族》（2011 年）、《北漂一族：在北京，拍卖我的人生》（2012 年）和《北京大拥堵》（2013 年）。这一系列纪录片构建出 NHK 视角下的北京城市空间、社会空间和人物心理空间，这种构建充满了 NHK 纪录片的细节着力和人文关怀的特质，也因为对题材、对象和事件的选择性拍摄，呈现出局限性明显的当代北京城市形象。

一、陌生与反差：北京城市空间呈现

NHK 这七部纪录片虽然拍摄不同的人，讲述各异的故事，但人和事都以北京城为背景。地铁、街道、车站、住宅、办公楼，北京城市空间在 NHK 纪录片的镜头前流淌，却呈现出中国观众所陌生的空间景象，并与常见的恢宏北京形成强烈反差。

1.“家”空间的压抑化、陌生化呈现

“家”是中国人心中最温暖的空间，它不仅是栖身之所，更是心灵停靠的港湾。而 NHK 纪录片中对北京“家”的空间呈现大都是昏暗、狭窄、杂乱或不定的，作为基本的栖身之所都十分勉强，即使是宽敞的高级公寓也因为户籍问题而无法成为安稳的家。

《愤怒的小区》中，蓬莱公寓业主委员会主任李建忠家被小区物业强行停电，昏黑的傍晚，夫妇两人只能就着蜡烛的弱光一边吃饭一边讨论对策：是自己装发电机还是妥协？而新康园三期的业主委员会老主任唐茹珍的家出现在镜头中时，是她迫于压力搬离小区的时候。这一场景采用逆光拍摄，杂乱无章的家显得更加昏暗。在《松四爷的奥运年》中，老北京人松四爷的家在北京后海胡同的大杂院里，他与老婆、孩子、母亲一家四口人挤在逼仄的小屋。《北京鼠族》中，两代北漂人在北京的家是60年代修建的防空壕改造成的地下出租屋。纪录片开片部分即展示了他们恶劣的居住环境：从幽暗的地下楼梯，到蜿蜒的地下走廊，进入一间狭窄杂乱的普通地下出租屋；走廊通道的尽头是公用的洗漱和公共厕所，地下居民们在没有任何通风设施的地下室洗衣、做饭，逆光拍摄的镜头仿佛能让观众感受到憋闷空气中弥漫的各种刺激的混杂气息。《北漂一族：北京，彷徨的年轻人》的九个人中，赵丽娜和袁国术有自己的事业，有自己的高级公寓。他们看上去似乎已经摆脱了北漂的艰辛生活，跻身成功人士之列，解说词却强调："他们的生活并不稳定，在中国对地方户籍迁入北京有严格的限制。这一家的户籍都没迁入北京，在福利和教育等方面出现诸多不便，即使在北京事业有成，想成为北京人依然困难重重。"话音一落，顷刻间，宽敞明亮的高级公寓变得黯淡无光。

可见，在NHK纪录片中，无论是外地人还是北京人，他们的家都充满了不安和灰暗，远不是中国人心目中家的景象。即使在《北京水危机》中，用广角镜头展示了一个有两个卫生间高级宽敞的北京居民公寓，也只是拿这种舒适方便的居住环境与水源地人们生活用水的窘迫形成对比，丝毫不具有"家"的心理空间意味。

2. 公共空间的负面意象化呈现

街道、地铁和车站等城市公共空间景象，在NHK的北京纪录片中反复出现。它们或熙攘嘈杂，或气势恢宏，在故事的讲述中，披上一层情感的面纱，呈现NHK纪录片强烈的主观意象。

《北京鼠族》开篇即展现北京城市公共空间，交通高峰时期拥堵的汽车、地铁站外等待进站的S型拥挤人流，缓慢蠕动，现代化高楼林立。这样一个迅速膨胀的现代化大都市的地下"有另一个北京"，"像蚂蚁窝一样蔓延，数量惊人的地下出租屋”。画面从北京国贸CBD高楼大路的敞亮景象切换到昏暗蜿蜒的狭窄地下空间，地上地下的北京城呈现强烈对比，意象化的表达奠定了此片强烈的戏剧性冲突基调。片中镜头跟随五位主人公穿梭在北京的公交车、地铁、大街小巷，生活在昏暗狭窄的地下室，每天为生活在陌生的城市奔波，是他们的共同写照。在手持跟拍镜头下，城市公共空间摇摆不定。当主人公刚刚经历了某些事情，比如刚面试完，随后便会在街道上接受纪录片导演的采访，谈自己此时的心情和想法，将城市公共空间与个人心理空间通过街头访谈的形式融合在一起，城市空间的摇摆与他们内心的不安也形成一种强烈的共振。

影片分别纪录下三个家庭不易的生活故事之后，画面再次出现人们排队进入地铁的场景，随后镜头以中近景长镜头仰跟拍地铁里爬楼梯的人群，跟拍层层叠叠的人群的向上运动：人们一直在向上运动，但是又仿佛没有动；仰拍人群背影的画面，带来视觉的压抑感。在这里，作为城市重要公共空间的地铁空间，成为“鼠族”人群命运的意象表达：随着政策收紧，竞争更加激烈，这群人机会更少，生活将更加窘迫。

这种公共空间负面情绪的承载现象，或多或少存在于这七部北京纪录片中，只是在《北漂一族：在北京，拍卖我的人生》中开始出现转变，北京城市公共空间的呈现更加客观和多元化，镜头跟随陈潇去完成一件又一件网络任务：吃碗面、送蛋糕、送鲜花、去长城搜集签名、在医院拍照片、去机场接人等。陈潇费尽周折帮网友送到了生日蛋糕，奔波折腾一天的陈潇在返家途中接到网友的短信：“已经到家了吗？她说她已经收到了蛋糕。隔了一年，她终于肯和我说话了，非常感谢。”尽管这时呈现的城市空间是夜幕下CBD高架桥上奔驰的车流，淅淅沥沥的雨声还带来些许寒意，然而城市华灯初上，暖暖地泛着晕黄的光，加上旁白的温馨讲述，让人感受到城市中难得的温暖。

二、矛盾与冲突：北京社会关系空间呈现

NHK纪录片关注大时代中小人物的故事，因此北京社会关系空间的呈现，更多围绕着人物而展开。无论是人物之间的关系还是人与机构之间的关系，逐步从最开始的单纯矛盾冲突展现，走向一种相对平和的叙事。

NHK纪录片中北京人与人之间的关系，大都处于矛盾状态之中。《北京水危机》中的水政监察大队队长史桂芝一开始便是矛盾的中心。作为北京水资源监管者的代表，她需要带领下属解决不合理的城市公共用水、淡薄的市民节水和护水意识和不法人员恶意浪费水资源等各种问题和矛盾。而《愤怒的小区》中，新旧业委会成员之间的内部矛盾直接导致了业委会与居委会之间调解的失败。北漂一族对于身边的亲人总是充满了矛盾，就像《北京鼠族》中，大学毕业后北漂的小杨，想要在北京实现自己的成功梦想，但是女朋友的动摇总让他内心彷徨；即使是最好的朋友袁国术和唐宇，也因为彼此对生活的理解和态度不同而分道扬镳，各自开始自己的人生之路；后海的松四爷，竭力想维持自己和身边人的关系，他打香椿分给驻扎在周围的施工队，自己刻电影光盘分给拉三轮车的朋友们，甚至和居委会主任和片区警察关系都不错，但是回到家里却需要面对矛盾不断的老婆、喋喋不休的老妈妈和整天玩游戏、对任何事情都漠不关心的儿子。

NHK纪录片呈现出的北京人与机构之间，也处于矛盾焦灼的状态。《愤怒的小区》中两位业主委员会主任所要面对的不仅仅是居委会主任，而是居委会这一基层政府机构。如何让业委会获得合法的自治权利，直接导致了主人公与居委会之间尖锐的矛盾冲突。而松四爷与后海景区管理会商量工作的场景，虽没有画面，录制的声音足以展示现场冲突的激烈。对于北漂一族来说，这种人与他者的矛盾焦灼来自于一份求而不得的工作、一次激烈竞争的比赛，来自他们与这座城市交而不融的状态。

《北漂一族：在北京，拍卖我的人生》一片中没有尖锐的人际冲突，金融危机、店面关闭、男友分手都成为故事的背景，陈潇与网友、与朋友、与老板和同事，都是一种积极互动的关系；没有明显的机构冲突，陈潇生活在自己的网络世界里，随后为“拆二立三”公司工作，推自己的朋友为网络红人，工作进行得也很顺利；尽管在北京几乎每年都要搬家，但是陈潇也把自己的小窝布置得非常温馨。这里的矛盾来自于陈潇个人价值观与主流社会价值观的冲突，这部纪录片不是在简单讲述北漂人群如何纠结在留或不留北京的问题上，如何挣扎在残酷生存现实与成功梦想实现的矛盾中。而是展现在网络时代，陈潇这样的年轻人如何通过“拍卖人生”的方式，从曾经的失败感和挫折感中走出来。通过低价销售自己的时间去帮助他人，分享到他人的幸福，也让她学会了向对方奉献，明白了和他人分享快乐和悲伤的感受。她将帮助别人作为实现自身价值的一种方式，非常反感公司以名利来衡量个人价值的标准，这个原因促使陈潇最终离开了公司，与其说这是两个人之间的矛盾，不如说这是两种价值观的矛盾。

三、无奈与挣扎：北京人心理空间剖析

NHK 的七部北京纪录片除了《北京水危机》和《北京大拥堵》以外，其他五部都是以人物故事讲述为主，其中的主人公主要分为两类：北京本地人和北漂一族。在 NHK 的纪录片中，这两类北京居民有何异同之处呢?

NHK 纪录片中，北京本地人以两位业主委员会主任张建忠、唐茹珍和一位老北京三轮车夫松四爷为代表。蓬莱公寓的张建忠和新康园的唐茹珍生活在北京远郊，这是城市不断膨胀延伸出的新城市空间，虽然远离城区，却又通过城铁和高速路与北京城紧密相连。两人互不知晓，却在做着同样的事情，为小区业委会实现自治而努力，也始终面对着来自物业、居委会甚至某些居民的猜疑、抵制和反对。两人性格迥异，一位隐忍坚毅、百折不挠，一位正义凛然、横眉冷对，最后经历了一年多的不懈努力，张建忠获得了政府的支持，而唐茹珍却受到污蔑和居民的质疑，不得已搬出了小区。为了家而进行的努力是多么无奈、无助。松四爷是老北京人，八旗子弟的后裔，常年在后海景区拉三轮车做导游。2008 年对于中国来说，是一个举国欢庆的年份，对于老北京人松四爷来说却很难过。为迎接来京参加奥运的全世界游客，后海景区要整顿三轮车导游，开办公司统一经营，禁止私家三轮车经营。习惯了自由生活，身体也不好，松四爷很不愿意按照公司规定拉活，不愿意接受这种辛苦却收入不多的工作安排。几次交涉未果后，松四爷只能散漫地怠工，靠着居委会的补助生活。老婆埋怨、老妈唠叨，生活中有无数的不如意，当举国欢庆奥运开幕式的时候，他只能无奈地哼着自己的小曲儿，怀念年轻时候的日子。

北漂一族在 NHK 北京纪录片中，多以群像出现，比如《北漂一族：北京，彷徨的年轻人》一个半小时的片长讲述了巩艳辉和李灿、徐林青、赵丽娜、袁国术和唐宇、张玉洁和郭凯、广播台主持人孙岩，九个人的北京故事。《北京鼠族》跟随居住在北京居民楼地下室的一群人，他们是第一代农

民工季英两夫妇、年轻的北漂情侣小杨和他的女朋友，还有在北京寻找工作的设计师师文。只是到了《北漂一族：在北京，拍卖我的人生》中，出现了唯一的主人公陈潇。对于北漂一族，NHK 不止于一种特殊人群的奇观故事讲述，而是深入他们的内心，深入他们的成长，深入他们的命运。在这个深入过程中，可以看到北漂一族内心的微妙变化：从渴望获得成功、实现梦想，渴望北京身份的认同，到渴望稳定安康的生活，渴望自我价值观的认同。这些渴望在现实中无疑遭受各种挫折，让北漂一族心里郁结着许多的无奈。

NHK 纪录片中的北京本地人和北漂一族都处于一种失意的状态，现实遭遇太多的不如意，有太多的事情是凭自己的努力无可奈何，如何继续自己的北京故事？他们的内心在挣扎。

四、NHK 纪录片中的北京城市形象形成的要因

由上可见，NHK 纪录片中的北京城市空间形象呈现出压抑和负面的陌生化、意象化传达，北京社会空间更多展现出淡漠与冲突的一面，而北京人在这种城市空间和社会空间中，表现出更多的无奈与挣扎。

1. 拍摄题材、对象和事件的选择倾向

NHK 拍摄的这七部北京纪录片，题材、对象和事件的选择上都呈现出相似倾向。首先，题材选择都是当时北京社会的热点话题，比如南水北调、《物权法》颁布后的小区居民自治、北京奥运会、北漂一族、北京交通问题等，宏大关注视野和严肃社会话题本身让纪录片显得沉重。其次，拍摄对象从普通水务工作者到居委会主任，从普通的北京本地子弟后裔到外来的年轻人等，都是非常普通的但却在自己生活中见证着北京的变化，并感受着这些城市变化对自己的生活和命运所产生的影响。选择的人物都处于一种焦虑的生活状态中，比如《北京水危机》中为了保障奥运用水而每天奔波在检查、抓捕和宣传中的水政监察大队队长，与小区物业斗智斗勇的蓬莱公寓业主委员会主任李建忠，周旋在家人、管委会和朋友间的后海三轮车夫松四爷，以及纠结于美好梦想与窘迫现实中的北漂一族等。人物本身的矛盾焦灼心理，渗透进纪录片的感情基调，让纪录片基调显得压抑。最后，围绕着人物，NHK 纪录片选择拍摄的事件充满了矛盾和冲突，比如《北京水危机》中对非法用水人的逮捕过程、《愤怒的小区》中业委会主任去物业管理中心讨说

法、松四爷与后海景区管委会的交涉、老一代北漂夫妻之间的争吵和辛苦生活、新一代北漂年轻夫妻的彷徨，等等。这些普通北京人生活中的艰难和不如意，在NHK纪录片中被重点展现，呈现出的北京人际空间和心理空间相对负面。

2. NHK纪录片制作理念和风格

NHK的纪录片节目是NHK电视台的重要品牌，已经形成了自己独特的优势和品牌基因。首先，NHK品牌基因就是以小见大，通过小人物或者普通人的生活故事加以展示宏大的主题，从普通人的人生命运折射出大的社会现实和人生话题，具有强烈的人文主义情怀。其次，NHK纪录片在叙事中带有日本传统小而美的美学风格，感伤中带有希望，重视细节的呈现和声画的统一。最后，NHK一直追求作品的真实效果，在某种程度上继承了日本著名纪录电影导演小川绅介的艺术风格，即跟拍摄对象打成一片，让拍摄对象能够自在地面对摄像机镜头，尽可能记录人物最真实的状态，表达人物最真实的内心情感。为了达到这个效果，纪录片创作者们经常深入到主人公的办公区域、生活区域，而且经常在晚间拍摄。

总之从整体风格来看，NHK纪录片写实多于写意。与BBC、探索频道和国家地理频道等世界较有影响力的纪录片品牌相比，NHK的纪录片的艺术风格并不是很突出，在画面的美感上也略逊一筹，但是从其镜头的拍摄到后期的制作，都显示出工作人员一丝不苟的态度。也就是说NHK的纪录片比起形式美学的追求，更强调信息的承载和传递，对于珍贵的镜头的把握以及采访拍摄时为了追求影片的完美而进行的努力和付出，NHK的这种制作理念和风格，能够让纪录片中选择拍摄的事件细节和普通人的生活窘境和焦虑心理更加细致地得到呈现。

第二章　产业：纪录片生态与都市文化建设

中国作为历史悠久的古国和幅员辽阔的大国，拥有丰富的纪录片题材，但是相比之下，中国的纪录片产量却很少，纪录片的市场受众情况更是惨淡。“据统计，每年中国各级电视台播出的纪录片中，境外总长 1.5~2 万小时，国产片的总量仅 1000 小时，中国年产纪录片 400~500 部，产量少，制作水平有限，每年国产纪录片参与交易者不到十分之一。”[①] 国产纪录片一直面临“产量少、盈利低、制作水平不高”的惨淡状态，并且纪录片在国内播出和国际输出投放通道上都不顺畅。2010 年，国家广播电影电视总局发布《关于加快纪录片产业发展的若干意见》，系首次针对纪录片行业开启的新发展，对未来中国纪录片产业格局变革起到了重要作用。2011 年 11 月，首部年度《中国纪录片发展报告（2011）》在北京发布，蓝皮书指出“经历 20 世纪末的飞速发展与之后一段时间的低迷，在 2011 年‘十二五’开局之年，纪录片产业化全面铺开，将开启新的时期”[②]。在国家相关政策的支持和促进下，从 2011 年起，中国的纪录片行业从生产、发行，再到播出渠道都出现了一些全新的变革发展，开始呈现出欣欣向荣的别样风景，在中国纪录片产业历史上占有重要的位置。

北京纪录片产业是北京文化产业的重要组成部分，对于北京全国文化中心的建设发挥着重要的作用。作为国家新闻出版广播电视总局的所在地、全国著名影视高校集中地、文化艺术公司的蓬勃之处，北京汇集了诸多纪录片产业资源和主体，对于我国纪录片产业的发展发挥着龙头和示范作用。纪录文化彰显着北京城市文化的重要特征。

纪录片的产业生态，多指纪录片产业中各主体与要素之间的相互作用、共生共存，与“产业链”更多注重各相近主体与要素的上下传导作用，流向多指向单向性不同，“产业生态”更符合一个产业（尤其是有待培育的产业）发展的真实状况。其中，纪录片产业生态系统包括以下主体：管理主体、投资主体、制作主体、购买主体、播出主体、消费主体，他们互为对象、并存共生。在生态系统中，每个主体释放的能量是维持整个生态系统正常运行的基本要素。在纪录片产业生态中，这些主体释放的能量要素包括政策、资金、作品、平台、终端、价格、需求、人才等。目前，我国纪录片产业正在

① 萧华 . 纪录片欣逢第二春［J］. 中外文化交流，2012，(4)，第 22 页 .

② 萧华 . 纪录片欣逢第二春［J］. 中外文化交流，2012，(4)，第 21 页 .

由政策驱动，逐渐转向政策和需求双驱动的阶段。[①] 北京纪录片产业主体的专业能力和产业要素的释放能力，体现着北京纪录片产业发展的整体水平。

第一节 管理主体及其政策资金要素

北京纪录片产业生态系统中，管理主体以国家新闻出版广电总局，以及政府管理执行主体北京市新闻出版广电局为主。国家新闻出版广电总局是相关纪录片发展政策的制定和发布者，北京市新闻出版广电总局是政策的主要推进者。

一、《关于加快纪录片产业发展的若干意见》政策出台

中国纪录片产业的转折发端于 2010 年 10 月，国家新闻出版广播电视总局发布了《关于加快纪录片产业发展的若干意见》（以下简称《意见》），这是国家管理部门第一次对中国纪录片发展正式提出的整体性指导意见。这意味着在政策的推动下，中国纪录片产业必须要按照市场规律形成完整的上下游产业链，以及良好的纪录片产业生态。在《意见》中，对加快纪录片产业发展提出三部分意见。

首先，提出加快纪录片产业发展的总体要求。纪录片以影视手段记录和表现人类社会和自然世界的历史及现状，其特有的直观真实感、丰富的历史文化内涵和独特的审美价值，深受广大观众喜爱。国产纪录片是形象展示中国发展进步的重要文化传播载体。纪录片产业是重要的文化产业。大力推进纪录片产业发展，对于展现祖国发展变化、传承民族优良传统、建设社会主义先进文化、满足人民群众精神文化需求，对于促进国际文化交流合作、推动中华文化走出去、提高中国文化软实力，都具有十分重要的意义。而我国纪录片产业现在面临诸多问题，纪录片的独特作用无法充分发挥，因此提出“必须从全局的、战略的高度，充分认识发展纪录片产业的重要意义，准确把握我国纪录片产业现状和问题，积极借鉴国际纪录片产业先进经验和做法，切实采取有效措施加快纪录片产业发展，尽快提升我国纪录片产业的整

① 张国涛 . 中国纪录片产业发展模式与生态系统考察——兼论央视纪录频道的产业化实践［J］. 现代传播，2014（6），第 84 页 .

体水平、发展实力和国际竞争力，争取在文化产业发展和文化走出去方面发挥更大的作用”。同时，强调“加快纪录片产业发展，要高举中国特色社会主义伟大旗帜，以邓小平理论和‘三个代表’重要思想为指导，深入贯彻落实科学发展观，适应社会主义市场经济要求，遵循社会主义精神文明建设特点和规律，认真按照中央关于振兴文化产业、繁荣发展影视产业的要求，解放思想、更新观念，面向群众，面向市场，走出一条中国特色纪录片产业发展之路”。加快纪录片产业发展，必须坚持正确导向，准确把握纪录片的意识形态和产业双重属性，充分发挥纪录片的审美娱乐和认知教育双重功能，始终把社会效益放在首位，努力实现社会效益和经济效益相统一。

其次，提出加快纪录片产业发展的主要任务和措施。第一，大力繁荣创作生产，提倡“坚持‘二为’方向和‘双百’方针，积极鼓励各种题材类型、各种表现手法、各种艺术风格纪录片的创作生产”，通过专项资金和评奖等方式，强化政府对纪录片创作生产的正面引导作用。第二，建立健全市场体系。设计对纪录片栏目、频道、纪录片电影放映、网络传播和移动新媒体播出、纪录片节展等纪录片的播出渠道和交易平台等环节的建设问题。第三，积极推进改革创新。推动纪录片制作主体创新、纪录片产业发展融资方式创新，纪录片制作技术创新。第四，加快走出去。“切实把国产纪录片作为中华文化走出去的重要载体、重要方面，紧紧围绕贯彻中央关于提高文化软实力、扩大中华文化国际影响的决策部署，大力实施国产纪录片走出去战略。”第五，切实加强人才队伍建设。大力实施人才培养工程，建立健全相关人才培养、发现、使用和激励机制，重点培养纪录片策划创作人才、摄制人才、经营管理人才等，特别要培养既懂创作生产又懂市场运营的复合型人才。

最后，提出进一步加强和改进纪录片产业发展管理。要求各级广播影视行政部门要高度重视纪录片的管理，坚持以管理保导向保安全、促改革促发展，严格依法管理、科学管理、规范管理。切实加强纪录片制作经营管理，加强个人拍摄纪实性视频作品管理，加强信息网络传播纪录片的管理，加强境外机构在我国境内拍摄纪录片的管理等。

二、相关政策辅助

2010 年年底，国家新闻出版广播电视总局《关于加快纪录片产业发展的若干意见》出台后，极大促进了我国纪录片产业的发展。此后，又相继推出《关于年度国产纪录片及创作人才扶持项目申报事项的通知》（2012年）、《关于实行电视纪录片题材公告制度的通知》（2013年），进一步繁荣电视纪录片市场。一系列有力政策极大地推动了电视纪录片创作生产健康有序发展，帮助纪录片业界及时了解电视纪录片题材信息，吸引社会力量参与电视纪录片创作生产，避免产生题材撞车、资源浪费等问题，促进形成电视纪录片创作生产题材丰富、布局科学、资源优化、精品涌现、人才辈出的良好局面。并自2013年起实行电视纪录片题材公告制度，汇总全国电视纪录片创作生产、中外合拍、引进境外电视纪录片（含素材）等题材信息，向社会公告，保证《意见》政策的顺利推进。

此外，通过指导性文件，增加纪录片的播出时长，加大对国产纪录片的需求支持力度，从电视台播出需求角度拉动纪录片产业的提升。2013年年底，国家新闻出版广电总局下发了《关于做好2014年电视上星综合频道节目编排和备案工作的通知》（广发〔2013〕68号）（以下简称《通知》）文件。其中，关于优化节目结构，丰富节目类型方面，《通知》明确特别提出：按周计算，平均每天6：00—次日1：00之间，至少播出30分钟的国产纪录片。这样，2014年，电视上星综合频道每天6：00—次日1：00之间至少播出30分钟，则优质播出平台年均需求6000小时的国产纪录片。会对国产纪录片的播出产生较好的拉动作用，进而刺激创作生产。这一文件的下发无疑对国产纪录片的创作、发展和市场化运营起到至关重要的促进作用。为响应文件要求，卫视多采取依托原有纪录片资源的形式，进一步自己制作纪录片，一些已经将纪录片栏目做出品牌的卫视将继续推广节目，而观众也在2014年以来的电视上发现，越来越多的纪录片进入次黄金时段播出。央视纪录片频道投放优质纪录片给各台使用，并且第一年不在其中插播商业广告。湖南卫视确定会采取“三分之二自制，三分之一定制”的方式制作纪录片。广西卫视为了这一项规定，专门成立了纪录片部，负责这项工作的具体落实和推进。

三、北京市党政部门的纪录片政策推进

国家广播电视出版总局《关于加快纪录片产业发展的若干意见》出台之后，北京市广播电视出版局和北京市委宣传部等相关党政部门都给予积

极的配合，很好地促进了首都纪录片产业的健康发展。北京广电局在纪录片产业方面，执行国家广电总局相关的政策法规，协助总局在纪录片产业培育和促进方面的各项工作，包括“国产纪录片及创作人才扶持项目”选送，从2010年开始，先后选送北京电视台《档案》(2010年)、《光阴》(2011—2012年)、《梦的家园》(2012—2013年)、《中国梦之马背上》(2014年)、《龙泉寺网络故事》(2014年)、《宋之韵》(2014年),《“纸”有一个梦想》(2015年)、《一起长大》(2015年)、《第三极》(2015年)、《纪实天下》(2015年)、《大西山》(2016年)、《谭派传人》(2016年)、《拍雪豹的人》(2016年)、《记录北京的人》(2017年)、《不老的车轮》(2017年)、《当他们渐渐老去》(2017年)、《这里是通州》(2018年)、《破雪而上》(2018年)、《AI脑力觉醒》(2018年)等。“优秀国产纪录片(季度)”推选《光影骑行》(2015年)、《京剧合伙人》(2013年)、《京城“板寸王”》(2015年)等。

此外，2014年，北京市新闻出版广电局批准成立了“首都纪录片发展协会”(Beijing Documentary Development Association，缩写BDDA)，这是中国首家由民营公司发起成立的纪录片行业协会，是非营利性质的纪录片社团组织。协会现有会员单位近50家，都是中国纪录片行业的主力军,《外滩》(2011年)、《河西走廊》(2015年)、《大明宫》(2009年)、《口述》(2013年)、《全纪实》(2015年)、《青春致敬青春》(2013年)、《敦煌》(2010年)、《世界遗产在中国》(2015年)、《发现中国》(2009年)、《大国崛起》(2006年)、《台北故宫》(2008年)、《当卢浮宫遇见紫禁城》(2010年)、《江南味道》(2015年)、《公司的力量》(2015年)、《走向海洋》(2011年)、《我就是我》(2014年)等观众熟悉的纪录片，都产自这些民营纪录片企业，并且在海内外产生过巨大的影响，收到过良好的社会效益和经济效益。会员单位中，有不少已经经营发展超过十年。它们通过市场化运作、自主研发制作、投资运营，为市场输送大量优质纪录片产品，不仅是北京纪录片文化，更是中国主流文化传播的重要力量。北京市新闻出版广电局积极调动首都纪录片发展协会的主动性，提供各种国内外交流合作机会，促进了北京纪录片市场的繁荣发展。

1. 阿姆斯特丹国际纪录片节

2015年年底，由北京市新闻出版广电局组织，北京雷禾文化传媒有限公司、北京三多堂传媒股份有限公司、东方良友影视传媒（北京）有限公司等近20家首都纪录片发展协会成员单位组成北京纪录片代表团，前往荷兰首都阿姆斯特丹，在阿姆斯特丹国际纪录片节上开始为期一周的亮相展示之旅。代表团30余名成员均为市属优秀纪录片机构的制作、发行、宣传以及播出平台负责人，此行是中国纪录片行业迄今为止最大规模的“走出去”国际交流活动。

阿姆斯特丹国际纪录片节是世界八大纪录片节展之一，也是全球最大、最专业的纪录片节，每年11月下旬举办，2015年是第28届。该节展多年来为促进全球纪录片发展做出了不懈努力，通过一系列专业活动，为来自世界各地的导演、制片人、买家、投资人和观众提供一个面对面的交流空间，目前已成为世界上最有影响力的纪录片节。

在2015年阿姆斯特丹国际纪录片节期间，北京代表团隆重举办了“北京与你同行”主题推介活动，参加节展“决策人晚宴”特别活动，在国际纪录片大舞台上和世界纪录片人面前，着力展示中国和北京纪录片的行业面貌和发展前景。在“北京与你同行”主题推介活动上，北京代表团向来自全球的纪录片机构和纪录片人集中介绍中国和北京纪录片产业现状，将中国和北京题材优秀纪录片推荐给业内行家。“决策人晚宴”特别活动是阿姆斯特丹纪录片节中最重要的环节，参与嘉宾均为全球纪录片行业最顶尖的制作人、发行人、播出平台负责人等。北京代表团成员的出席，极大地提升了北京纪录片行业和首都纪录片发展协会的国际知名度，进一步拓展国际合作空间，丰富合作资源。在这一届阿姆斯特丹纪录片节上，首都纪录片发展协会宣传片被安排在节展所有业内放映之前，滚动播映。宣传片呈现《第三极》《宋之韵》《缪斯之旅》（2016年）、《河西走廊》《宫殿之城》（2015年）、《三十二》（2012年）等多部优秀国产纪录片。近年来，每一届阿姆斯特丹国际纪录片节都会有中国影人的身影，如《塑料王国》（2016年）、《摇摇晃晃的人间》（2016年）、《二十四号大街》（2017年）、《惊蛰》（2017年）、《行走敦煌》（2017年）、《团鱼岩》（2017年）、《世外桃源》（2018年）、《火山》（2018年）、《红毛皇帝》（2018年）、《死灵魂》（2018年）、《安妮》（2018年）、《大字》（2018年）、《我的镜头》（2018年）等。

节展期间，北京代表团与阿姆斯特丹纪录片节组委会主席、荷兰国家电影基金会和荷兰公共广播电视台等机构负责人积极会晤，通过行业高层对话，了解国际纪录片发展动态，建立稳固联系，邀请更多的国际机构和纪录片人关注和参与到中国和北京题材纪录片制作中来。首都纪录片发展协会还与德国纪录片协会签署战略合作协议，围绕开辟双方纪录片合作新渠道、新方式，协力打通纪录片合拍产业链各环节，加大优秀纪录片人才和作品交流，扩展纪录片发行空间等领域，达成合作意向和成果。

2. 英国谢菲尔德国际纪录片节

2016 年 6 月，同样由北京市新闻出版广电局组织牵头的北京纪录片代表团前往英国参加谢菲尔德国际纪录片节。参与此行的代表团成员包括北京纪实频道、北京三多堂传媒股份有限公司、环球瑞都（北京）文化传播有限公司、东方良友影视传媒（北京）有限公司在内的首都纪录片发展协会 30 余家制作机构与播出机构。代表团成员皆为北京纪录片行业领军企业，业务范围覆盖纪录片投资、制作、发行以及播出等全产业链。

在为期一周的节展中，北京代表团在世界人民面前集中展示中国纪录片行业的风采。举办的“北京日”北京纪录片专场项目推介会，云集了来自全世界 100 多个买家、决策人和播出平台，代表团集中推介 7 部来自首都纪录片行业的优秀纪录片项目，并与海外专业人士进行交流并探索合作可能。由东方良友影视传媒（北京）有限公司与加拿大籍华裔导演王一男共同制作的纪录电影《向死而生》在此次节展期间公开亮相，寻找来自国际版权预售与发行的机会。由北京三多堂传媒股份有限公司制作的三部影片《非洲反盗猎中国先锋》（北京无敌影业联合制作）、《阿姨来了》和《普乐园》也在推介会中征集国际投资与发行合作。著名纪录片导演杨晓飞创作的两部作品《烈日灼人》（2015 年）与《狂野轰鸣》也亮相推介会寻求国际发行与联合制作。除了精品推介，代表团还围绕北京影视文化开展 6 大主题活动，其中，中国纪录片龙头节展品牌——广州（中国）国际纪录节和著名纪实上星频道——北京纪实频道也借由此次推介会之机，招募中外合拍的中国故事选题与优秀国际片源。推介会吸引了全球 100 多个纪录片制播机构代表以及英国、澳大利亚、荷兰、德国、韩国等国家纪录片协会负责人参加。首都纪录片发展协会和北京纪实频道负责同志分别介绍了北京纪录片制作和播出平台相关情况。多位海外制作方就项目策划、合拍等相关事宜与北京代表团进行深入交流，31 家海外机构表达了明确的合作需求与意向。参展的三多堂、无敌影业等多家纪录片企业与Dogwoof、科索沃纪录片节、Hotdoc等多家海外知名制作机构与节展商洽谈了合作计划。

英国谢菲尔德国际纪录片节创办于1994年。作为英国规模第一、世界第三的国际性纪录片节展，谢菲尔德国际纪录片节曾先后走出了《五个破相机》《沉默之像》《寻找小糖人》等多个奥斯卡提名、获奖纪录片。此次，北京新闻出版广电局组团参展，秉承“一带一路”的发展倡议，致力于连接北京纪录片与世界对话的桥梁和文化纽带，积极寻找行业间国际交流合作新方式，扩大中国纪录片乃至中华文化的海外影响力，为北京的影视制作公司搭建好对外交流的平台，彰显了“政府搭台、企业唱戏”的服务理念，为中国纪录片产业和企业走向世界助力添彩。

第二节　投资主体及其资金要素

由于现阶段纪录片本身受众量较小，且处于纪录片消费市场的培育阶段，因此，普通观众对产业发展的作用还有待发掘。目前来看，政策扶持和专项基金投资成为拉动北京纪录片产业的重要力量。北京纪录片产业投资主要有两方面的来源：政府政策性投资和纪录片基金投资，在繁荣北京纪录片市场方面，发挥了不同的重要作用。

一、政策性投资

国家政策性纪录片产业投资以国家新闻出版广电总局的纪录片项目扶持计划为主。其对纪录片扶持资金也从最开始的每年500万增加到1000万元以上，连续投入资金推进“国产纪录片及创作人才扶持项目”和“优秀国产纪录片评奖项目”等。2013年12月，国家新闻出版广电总局一次性投入1150万元，启动“中国梦”题材纪录片项目扶持计划，其中，中国教育电视台打造的大型纪录片《我的太阳·我的期盼》（2013年）在全国49个提案中，经过激烈竞争，脱颖而出，获得第一名，并获得70万元扶持资金。

运用行政和资金导向力量，引导主流纪录片题材的拍摄制作，已经成为政策性投资的主要目标，相关的投资计划和项目还将持续进行。比如，2013年，广电总局力推“一带一路”主题纪录片创作，力争“三性统一”讲好丝路故事；2015年组织实施纪录片创作“双百”计划，“百人百部中国梦短纪录片”的“双百”计划，用反映中国人奋斗故事、展现中国人精神风貌的现实题材纪录片，丰富和深化中国梦主题宣传。总局计划用三年时间扶持一百名纪录片从业人员和爱好者，创作一百部反映普通中国人奋斗故事的纪录片，并通过这一项目发现和培养纪录片人才。总局下一步推动纪录片繁荣发展的设想和措施，包括实施“纪录中国”工程、有效发挥扶持资金杠杆作用、培育市场主体、鼓励新兴媒体参与纪录片生产传播、推动纪录片走出去等。这一系列纪录片投资计划，无疑会为北京纪录片市场带来勃勃生机。据悉，国家广电总局下一步将协调国家有关部门来探索投入符合文化产业发展的专项基金，包括对纪录片项目的补助、贷款贴息、保费补贴、绩效奖励，对纪录片生产交易出口的营业税、增值税、所得税给予减免等。

除了国家新闻出版广电总局的纪录片专项资金投入之外，中央电视台和北京电视台针对纪实节目的专项经费投放也逐年增加，有力地促进了高品质纪录片节目的制作。

二、基金投资

1. 中尚雷禾基金

“中尚雷禾纪录片创作基金”伴随VR DOC西区纪录片大会应运而生。国际上有千余个纪录片节展，但真正得到基金和市场化资本支持的并不多见。作为国内乃至国际的第一支专业纪录片创作基金，一个孵化优质院线纪录片项目为主的国际投融资交易平台，“中尚雷禾纪录片创作基金”的规模达到了一个亿，通过VR DOC西区纪录片大会该基金可以聚合国际纪录片市场运营与创作的力量，发现优质项目，扶持优秀导演，推动中国纪录片的对外合作和内容输出。

中尚雷禾基金是一支赋有公益精神的商业基金。它由北京尚禾投资基金管理有限公司发起，北京雷禾文化传媒有限公司负责统筹运营，西城区文促中心监督指导工作，旨在为优秀纪录片创作提供相对丰富的资金环境支持，推动纪录片的国际化和院线化发展，为纪录片市场化运作提供渠道和活力。“中尚雷禾纪录片创作基金”一方面以基金投资的形式，扶持好题材、好导演，同时培训有潜力的纪录片提案，推动中国纪录片实现院线化发展的目标；另一方面，借助“VR DOC西区纪录片大会”促进优秀纪录片提案的国际投融资，为中国纪录片的国际对话提供平台，以资本化方式推动和打造中国纪录片及纪录电影产业的发展。尤其是为地方电视台的纪录片导演和项目，为城市文化品牌对外传播，为中国故事传递中国声音提供积极帮助和支持。

2. 中国纪录片发展基金

2015年10月12日，北京师范大学中国纪录片发展基金成立。这是中国高校第一支纪录片基金，也是中国纪录片界第一个学术基金。中国纪录片发展基金是由华夏五维文化产业股份有限公司向北京师范大学教育基金会捐资两千万建立的，以支持北京师范大学纪录片中心的学术研究、人才培养与项目孵化。华夏五维文化产业股份有限公司与北师大纪录片中心签署了战略合作协议。

华夏五维文化产业股份有限公司以“文化带动产业—产业兴盛文化”的国际化战略蓝图为指导，高度整合中国文化价值，以参与世界文化产业竞争的姿态，向全球展示中国文化的独特魅力。华夏五维文化产业股份有限公司联合中央电视台，用全新的影像表现方式，倾力打造并推出“衣”元素系列大型高清纪录片《衣锦中国》(2015年)，将中国的服装服饰文化魅力以更好的面貌呈现在世界人民面前。在此基础上，积极响应国家政策倡导的全民创业创新活动，开展“《衣锦中国》大学生创业帮扶工程”活动，立志帮扶全国高校学子实现人生就业和创业梦想。同时，以纪录片《衣锦中国》为依托，联手中央电视台、北京师范大学纪录片研究中心，打造中国首个纪录片文化产业园。

3. 文心凤凰纪录片专项基金

随着《舌尖上的中国》《我在故宫修文物》等精品纪录片的播映，并引起观众强烈反响，中国纪录片的市场需求增加，开始体现市场价值，纪录片产业正在悄然发生正向的变化。2017年4月8日，北京文投集团旗下全资子公司北京市文化中心建设发展基金管理有限公司与凤凰卫视旗下机构凤凰都市传媒科技股份有限公司领衔，北京万合汇融股权投资管理有限公司、凤凰文创文化发展（北京）有限公司、华数探索商务咨询（杭州）有限公司等企业共同发起并参与，各方携手进军纪录片产业，国有基金、民间基金、传媒文化等几方企业，共同建立了新型战略合作关系：成立“文心凤凰纪录片专项基金”。作为中国规模最大的纪录片基金，项目启动资金5亿元人民币，专注投资于纪录片领域，为优秀纪录片的策划、制作、发行提供金融支持。至此，以纪录片产业为入口，在文化、传媒、金融领域，在新投资模式下的融合发展正式启动。

4. CNEX

作为一家由两岸三地热爱纪录片人士组成的非营利性质文创组织，以北京国际交流协会、台湾蒋见美教授文教基金会、香港CNEX基金会为依托，CNEX的出现帮助了更多纪录片创业者实现其梦想。不同于一般捐赠性质机构，CNEX以创造文化产业规模经济为愿景，所有的文字报告和影像作品，将制作成系列出版物向海内外发行推广。为中国纪录片创作者提供创作与交流平台，帮助他们以影音和文字的形式留下华人社会发展的生态轨迹。

5.“北回归线”纪录片天使基金

2014年3月18日，中国首个纪录片天使基金——“北回归线”正式成立。这个由中国广播电视协会纪录片委员会与北京中视文公文化传媒共同合作成立的基金，以放飞梦想为主题，从资本投入、人才扶持、行业规范三个方向对中国纪录片未来产业化、市场化提供更多的方向性参考。通过资金上的支持，以及邀请多方业内专家进行指导，帮助一批有思想、有才华、有创意的纪录片专业人士和爱好者全面提升纪录片的质量，使之更具备国际竞争力。

第三节　平台要素影响下的北京纪录片产业

在纪录片的制作和播出方面，北京具有天然的优势。北京的政府机构、大型企业和新媒体企业比较多，这些是纪录片主要的客户资源；而且制作人才、拍摄对象、专家资源也多集中于北京，例如制作《大国崛起》时，采访各个部委就很方便；拍摄完成后，跟央视等播放渠道的沟通也更便捷。2012年，中国纪录片制播联盟在北京成立之后，在央视纪录频道的引领和组织之下，北京成为全国纪录片产业资源如资金、人才、作品、产业服务等的枢纽之地。在此基础之上，北京纪录片领域开始集中资源，构建一个个发展平台，促进不同产业主体之间的便利合作，优化产业链，推动北京纪录片产业的繁荣发展。

一、纪录中国

“纪录中国”是在国家新闻出版广电总局支持下，由中国广播电视协会纪录片工作委员会、中国纪录片网、中国（广州）国际纪录片节、中央新影集团、中央电视台科教频道、国新办五洲传播中心、中国教育电视台、北京纪实、上海纪实、湖南金鹰纪实和“北回归线”纪录片天使基金联合发起的纪录片产业服务平台，即中国纪录片产业网（http：//docuchina.cntv.cn）。该平台以“广电总局纪录片季度推优、年度评优”作品展播展映为契机，逐步具备纪录片政策信息发布、行业动态、题材集纳、创作生产、推介展示、传播推广、融资交易、人才培养、学术研究等功能，同时，该平台还开通在线申报功能，协助广电总局做好国家纪录片扶持项目和全国纪录片题材公告等工作。

该平台的建设分为三期。一期搭建优秀国产纪录片展播展映平台，实现对国产优秀纪录片作品、人才的推介。二期建设围绕优秀国产纪录片资源，搭建产业运营平台。通过建设“创意资源库”“版权资源库”“行业资源库”“人才资源库”，加强对产业核心资源的整合、梳理，实现题材集纳、创作生产、推介展示、传播推广、融资交易、人才培养、学术研究七大服务功能。三期逐步建设国产纪录片出口交易平台、国产纪录片国内交易平台、境外纪录片引进平台、国内纪录片版权交易登记平台。

2014 年，“纪录中国”推出 App，完善了移动互联端的服务。该平台试图以互联网思维实现纪录片创作者、投资者和播出机构的跨界交流和平等对话，以基金形式扶持创作者并支持其享有版权收益。“纪录中国”以其九家机构联合的优势，试图打造中国最大的纪录片融资平台。展示纪录片创作者创意、制作水准的视频短片，经提交进入“纪录中国”资源库，将同步进入在线融资程序。经验丰富的纪录片投资决策人可以及时通过“纪录中国”App 发现有潜力的导演和创意，让创意成为优秀纪录片。同时，纪录片播出平台负责人可以通过该平台选择、购买优秀纪录片，缩短优秀纪录片价值实现的过程。

二、北京台打造纪实高清频道

在国家纪录片产业相关发展政策的推动下，北京电视台纪实高清频道于2011年7月1日全新推出，纪实高清频道的前身是北京电视台“奥运高清”频道，2009年经国家广电总局批准，更名为“纪实高清”频道，主要重播一些奥运的高清节目。2011年，北京电视台重新打造推出的纪实高清频道，是中国电视界第一家使用高清技术播出的纪实频道，同时也是一个以播放纪录片为主的高清电视频道和数字电视频道。2013年，北京电视台纪实高清频道正式更名为北京电视台纪实频道。高清纪实频道首播每天3小时，全天播放14小时，观众可以通过高清数字机顶盒收看该频道。在国家免费发放高清机顶盒的政策下，2011年年底，大约有260万用户，约1080万人可以收看到高清纪实频道，覆盖北京五环以内及郊区城镇。

该频道在节目安排上，一个时间段播放境外制作的优秀高清纪录片，均为北京地区首播；一个时段播放国产优秀纪录片展播；一个时段播放北京纪实高清频道自制的纪实栏目，包括《影视》《口述》和周播栏目《国家大剧院》（2013年）、《全景》（2016年）等。此外，该频道与别的频道不同的是，在每周安排一个时段的5.1环绕立体声节目。一个频道的开播意味着一个播出渠道的增加，同时也就意味着节目需求量的增大，在中国纪录片产量较低且制作质量不高的情况下，作为高清规格播出的纪录频道，无疑急需高质量的纪录片作品。在频道刚成立之初急需内容的情况下，纪实高清频道主任陈大立借助建党90周年的时机，发起了由中央党史研究室、中央文献研究室、中国电视艺术家协会、中央新影集团共同主办，中国视协电视纪录片学术委员会、北京电视台高清纪实频道、重庆卫视联合承办的红色经典纪录片展映活动，收集了来自全国的一大批高水准、高思想内涵的“红色经典”优秀纪录片，既借助建党90周年之际搜集了一批彰显首都红色文化内涵的纪录片作品，又使得刚刚开播的频道获得了大批的内容资源，成为地方纪实频道展播优秀纪录片的先河。除此之外，该频道在内容上仍有大量需求，需求很多靠来自海外的优秀纪录片购买和引入，以及国内重要纪录片供应商的提供，这样一来拓宽了纪录片的需求渠道，同样促进了中国优秀纪录片生产和中国纪录片产业的良性发展。

北京纪实高清频道的成立，对纪录片产量的提高有很大促进作用的同时，在纪录片制作规格上也提高了标准和要求，在国家促进纪录片产业发展的政策指引下，提出进一步增加高清频道的播出。2010年，国家广电总局下发《关于进一步促进和规范高清电视发展的通知》，文件指出："已具备高清播放标准的卫视频道和适合高清播出的纪实类、体育类等非上星卫视，经总局批准可以进行标、高清同时播放，在当地有线数字电视网播出。鼓励已经开办的有线数字付费电视频道，经总局批准调整为高清付费频道。"[①]在高清频道成为趋势的现实语境中，观众的欣赏水平将逐步得到提高。所以北京纪实高清频道在每周末固定安排30分钟时间，配合5.1杜比环绕声以及3D等新技术手段，打造"新视听欣赏"的节目试映，杜比公司也将免费为该频道提供片源。同时，北京台也将投入最前沿的3D转播车和制作力量支持纪实高清频道的发展。在这样的情况下，联手努力打造高水准的纪实数字平台，同时将带动人才培养、纪录片拍摄制作、国内外相关影展交流等一起发展，发挥联动效应。

三、北京国际电影节

北京国际电影节（Beijing International Film Festival）前身为北京国际电影季，创办于2011年，由国家广播电影电视总局、北京市人民政府主办，具有国际性、专业性、创新性、开放性，是高端化、市场化的大型电影主题活动，旨在融汇国内国际电影资源，搭建展示交流交易平台，成为北京市建设世界城市的重点文化活动，是打造东方影视之都的核心活动。2012年2月，北京国际电影季更名为北京国际电影节，每年举办一届并设立评奖单元，但由于准备不够充分直到2013年才进行奖项评选。自此，主竞赛单元天坛奖正式设立。北京国际电影节纪录单元（简称BJIFF DOC）是北京国际电影节自2014年特设的独立单元。授权北京国际纪实影像创意产业基地（BIDC）承办。纪录单元设有五大板块：评审推荐、佳作展映、论坛与会议、市场与提案、沙龙。

---

① 郑伟.内容·技术·渠道——北京电视台纪实高清频道的三个维度［J］.中国电视，2011(8)，第10页.

2014年北京国际电影节纪录单元，共征集到20个国家和地区的435部国内外纪录佳作。经过专家评审团的两轮初选，最终选出29部纪录片单元入围作品。在29部入围作品中选出2部“专家团特别推荐作品”、8部“专家团推荐作品”。为了让更多的观众及时地看到这些精彩作品，纪录单元开展了“纪录佳作”展映。10部优秀纪录片在北京的各大电影院中与观众见面，29部入围作品的介绍和精彩片段在爱奇艺纪录频道与全国观众见面。纪录单元举办了两场专题论坛。“新起点：纪录频道上星之路研讨会”，邀请专家学者和从业者，以专业纪实频道上星、纪实影像与娱乐节目的关系为论题，探讨各自的边界与互相融合借力的路径。“新起点：国际纪实影像经营模式论坛”邀请国内外相关人士，就纪实影像的体制、市场环境、电影节与纪实影像产业等话题进行广泛的交流。在电影节期间，纪录单元还举办一系列纪录专题沙龙和活动，包括“2013年‘青春的纪录’环太平洋大学生微纪录作品大赛颁奖暨2014年作品征集活动启动仪式”“班夫山地电影节世界巡展中国五周年特别展映暨交流会”“设计与微纪录沙龙”“杂志客厅纪录片沙龙”“纪录导演讲述沙龙”等十几场活动。

2015年，北京国际电影节纪录单元以纪录片重回影院为切入点，探索纪实产业电影与电视的跨界融合。纪录单元设置了五个目标：高质量与多国别的作品评审与推荐、纪录片与电影融合发展的前沿探讨、政策与产业有效沟通的论坛与会议、世界与中国接轨的纪录片市场和提案、各纪实机构的展示推介平台。纪录单元共计收到来自23个国家和地区的411部中外优秀作品，其中外国作品256部，中国作品（含合拍）155部（集），数量与2014年基本持平，质量有大幅提升。本届纪录单元选择了10部中外精品进行院线展映，共计放映20场，场次比上年增加了一倍。纪录单元强调了“首映”概念。在10部院线展映作品中，2部中国作品为全球首映，7部外国作品为中国首映。纪录单元还举办了沙龙展映和主创见面会，3部作品及主创与观众进行现场交流。在电影节期间，北京电视台纪实频道进行了“纪录单元精品展映”，让更多的观众受益于电影节的展映活动。2015年，纪录单元举办了七场论坛和会议、三十多场沙龙活动。首次设立“纪录单元·市场”环节，搭建了纪录片联合展台，并整体纳入北京国际电影节的市场活动。BIDC共邀请到30家联合参展方进驻联合展台，基本上囊括了中国纪实领域的主要机构。在联合展台上还进行了作品推介、活动说明、商务洽谈、联合推广等活动，参展方也得以参与到电影节市场活动中，有效推进了纪实产业和电影产业的接轨。

2016年，第六届北京国际电影节纪录单元以“前沿探索，跨界融合”为宗旨、“主流价值观的市场化表达”为主题。在奖项设置上也是如此，尤其是首次设置纪实真人秀奖，正是纪录单元对领域前沿、新生力量关注的体现。电影节纪录单元收到报名作品1467部（集），均为2015年之后出品的新作，其中国际作品1352部（集）、中国作品115部（集）（含中外合拍），许多报名作品曾获得过各类节展的奖项和推荐，包括戛纳电影节、柏林电影节、威尼斯电影节、多伦多电影节、圣丹斯电影节、美国奥斯卡奖、法国真实电影节、加拿大HotDoc国际纪录片节、荷兰阿姆斯特丹IDFA国际纪录片节，等等。展映板块旨在让观众看到更多的优秀作品，为纪实影像走入院线进行产业化探索和总结，进行院线、国家图书馆、电视和沙龙展映。展映活动外，在电影节期间，纪录单元也设置了多个学术论坛、沙龙活动，探索学界热点与前沿。其中，以“本土故事国际表达”为主题的中澳纪录片论坛、以“跨界融合”为主题的2016中国纪录片产业年度论坛和汇集众多国家文化参赞、电视台的“一带一路”媒体传播联盟成立暨主题论坛、纪录中国理事会新一轮“中国纪录片扶植计划”等活动，成为该届纪录单元论坛系列的几大亮点；更有VR主题日等多个特色活动日关注领域前沿。

2017年，第七届北京国际电影节纪录片单元设立了“一带一路”主题日，并举办“丝路媒体传播联盟主题论坛”“丝路联播网国际媒体圆桌会议”“丝路作品展映”等主题活动。本届纪录单元聚焦冬奥冰雪和户外运动领域，冬奥组委、北京市体育局、北京电视台纪实频道联合举办“首届冬奥冰雪影像论坛”；北京纪实频道、国内外户外运动协会和俱乐部联合举办“首届中国户外纪实影像季”等活动。评审板块旨在邀请多国别和高质量的作品，提升中国纪录片创作的艺术视野和制作水准。纪录单元采取国际选片人制度，共邀请到了223部（集）中外优秀的纪录片作品，其中不乏柏林电影节、奥斯卡奖、圣丹斯电影节、阿姆斯特丹纪录片节的获奖作品。纪录单元邀请德国、澳大利亚和日本的三位国际评委，与四位国内专家组成终审团。纪录单元设置最佳国际长片、最佳国内长片、最佳中外合拍长片、最佳国内系列片、组委会特别推荐等奖项。

2018年，第八届北京国际电影节纪录片单元围绕“新时代 新使命”主题，致力于探索纪录电影的发展之路与纪实产业的改革与发展之路。该届纪录单元由北京国际电影节组委会主办，北京电视台纪实频道与中国传媒大学联合五洲传播中心承办，共设置了评审、信息发布、论坛、征集、展映五大板块。近年来纪录电影取得了令人瞩目的成绩，《我们诞生在中国》《地球：神奇的一天》《二十二》等多部纪录影片上映之后取得的高票房，引发了业内外人士的关注和讨论。在纪录单元中，中港联纪录片工作委员会、北京天成嘉华文化传播有限公司与中国传媒大学新闻传播学部就国家民委重大项目纪录片《民族文化之旅》签订战略合作协议。为加大产学研深度融合与交流，活动现场各机构还签署了各种战略合作，其中包括：中国传媒大学新闻传播学部影像行动力训练营联合制作大型系列片《90后》的签约仪式。此外，为加强“一带一路”沿线国家的交流互鉴、文化共融，该届纪录单元还举办了“一带一路”主题日暨“一带一路”媒体传播联盟成立两周年活动，设置了“一带一路视阈下的影视译制与传播”的圆桌论坛。关于北京2022年冬奥会和冬残奥会，纪录单元举办期间则有相关主题与公众见面，也在展映了多部优秀纪录影片同时开启了记录冰雪·共享奥运——冬奥场馆影片发布、北京“8分钟”、《奥运十年》项目发布和征集。总之，多方力量的加盟，将以更加国际化的视野、专业化的引领，为中国纪录片的发展注入新的气息，推动中国纪录片走进更加繁荣的时代。

2019年，第九届北京国际电影节纪录单元围绕“融媒体时代与纪录电影”主题，致力于探索大数据时代下的融媒体传播与当下纪录电影的发展之路。举办了两场主题论坛：“融媒体时代与纪录电影”，深入挖掘新媒体在现代传播中的引领作用，以及融媒体与纪录电影的关系。“纪实影像与技术进步”主题论坛，解读4K与8K技术下影片拍摄的管理流程、后期操作等相关经验。科学纪录片高峰论坛，以科学纪实影像的表达语境与受众为主题，通过案例分享，探究如何以纪录片为载体，有效构建科学与受众的链接等问题。北京冬奥主题发布由北京冬奥组委与北京电视台纪实频道共同承办，解读冬奥与冰雪影像计划、发布相关主题项目及青年导演计划。在电影节期间，纪录片单元还举办了一系列纪录片发布、展映和主创交流的活动，通过主创和观众的交流加大对纪录片的宣传和渗入。

四、北京国际纪实影像创意产业基地

中国首个纪实类影像产业基地——北京国际纪实影像创意产业基地（Beijing International Documentary Center，简称 BIDC），由中国电视艺术家协会、中央新影集团、北京电视台、锐创控股集团于 2012 年共同发起，经由北京市委宣传部批准挂牌成立。基地的宗旨是，成为中国纪实影像产业发展、体制创新的实验基地；规模化的全产业链制作基地；具有国际影响力的创意、交流与合作基地。基地秉承包容开放、协作共赢的理念，采用市场化机制，在制作、播出、发行、交易、人才、资金等各方面，为中外纪实影像的从业者提供交流平台、发展环境与合作机会，促进中国纪实影像产业发展，增进国内外合作与交流。

基地致力于打造五大平台：第一，推动中国纪实影像产业升级，实现政策与产业对接、业务与资本对接、创作与市场对接、国内与国际对接，打造纪实影像市场化的产业平台；第二，打通电视、院线、有线和移动网络的全媒体渠道，实现创作、展映、交流等内容的全面覆盖，打造纪实影像的全媒体播映平台；第三，采用市场化机制与合作方式，为客户制作优质内容，给创作者提供丰富机会，打造纪实影像的优质高效创作平台；第四，联合产业链各环节，实现资源共享、分工协作、优势互补、品牌共赢，打造纪实影像的战略合作平台；第五，对接成熟的国际市场，引入国际产业资本、人才、资源和运营模式，打造纪实影像的国际化交流平台。基地主营业务包括，打通电视、院线、有线和移动网络的全媒体渠道，搭建发行网络，将纪实节目的资源开发最大化；提供产业支持服务，包括投融资、项目孵化、海外推介、设备租赁、法律咨询、人才支持等；邀请全国乃至全球的优秀人才，在基地建立工作室，搭建创作和制作平台，建立创作集群；通过投融资、合作、国际制片、版权交换、代理承制等方式，参与国内外的创作项目；引入国际经验和标准，为制片、导演、制作、经营等各环节人员提供多梯度的培训、交流和实习；举办纪实类影像专题活动，包括会展、论坛、展映、工作坊、推介会等。

基地成立后，对拉动北京纪录片产业发展发挥了积极作用。自成立之日起便承担了北京国际电影节纪录单元的组织和运作工作，承接诸如北京纪实频道等播出平台的广告运营和节目营销工作。BIDC是一种资源的招募、整合与协调，它未来将在政府与企业之间、机构与企业之间、企业与企业之间，以及国内与国外的纪实商务的交往之间，担负起招商、选商、贸易、学术促进等多项职能。

五、纪录片互联网平台拓展

2010年1月，国务院决定加快推进电信网、互联网和广播电视网的融合，在三网融合的趋势下，科技的渗透和发展进入媒体行业，也在逐渐改变着影视媒体行业的格局。网络和科技的介入使得很多壁垒被打破。随着三网融合的推进，互联网电视、IPTV等新业务形态的展开，作为本来就发展困难的纪录片产业，更是面临谋求行业改革发展新局势的挑战。

北京纪实高清频道作为国家政策推动下发展起来的具有强大实力的地方频道，努力谋求建立全国联通的数字电视网络，形成规模效应，扩大频道的影响力范围。此外，在互联网强大趋势的来临下，纪录片也在努力寻求与互联网融合，模仿互联网资本运作模式，以谋求纪录片更好的发展前景。

随着互联网和新媒体的兴起，纪录片的播出渠道大大拓宽，也为纪录片的生存与发展开辟了更大的空间。2012年，在北京举办的纪录片论坛上，爱奇艺与多家业内知名机构达成纪录片战略合作，分别与央视总公司、中央新影集团（北京科影）签署同步独播版权协议，购买大量纪录片独播版权并实现多部纪录片巨制与央视纪录片频道同步独家首播，希望打造国内最大的线上纪录片播放平台。在科教领域，爱奇艺加深与中国纪录片研究协会和清华大学新闻与传播学院等机构的合作，加大纪录片学术发展研究并且为之提供优秀的内容案例，借此发挥产学联动效应，为国内优秀的纪录片导演提供一个展示与发展自我的平台，扶持和加大纪录片创作的优秀后备力量。在后续的发展中，爱奇艺纪录片频道相继启动台网联动、产学联动战略，继续加大投入。此外，2012年搜狐视频与水立方达成战略合作，将旗下高端自制栏目搜狐视频《大视野》全面输出水立方水滴剧场，在2012年3月7日开始举行“水影光华，视野天下——记忆、现实立方体《搜狐视频大视野》水立方系列人文公益展映”。在展映上，参观水立方的观众可以在水滴剧场看到搜狐视频独家提供的《英雄儿女——晋察冀抗日传奇》系列（2011年）、《1911——辛亥革命百年祭》系列（2011年）、《失乐园——梁陈方案始末》系列（2011年）纪录片以及搜狐视频与中影公司联合打造的首部新媒体商业大片《7电影》系列的微电影内容。这是互联网自制节目反向输入户外新媒体平台的一个案例。水立方作为北京人文、绿色、科技的象征，与搜狐视频制作精良的《大视野》均秉持相同的传播理念，在观照中华深厚历史文明时均流露出浓厚的人文关怀。搜狐视频已经达成向手机电视、地铁电视等多项反向输送合作，为网络精良自制节目的发展开拓了新的领地。

2018年，互联网平台逐渐发展为纪录片传播的主力军。在年轻受众非常广泛的视频网站Bilibili成立了纪录片频道，开启了这一轮纪录片热潮。《人生一串》是该网站IPO之后的首部自制项目，是国内首档呈现国人烧烤情结的纪录影像。影片以展现国内烧烤文化为主题，独具市井味和烟火气，因贴近普通人的生活而获得了很高的关注。

腾讯视频隶属于腾讯，是国内拥有丰富内容和专业媒体运营能力的重要的流媒体平台之一。秉承“内容为王，用户为本”的价值观，腾讯视频聚合热播影视、综艺娱乐、纪录片、体育赛事等众多内容，并打造了PC端、移动端及客厅产品等多种形态的视频娱乐体验。2011年6月，腾讯视频纪录片频道上线，除持续引进各大国际厂牌优质纪录片外，还接连参与了BBC数部纪录大片的创投。作为内容生产者，腾讯视频纪录片不仅邀请陈晓卿团队倾情加盟，还与国内外优质内容团队打造“胖滚计划”；作为播出平台方，腾讯视频纪录片诞生了全平台第一个播放期破亿的人文纪录片《纪实72小时》（中国版），《蓝色星球2》则创造了纪录片付费收看的新纪录。2018年10月，腾讯视频与BBC Studios正式宣布了基于“胖滚计划”的“博思星人（BBC Earth Tribe）”合作，旨在打造一个全新的BBC粉丝专属社区。2018年腾讯视频与BBC Studios联合制作了被称为动物版“权力的游戏”的自然历史类纪录片《王朝》；2019年还将联合打造科学巨制《行星》，带领观众共赴七大行星之旅。此外，企鹅影视还将与《圆明园》《大明宫》的历史名导金铁木共同打造《战国风云录》，让传统类型的纪录片走进年轻群体，激活更大的想象空间。腾讯视频一方面将对自然科学、人文历史与社会现实三大传统类别“进行网络式的开发”；另一方面则要以生活方式和潮流文化两大品类“满足年轻人的好奇心、求知欲”。

互联网的大范围普及和自媒体等新兴媒体平台的迅猛发展，为纪录片的融资、生产、回报开拓了新的发展渠道。台网互动紧密，纪录片的商业化和传播方式发生改变，突破原来纪录片投资回报周期长的不利融资短板，一定程度上缓解全民娱乐语境下纪录片市场受众低迷的困境，改变电视媒体机制下纪录片产业化生产、传播、销售等多主体需求的矛盾，使得纪录片有了更大更宽广的发展前景。

第三章　传播：艺术探索与活动推广

纪录片因为其特殊的体裁限制，一直无法与影院产生太过密切的联系，纪录片以一种阳春白雪式的艺术方式存在于影像产业的边缘地带。北京作为影视发展的重要基地，承担着影视发展、交流、变革的重要使命。纪录片的上映交流活动很少在院线举办，更多的是在学校、书店、展馆等文艺场所，以一种艺术展映或者沙龙交流会的形式出现。虽然纪录片在产量和受关注度上与商业片相差甚远，但仍有一批纪录片工作者凭借着热爱在推动纪录片的发展，他们组织的一系列活动都致力于推动纪录片艺术水平的提高和艺术追求的交流。

第一节　大学生交流

大学生作为新生代力量，一直是艺术形式创新和艺术交流发展的主力军，他们对新生事物的接受能力和艺术作品的感知度是敏锐的，因而很多艺术展映和交流活动都会选在大学生群体中举行，以大学生群体作为突破点，寻求接下来的发展方向。

“Looking China 看中国——中外青年暑期 DV 计划”是中国文化国际传播研究院自 2011 年开办的关于青年人影像创作的系列活动，到 2019 年的“看中国”已举办九届。中国文化国际传播研究院为了切实将“第三极文化”

理论运用到实践中，促进中、美、欧之间的文化传播与交流，切实将中国的文化传播到世界更广的范围内，让外国人特别是外国青年人了解中国文化，促进中国传统文化传播，开拓中国青年学生的国际化视野，特地举办“看中国”活动，让来到中国的外国年轻人与中国学生合作，共同完成对于中国及中国文化的审视与表达。在“看中国”这个文化交流项目中，国外的学生和老师们在中国与中国的青年学生们合作，用中外青年学生的眼睛一起看中国，从而将中国的文化以影像的方式表达出来。

2015 年的“看中国”主题是“人家国”，共有来自美国、加拿大、新加坡、芬兰、英国、印度、墨西哥、韩国、以色列等 19 个国家、20 所高校的 100 名外国大学生来华开展文化交流活动。此次“看中国”之行共分为八个地点，北京、成都、杭州、开封、兰州、厦门、沈阳、西安。其中北京作为首都和历史文化的集中地，是每年“看中国”必参与的城市。中外青年学生通过他们的走访和观察，理解他们心中对于北京城市建设及北京历史文化的图景，他们的纪录片选题从北京传统文化到现代都市再到都市中形形色色的人物，将这些以影像的形式记录下来，构成跨文化传播中对于中国文化的认同。2016 年，“看中国”从覆盖面到参与人数都有提高，在世界青年学生影像创作中的影响也在不断扩大，更成了外国青年学生开眼看中国、中国学生与世界文化交流的重要桥梁。2017 年，“看中国”以“工匠 · 传承 · 创新”为主题，经过 17 天的拍摄与制作，来自美国、法国、澳大利亚、新西兰的 10 位外国青年导演从自己独特的文化视角出发，以影像为媒介，围绕“工匠 · 传承 · 创新”的主题，充分展现了文化中心北京的独特风采。十部纪录片以荣宝斋装裱修复、戴月轩毛笔、毛猴、同仁堂、依文服饰、现代木匠、白夜照相馆、北京人艺、纺织考古专家、实验二小为选题，既展现出丰富多彩、底蕴深厚的老北京传统文化，更彰显了传统与现代的交融，以全新视角阐述了无处不在的工匠精神。2018 年的“看中国 · 外国青年影像计划”共历时 115 天，会集来自 36 个国家的 103 位外国青年导演，呈现 103 部以“生态 · 生物 · 生活”为主题的纪录短片。迄今为止该计划已经成功举办八届，已有来自美国、加拿大、英国、法国、意大利、荷兰、格鲁吉亚、印度、新加坡、韩国、以色列、澳大利亚、巴西、阿根廷等 55 个国家、73 所高校、508 名青年参与，出色完成 507 部短片，共获 90 余项国际奖。

除了“看中国”这样一个持续的大学生纪录片活动外，还有一些有关纪录片的活动及影展会在大学校园中不定时举行。2010年3月29日至4月2日，“CNEX—AOC主题纪录片高校影展——梦想与希望”在中国传媒大学电视与新闻学院星光多功能视听教室拉开帷幕，此次中国传媒大学的影展是CNEX继2008年在清华大学、复旦大学、同济大学、武汉大学等25所高校开展巡展后，又一次在内地高校进行优秀纪录片展映。在这次为期一周的时间里展映了《音乐人生》（2008年）、《伞》（2007年）、《红谷子》（2007年）、《1428》（2009年）等13部优秀纪录片，同时进行现场的导演观众交流活动。并且以获得第46届金马奖最佳纪录片、最佳剪辑、最佳音效三项大奖的《音乐人生》作为开幕影片，以及获得第66届威尼斯影展“地平线单元竞赛”“最佳纪录片”荣誉的《1428》作为闭幕影片。CNEX制作总监、台湾著名纪录片导演张钊维表示:《音乐人生》作为CNEX开拓纪录片院线之路的作品，从2009年7月在香港百老汇上映以来，已经放映100多场，盈利50万港币。但是内地纪录片院线市场却是经营惨淡，迟迟无法在院线上映，所以这次在大学校园做的影展活动，希望从大学生中打开突破口，利用他们的接受能力和艺术欣赏能力，发展校园纪录片院线，借助口碑效应打开内地纪录片市场。

除了在大学生群体内打开市场外，北京市还开展了以大学生为主体进行的纪录片相关的创作交流活动，2011年12月22日，北京航空航天大学举行了“青春的纪录”首都大学生纪录片创意实践年启动仪式，该活动是由共青团北京市委员会、首都精神文明办、中国电视艺术家协会电视纪录片学术委员会、北京电视台共同主办，北京市学生联合会、北京电视台高清纪实频道、首都大学生新闻社承办。该活动是旨在贯彻落实党的十七届六中全会精神，建设社会主义先进文化，传播社会主义核心价值观，推动校园文化大发展大繁荣，从而开展的纪录片相关活动。“青春的纪录”首都大学生纪录片创意实践年活动包括四项内容:（1）首届优秀纪录片走进校园活动月系列活动，在首都高校集中展映红色经典、科教科普以及人类社科类优秀纪录片；（2）组建首都大学生新闻社纪录片公社，定期组织观摩、集中研讨、艺术技术培训等活动，广泛吸纳高校纪录片爱好者，发现和培养专业人才;（3）首都大学生纪录片拍摄大赛，以学生视角发现生活中具有先锋示范效果的人、感人至深的故事或者事件，为广大纪录片爱好者搭建自我展示和交流沟通的平台；（4）国内外优秀纪录片大师讲堂，邀请纪录片大师走进首都高校亲自授课，与大学生纪录片爱好者分享纪录片的创作理念。[①]启动仪式结束后，活动主办方还播放了大型文献纪录片《人民大会堂》，该纪录片是北京电视台自制作品，解读了在人民大会堂的见证下，中国从内政到外交的强国之路。这次活动本着“严谨、深化、果敢、思辨”的创作原则，以及“传播价值，记录成长”的工作理念，发挥大学生体验社会、记录社会、认识社会的作用。

第二节　独立影展

在纪录片创作领域，有一群重要的创作人，他们有激情有想法，是纪录片创作领域的重要力量，他们就是中国独立纪录片创作者。所谓“独立”，即不做体制内的创作，没有受到来自体制内的资金扶持，更没有体制播放渠道，但是在此基础上，他们具有的独特优势就是能够随着自己的思路去创作，发挥他们对艺术创作和社会关注的最大效应。独立纪录片从吴文光的《流浪北京：最后的梦想》（1990年）开始，在二十多年中经历了“早期与体制对抗、中期与体制暧昧、后期体制对独立制作的包容”[②]三个阶段。吴文光作为独立纪录片影像的开创者，从体制内出来的他一直游走于体制的边缘，并一直对纪录片的交流发展做着贡献。

北京草场地工作站及舞蹈工作室是吴文光和他的伴侣文慧开办起来的艺术空间，举办纪录片放映活动和当代舞蹈的剧场表演，同样这也是草场地“交叉2008”的两项主要内容——“表演空间”和“影像论坛”，在这次“交叉2008”艺术节活动中，主要有新纪录片展示单元，共有四部作品，邹雪平的《娘》（2014年）、胡新宇的《我的父亲母亲和我的兄弟姐妹（2001—2008年）》（2009年）、宋田的《花朵》（2008年）以及王洪军的《贾医生的100个病人》（2009年）；瑞士纪录片皮特·里克提（Peter Liechti）作品特辑，他出生于瑞士圣加尔，苏黎世大学艺术与设计专业毕业，1983年开始

① 参见腾讯娱乐 http://ent.qq.com/a/20111222/000220.htm，2011年12月22日.

② 李倩.游走在体制边缘的艰难生存——关于中国独立纪录片生存境遇的思考［J］.东南传播，2009（3），第30页.

了他的第一次电影实验和电影表演。1985 年在圣加尔与人共同创立了“K59”电影项目。1988—1995 年是苏黎世 Achziger 电影小组成员。皮特称自己的纪录片是“随笔影像”，一种“行走中的思考和回忆”，这次来草场地交叉艺术节带来的作品是《塞纳的行李箱》（1996 年）、《幸运的男人》（2011 年）、《格瑞姆赛尔：一只眼睛及目击者报告》《纳米比亚交叉点》（2004 年）以及《戒除习惯》；另一位国外的纪录片导演是来自荷兰的弗兰克·谢佛尔（Frank Scheffer），他 1956 年出生于荷兰，先后就职于海牙艺术学院、荷兰电影学院，至今已经完成超过 50 部纪录片作品，包括实验纪录短片，他用纪录片构成了 20 世纪音乐大师们的传记总谱，这次他带来了关于著名实验音乐家约翰·凯奇的纪录片《从零开始》（1995 年），另一部是关于音乐“怪才”法兰克·扎帕的《法兰克·扎帕：一个未来音乐家的先锋艺术家》（第一部和第二部）。除此之外，“交叉 2008”期间还有两个关于纪录片的工作坊，一个是 Peter 主持，有黄荣嵘带来的作品《青阳》和奥黛的《我的摇滚歌星》；另一个是由吴文光和 Frank 主持的“青年纪录片训练计划”，其中有张新伟的《小芳哥》（2008 年）以及王伟《我的村子 2007》（2008 年）。这些纪录片成为记录现代社会生活的一双敏锐的眼睛，以他们理解的态度和哲学观点，展示着他们对于社会的反思。吴文光的草场地以一种纪录片情怀式的方式存在着，用他的热爱对纪录片事业进行着无私的奉献。

除了吴文光的草场地艺术空间外，每年北京独立电影展中一个重要部分就是独立纪录片的展映单元。北京独立电影展（BIFF）成立于 2006 年 10 月 6 日，在宋庄美术馆举行了开馆展的独立电影论坛，2009 年正式更名为“北京独立电影展”，由栗宪庭电影基金举办，栗宪庭先生创办并担任艺术总监。每年一届的北京独立电影展集合国内最新最优秀的独立影像作品，在这个平台上进行竞赛和展映交流。此外，大量纪录片特别是独立纪录片影像的爱好者齐聚于此，搭建学者、爱好者之间交流学习的平台，在展映结束后结合主创交流会、研讨会等活动，通过放映、讨论、交流学习等环节让独立电影展的影响力更大地延伸和拓展。

需要特别提出的是，2012 年在北京宋庄举办的第九届北京独立影像展是由“第九届中国纪录片交流周”与“第七届北京独立电影展”合并而成，由栗宪庭电影基金会主办，国际电影节选片人 ShellyKraicer（谢枫），意大利威尼斯电影节选片人 MariaRuggieri，英国电影电视屏幕研究会主席 Brian Winston、美国纽约大学张真教授、Angela Zito 教授、台湾国立政治大学郭力昕教授、台北市纪录片从业人员职业工会常务理事林木材、香港艺术中心策划人及 IFVA 总监祁佩诗，北京电影学院张献民教授、中国独立影像年度展（南京）艺术总监曹恺等参加了影展开幕式。影展包括独立剧情片、纪录片和实验影像 3 个竞赛单元，1 个纪录片展映单元，1 个特别放映单元以及 4 个主题论坛和讲座。经过征集，这次影展共收到报名影片 300 余部，入选影片近 100 部，其中纪录片竞赛单元 15 部，展映单元 32 部。黎小峰和贾恺导演的《遍地乌金》（2001 年）获纪录片竞赛单元独立精神奖。到 2017 年，北京独立电影展举办到第十四届，它为独立影像传播和交流提供了良好的平台，为独立纪录片发声提供了支撑力量。

第三节　交流论坛

在西方，纪录片作为一种重要的影视艺术形式，有着成熟完善的制片、拍摄和市场体系。作为市场体系之一的放映院线，也为纪录片留有重要的位置，有着纪录片院线放映的良好传统。但在中国，纪录片的发展并不十分乐观，院线上映效果不理想，为纪录片提供放映场所的艺术院线尚在初级阶段，因此，目前国内纪录片的传播和发行渠道较窄。大量国内和国外的优秀纪录片在中国没有良好的传播渠道，所以中国的观众很少能看到，国外纪录片在中国的传播度与影响力更是微弱。国内纪录片从业人员与国外纪录片从业人员交流学习的机会并不多，同样是中国纪录片发展道路上亟须解决的一个困难。

为了拓宽国内、国外纪录片传播渠道，让中国的纪录片从业者更好地与海外人员进行交流学习，“纪录片论坛”为专业领域的探讨和学习开启了一扇交流之窗。由北京零频道和北京电影学院主办的“iDOCS 国际纪录片交流论坛”就是一个以传播世界优秀纪录片为目标的国际纪录片交流平台，得到了代表国际纪录片最高权威的 IDFA（荷兰阿姆斯特丹国际纪录片节）的认可和支持。iDOCS 的口号“眼界改变世界”表达了主办方希望传播开放、多元、美好、建设性内容的愿景。北京零频道基于多年来对于海外纪录片行业现状和国内纪录片市场的一线经验，打造 iDOCS，希望通过这个论坛，让中国纪录片人了解当下国际行业动态，让中国观众观赏全球最新获奖纪录片，与世界顶级专业导演交流，并且让中国的纪录片市场可以和国际水平接轨。

2009 年第一届 iDOCS 国际纪录片论坛在北京电影学院举办。虽然 iDOCS 的起步和创立十分艰难，但在随后的 2010 年、2011 年、2014 年，在以郑琼为代表的发起人的努力下，已经成功举办了四届。在规模和影响力上逐渐形成了自己的品牌。在活动形式上，iDOCS 国际纪录片交流论坛主要分为主题研讨会、大师班工作坊和国际优秀纪录片展映及往年优秀作品观片室三个部分。如在 2011 年第三届 iDOCS 论坛上，芬兰著名纪录片导演皮乐优汉卡萨洛的《三个忧郁之屋》（2004 年）、澳大利亚著名导演鲍勃康纳利的《面对音乐》、德国导演布丽塔瓦尔的《地下天堂》（2011 年）、加拿大导演莱瑞韦恩斯坦的《汉娜的手提箱》（2009 年）等作品都作为大师班工作坊环节的一部分，来进行案例分析，此外还有杨力州、巴顿怀斯、哈罗德布兰克、安珂等人进行纪录片市场与发行等方面的研讨会。可以说，iDOCS 在纪录片创作实操和纪录片市场等重要方面都有涉及，为中国的纪录片从业者和爱好者带去了丰厚的福利。

活动期间，大师班工作坊、主题研讨会、国际优秀纪录片展映等活动环节吸引了国内外大量的纪录片从业者和爱好者。在这一周左右的活动中，纪录片爱好者以及从业者可以欣赏到往届作品以及国际优秀纪录片，还可以参加大师班工作坊，与世界知名的纪录片导演、剪辑师、制片人等交流学习，是一个集展映、交流、学习、促进项目发展于一体的大型国际交流论坛，为中国纪录片的发展提供了重要的促进动力。正如郑琼在 iDOCS 上所说，她没想把 iDOCS 这个活动升华多高，“其实大家看完好片子，这个人能拥抱那个人就足够了”。虽然中国纪录片发展的现状和前景仍然不容乐观，但是在 iDOCS 这样高水准国际纪录片交流论坛的促进下，为中国的纪录片从业者、爱好者提供了一扇观看国外优秀纪录片的窗中，并通过这种中外纪录片人交流的机会，从纪录片的筹备、制作、发行、放映等环节多方借鉴交流，在这种持续、潜移默化的渗透方式下，会给中国纪录片行业的发展带来良好的推动力。

2011 年是中国纪录片的百年华诞，为了铭记中国纪录片的发展历史，由国家广播电影电视总局大力支持，中国传媒大学主办，中国纪录片研究中心承办，中央新影集团、中国教育电视台、中央电视台纪录频道、中央电视台电影频道协办的“光影纪年——中国纪录影像世纪盛典”在北京人民大会堂举行。此次活动在中央的大力支持下，现场有广电总局、中央党史研究室、国务院新闻办三局、中央电视台等多个部门的多位领导出席，并对于这次活动给予了大力支持。这次活动旨在通过回顾中国纪录片百年以来的光辉发展历程，致敬先辈艺术家，并鼓励当代纪录片导演们的创作。活动现场播放了回顾中国纪录片百年发展的短片，并且揭晓了首届中国纪录片学院奖，鼓励后继者再创艺术佳作。此外，还揭晓三位对中国纪录片历史有突出贡献的艺术家铜像——朱连奎、孙明经和伊文思，以感谢他们对中国纪录片发展的重要贡献。

结语

纪录片以其客观真实的属性，反映出事物的自然状态。北京题材的纪录片作为反映北京城市空间变迁和精神文化发展的一面镜子，从宏观的国家视野到微观的市民视角，从重大的时代变迁到城市生活的点滴小事，已经成为记录北京城市各方面发展的重要历史资料。纪录片作为一种重要的艺术形式，在内容和形式上不断进行着探索和创新。每一种新科技形式的注入，以及新题材形式的创造，都会给纪录片带去新的生机和色彩，甚至会引发纪录片产业的变革。当前，纪录片在中国院线市场上仍处于相对弱势地位，纪录片产业走上良性发展之路仍然需要付出更大的努力。但是，在这种不甚明朗的现状下，仍有一群纪录片挚爱者为之努力奋斗和不懈探索，令人倍感欣慰与振奋。国产纪录片要像国外一样走上产业化道路，仍需要国家的政策扶持和受众市场的长期建设。北京作为中国影视发展的重要基地，在推动纪录片产业化改革方面肩负着重要的责任和使命。纪录片的影像内容折射出北京城市文化建设的发展轨迹，而北京城市文化建设的繁荣也必将推动纪录片文化和产业的前进与发展。

参考文献

［1］周怡，刘敬华．城市空间的“镜像表现”——电视纪录片《北京记忆》的“空间性”生产分析［J］．当代文坛，2011（1）：第123–126页．

［2］张梓轩，曹玉梅．现代化中国的不同形象呈现——纪录片《建筑奇观》、《超级工程》比较研究［J］．中国电视，201（2）：第80–84页．

［3］王黎燕．《体育的力量》：为体育精神“画像”［J］．中国电视，2012（12）：第68–72页．

［4］曲茹．《舌尖上的中国》热播对北京文化符号构建的启示［J］．当代电视，2014（8）：第40–41页．

［5］贾圆，孙卫华．传播学视阈下的《舌尖上的中国》解读［J］．中国广播电视学刊，2014（9）：第88–91页．

［6］刘丹．公益微电影：“创意长广告”的蜕变——从《爱的联想》谈起［J］．电影新作，2012（2）：第6–8页．

［7］高鑫，潘婷婷．以小见大，以一当十——评纪录片《1949：城市的记忆与重生》［J］．电视研究，2010（9）：第65–66页．

［8］赵燕．第一人称叙事方法的合理运用——《北京篇》创作谈［J］．中国电视（纪录），2010（10）：第81页．

［9］袁子勇．感性：《北京记忆》的气质［J］．中国电视（纪录），2009（3）：第59–61页．

［10］张民．从说教的视听化范本中转型和突围——以《北京记忆》、《我爱你中国》为例［J］．中国电视（纪录），2011（11）：第50–54页．

［11］《电的故事》摄制组．电业人讲述电的故事——大型电视纪录片《电的故事·北京篇》（上）［J］．中国电力企业管理，2004（6）：第26–28页．

［12］《电的故事》摄制组．电业人讲述电的故事——大型电视纪录片《电的故事·北京篇》（下）［J］．中国电力企业管理，2004（8）：第47–48页．

［13］张琳．《流浪北京》——浅谈中国独立纪录片开山之作［J］．电影评介，2010（8）：第31–46页．

［14］陈晓卿．催动生命的情与真——电视纪录片《远在北京的家》拍

摄散记［J］. 中国记者，1993（10）：第 23–24 页 .

［15］范瑞利 .“渝派纪录片”代表作《进城》的影视人类学意义［D］. 重庆：西南大学，2010，第 2–10 页 .

［16］李宇 . 小中见大传真意——纪录片《望京》的叙事策略［J］. 对外传播，2012（4）：第 23–25 页 .

［17］桂清萍 . 五味杂陈——当下中国的院线纪录片［J］. 中国电视（纪录），2010（7）：第 8–11 页 .

［18］武新宏，姜宝娜 . 解析《当卢浮宫遇见紫禁城》的跨文化传播［J］. 中国电视（纪录），2011（5）：第 56–58 页 .

［19］曹征 . 让平面的历史立体化——纪录片《人民大会堂》创作手记［J］. 中国电视（纪录），2011（4）：第 74–77 页 .

［20］唐远清，许海 . 人文纪录片的“人文收获”——北京电视台纪录片《人民的艺术》评析［J］. 中国电视，2012（10）：第 65–68 页 .

［21］顾筠，单万里 . 北京奥运会筹备过程实录——与顾筠谈奥运纪录片《筑梦 2008》［J］.《当代电影，2008（7）：第 35–38 页 .

［22］程军玲 .《筑梦 2008》:“大”与“小”的艺术建构［J］. 电影文学，2009（13）：第 76–77 页 .

［23］单万里 . 七年磨一剑 筑造五环梦——简评“新影”奥运纪录片《筑梦 2008》［J］. 当代电影，2008（7）：第 32–35 页 .

［24］陈霖，魏玉皎 . 人文内蕴的发掘与表达——对《筑梦 2008》的一种解读［J］. 声屏世界，2010（12）：第 41–42 页 .

［25］顾筠，单万里 . 北京奥运官方电影诞生记——《永恒之火》总导演顾筠访谈录［J］. 当代电影，2010（8）：第 98–105 页 .

［26］徐明明 . 永恒之美——评北京奥运会官方电影《永恒之火》［J］. 中国电视（纪录），2010（8）：第 37–40 页 .

［27］贺幸辉，顾筠 . 与历史同行——北京奥运会官方电影《永恒之火》导演顾筠访谈［J］. 中国电视（纪录），2010（8）：第 33–36 页 .

［28］贺幸辉 . 北京奥运会官方电影《永恒之火》：用坚持的镜头面对现实人生［J］. 电视研究，2010（3）：第 64–66 页 .

［29］张梓轩，曹玉梅 . 现代化中国的不同形象呈现——纪录片《建筑

奇观》、《超级工程》 比较研究［J］. 中国电视，2015（2）：第 80–84 页 .

［30］何姝，李鸿飞 . 美国媒体 2008 北京奥运报道对中国媒体的启示——以美国全国广播公司、《纽约时报》为例［J］. 北京行政学院学报，2009（2）：第 69–74 页 .

［31］徐谭 . 纪录片跨文化传播中的解码方式及其影响因素——基于央视纪录频道原创纪录片的研究［D］. 北京：北京交通大学，2015 年 .

［32］张同道，胡智锋，赵蓉 .2009 年中国纪录片发展研究报告［J］. 现代传播，2010（10）：第 131–137 页 .

［33］张同道，胡智锋 .2010 年中国纪录片发展研究报告［J］. 现代传播，2011（5）：第 116–126 页 .

［34］张同道，胡智锋 .2011 年中国纪录片发展研究报告［J］. 现代传播，2012（3）：第 92–98 页 .

［35］张同道，胡智锋 .2012 年中国纪录片发展研究报告［J］. 现代传播，2013（4）：第 69–72 页 .

［36］张同道，胡智锋、樊启鹏 .2013 年中国纪录片发展研究报告［J］. 现代传播，2014（4）：第 101–108 页 .

［37］徐明明 . 鸟巢建设题材纪录片《建筑奇观：国家体育场》、《纪事：鸟巢，梦开始的地方》比较研究［J］. 电视研究，2013（1）：第 66–67 页 .

［38］唐志 . 草场地交叉——记录的力量［J］. 当代艺术与投资，2008（11）：第 62–65 页 .

［39］陈静 . 想象中的北京——都市人类学影片中的“北漂”群体［J］. 电影文学，2008（6）：第 33–35 页 .

［40］皮特 · 里克提，许评修 . 与中国的青年纪录片作者相遇——北京草场地工作站纪录片工作坊［J］. 当代艺术与投资，2008（12）：第 45–47 页 .

［41］桂清屏 . 五味杂陈——当下中国的院线纪录片［J］. 中国电视（纪录），2010（7）：第 8–11 页 .

［42］边巍 .“绝望是没有意义的受苦”——与“北京零频道”纪录片公司负责人郑琼的对话［J］. 文化纵横，2010（3）：第 106–111 页 .

［43］郑伟 . 内容 · 技术 · 渠道——北京电视台纪实高清频道的三个维度［J］. 中国电视（纪录），2011（8）：第 8–12 页 .

［44］贾佳，赵多佳．纪录片的视听盛宴——访北京电视台党委副书记、总编辑赵多佳［J］．中国电视（纪录），2011（8）：第13–17页．

［45］本刊编辑部．北京国际纪实影像创意产业基地（BIDC）揭牌，打造国内首个纪录片生产基地［J］．影视制作，2012（8）：第30–31页．

［46］金俊荣．中国独立纪录片：从边缘出发［J］．青年记者，2014（26）：第56–57页．

［47］张琳湘．记录与保存："一个城市的奥运记忆"［J］．中国电视，2009（6）：第53–55页．

［48］李倩．游走在体制边缘的艰难生存——关于中国独立纪录片生存境遇的思考［J］．东南传播，2009（3）：第27–28页．

［49］孙红云，刘雅芳．力与美的统一：北京奥运纪录片美学分析［J］．电影评介，2010（12）：第1–3页．

［50］何枫，侯卖卖．ACG，是平淡生活的英雄梦想——《北京御宅》，侯卖卖专访［J］．中国电视，2012（9）：第82–87页．

［51］李铮．3D技术记录城市"最美24小时"［N］．中国文化报，2013年6月8日，第003版．

［52］李雪芳，陈磊．符号搁置和符号认同——NBC和NHK的开幕式转播的策略分析［C］．第六届亚太地区媒体与科技和社会发展研讨会论文集，第六届亚太地区媒体与科技和社会发展研讨会，2008年11月．

参考片目

国内

《老北京的叙说》中央新闻电影制片厂，1984 年
《流浪北京》吴文光，1990 年
《彼岸》蒋樾，1993 年
《远在北京的家》陈晓卿，1993 年
《流浪北京续集：四海为家》吴文光，1995 年
《北京弹匠》朱传明，1998 年
《北京的风很大》雎安奇，2001 年
《遍地乌金》黎小峰、贾恺，2001 年
《高楼下面》杜海滨，2002 年
《正阳门外》中央电视台科教频道《见证》，2002 年
《靖大爷和他的老主顾》施润玖，2002 年
《一个人与一座城市》中央电视台 CCTV，2002 年
《抚摸北京》中央电视台科教频道《纪录片》，2003 年
《北京发现》，2003 年
《古都北京》北京电视台 BTV，2003 年
《后海浮生》中央电视台新闻频道《纪事》，2005 年
《迷失 798》中央电视台新闻频道《纪事》，2005 年
《后革命时代》张扬、罗拉，2005 年
《故宫》中央电视台，2005 年
《圆明园》金铁木，2005 年

《煤市街》欧宁，2006 年
《大国崛起》中央电视台 CCTV，2006 年
《老北京印象》中央电视台科教频道《见证》，2006 年
《前门外》中央电视台新闻频道《纪事》，2006 年
《伞》杜海滨，2007 年
《红谷子》林稚沾，2007 年
《浮尘 浮城》中央电视台新闻频道《纪事》，2007 年
《鸟巢会成为北京的记忆》中央电视台新闻频道《纪事》，2007 年
《这里是北京》北京电视台 BTV ，2007 年
《北京记忆》北京电视台 BTV，2008 年
《一个城市的奥运记忆》中央电视台 CCTV，2008 年
《台北故宫》中央电视台 CCTV，2008 年
《北京的胡同》杜军，2008 年
《冠军球迷》，2008 年
《2008 年北京奥运会全纪录》，2008 年
《筑梦 2008》顾筠，2008 年
《2008 纪》雷建军，2008 年
《花朵》宋田，2008 年
《小芳哥》张新伟，2008 年
《我的村子 2007》王伟，2008 年
《永恒之火》顾筠，2009 年
《1949：城市的记忆与重生——解放北平》武维娟，2009 年
《在北京》徐远翔，2009 年
《再见北京》张天辉，2009 年
《小人国》张同道，2009 年
《1428》杜海滨，2009 年
《我的父亲母亲和我的兄弟姐妹（2001—2008）》胡新宇，2009 年
《贾医生的 100 个病人》王洪军，2009 年
《大明宫》中央电视台 CCTV ，2009 年
《发现中国》中央电视台 CCTV，2009 年

《话说四合院》中央电视台 CCTV ，2010 年

《敦煌》中央电视台 CCTV，2010 年

《当卢浮宫遇见紫禁城》周兵，2010 年

《北京御宅》黎东白，2010 年

《档案》北京电视台 BTV，2010 年

《爱的联想——科学松鼠会》《爱的联想——多背一公斤》《爱的联想——十二邻》王晶、魏星、陈涛，2011 年

《走向海洋》中央电视台 CCTV，2011 年

《外滩》中央电视台纪录频道，2011 年

《人民大会堂》杜军，2011 年

《光阴》北京电视台 BTV，2011—2012 年

《搜狐视频大型日播纪录片栏目〈大视野〉：英雄儿女——晋察冀抗日传奇》搜狐网，2011 年

《搜狐视频大型日播纪录片栏目〈大视野〉：1911——辛亥革命百年祭》搜狐网，2011 年

《搜狐视频大型日播纪录片栏目〈大视野〉：失乐园——梁陈方案始末》搜狐网，2011 年

《梦的家园》北京电视台 BTV，2012—2013 年

《超级工程：北京地铁网络》李炳，2012 年

《体育的力量》张朝夕，2012 年

《望京》贾丁，2012 年

《人民的艺术》王淳华，2012 年

《舌尖上的中国》中央电视台 CCTV，2012 年

《三十二》郭柯，2012 年

《北京味道》王昱斌、杨凡，2013 年

《游走北京》程刚，2013 年

《进城》张德宏，2013 年

《朝阳最美 24 小时》杨军，2013 年

《京剧合伙人》中央电视台纪录频道，2013 年

《青春致敬青春》北京电视台纪实频道，2013 年

《国家大剧院》北京电视台纪实频道，2013 年
《口述》北京电视台纪实频道，2013 年
《我的太阳 · 我的期盼》中国教育电视台，2013 年
《娘》邹雪平，2014 年
《宋之韵》中央电视台 CCTV，2014 年
《电的故事：北京篇》北京电视台纪实频道，2014 年
《中国梦之马背上》北京电视台 BTV，2014 年
《龙泉寺网络故事》北京电视台 BTV，2014 年
《社会时代》曾涛，2014 年
《我就是我》范立欣，2014 年
《宫殿之城》宋婷、Adam Smith，2015 年
《烈日灼人》杨晓飞，2015 年
《“纸”有一个梦想》北京电视台 BTV，2015 年
《一起长大》北京电视台 BTV，2015 年
《第三极》北京电视台 BTV，2015 年
《京城“板寸王”》北京电视台纪实频道，2015 年
《纪实天下》北京电视台 BTV，2015 年
《光影骑行》中央电视台 CCTV，2015 年
《全纪实》中央电视台 CCTV，2015 年
《衣锦中国》中央电视台 CCTV，2015 年
《世界遗产在中国》中央电视台 CCTV，2015 年
《江南味道》中央电视台 CCTV，2015 年
《公司的力量》中央电视台 CCTV，2015 年
《河西走廊》中央电视台纪录频道，2015 年
《缪斯之旅》中央电视台 CCTV，2016 年
《全景》北京电视台纪实频道，2016 年
《大西山》北京电视台 BTV，2016 年
《谭派传人》北京电视台纪实频道，2016 年
《拍雪豹的人》北京电视台纪实频道，2016 年
《塑料王国》王久良，2016 年

《摇摇晃晃的人间》范俭，2016 年
《记录北京的人》北京电视台纪实频道，2017 年
《不老的车轮》北京电视台纪实频道，2017 年
《当他们渐渐老去》北京电视台纪实频道，2017 年
《二十四号大街》潘志琪，2017 年
《惊蛰》宁佳伟，2017 年
《行走敦煌》赵琦，2017 年
《团鱼岩》萧潇，2017 年
《这里是通州》北京电视台 BTV，2018 年
《破雪而上》北京电视台 BTV，2018 年
《AI 脑力觉醒》北京电视台 BTV，2018 年
《世外桃源》周铭影，2018 年
《火山》张杨，2018 年
《红毛皇帝》岳廷，2018 年
《死灵魂》王兵，2018 年
《安妮》朱日坤，2018 年
《大字》雎安奇，2018 年
《我的镜头》王小帅，2018 年

国外

《北方那努克》罗伯特 · 弗拉哈迪 Robert Flaherty（美国），1916 年
《夏日纪事》让 · 鲁什（法国），1960 年
《北京的一天》Bernard Louargant（法国），2003 年
《北京浪花》乔治（George Lindt）、苏珊（Susanne Messmer）（德国），2006 年
《北京水危机》日本放送协会 NHK，2007 年
《愤怒的小区》日本放送协会 NHK，2007 年
《北漂一族：北京，彷徨的年轻人》日本放送协会 NHK，2007 年
《松四爷的奥运年——北京三轮车夫的苦与乐》日本放送协会 NHK，2008 年

《建筑奇观：北京地铁系统》美国 DISCOVERY 探索频道，2008 年
《北京鼠族》日本放送协会 NHK，2011 年
《北漂一族：在北京，拍卖我的人生》日本放送协会 NHK，2012 年
《北京大拥堵》日本放送协会 NHK，2013 年

后　记

从2006年主持北京市哲学社会科学课题“中国电影与都市文化研究”开始，我就一直关注北京影视创作与都市文化的发展，直到2013年该课题作为北京市哲社项目正式立项。2017年该课题顺利结项，然而对该领域的关注一直未间断，我和课题组成员们将课题的研究成果与这两年的观察与思考结合起来，完成了这本书的写作。

书中的电影和电视剧部分由我牵头完成，我的研究生章子荣、张志秀、王伟楠参与了电影部分的写作；张紫薇、张雁飞、何鹏、相天琦参与了电视部分的写作。课题的研究贯穿了他们的学习生活，成为教学相长的美好回忆。

书中的纪录片部分由我的好友、北京工商大学的何艳副教授牵头完成，张紫薇、王曼菲两位同学也参与了调研与写作。

感谢何艳老师的辛勤付出，感谢所有参与课题研究及成果写作的同学们。

感谢我所在的北京师范大学艺术与传媒学院的支持，感谢光明日报出版社，感谢责任编辑辛勤而高效的工作。

由于水平所限，书中不免存在疏漏，还请方家指正。

路春艳

2020年2月于北京